JN441432

憲法判例硏究

〔15〕

社團法人 韓國憲法判例硏究學會 編

집 현 재

STUDIES ON CONSTITUTIONAL CASES

〔15〕

Edited by
Korean Association of Constitutional
Case Studies

JypHyunJae Publishing Co.
Seoul, Korea

머 리 말

정치사회적으로 뜨거운 관심을 불러일으킨 결정들은 예년에 비해 상대적으로 적었던 한 해가 아닌가 싶지만, 2013년에도 헌법재판소는 적잖이 주목되는 결정들을 내렸다. 특히 '역사와 헌법'의 관점에서 유신헌법에 의거한 긴급조치에 대한 위헌결정(2013.3.21. 2010헌바70)이 눈길을 끌고, '일제 강점하 친일반민족행위 진상규명에 관한 특별법'에 대한 '명확성원칙' 위반을 이유로 한 위헌의 주장을 배척하고 이전의 합헌의견(2010.10.28. 2007헌가23; 2011.3.31. 2008헌바111)을 재확인한 결정(2013.5.30. 2012헌바19)도 헌법과제로서 '역사청산'의 문제에 대하여 재삼 곱씹어보게 하는 계기로 의미가 적지 않다고 생각된다. '개방이사제'를 규정한 '사립학교법'에 대한 합헌결정(2013.11.28. 2007헌마1189)도 만시지탄이나 해묵은 논쟁에 마침표를 찍은 점에서 주목된다.

우리 연구회만의 문제는 아니지만, 여러 가지 사정으로 주요 결정들조차 평석을 통해 대화와 토론을 이어갈 수 있는 기회로 활용하지 못하는 점이 아쉽다. 다만, 예년에 비해 좀 더 상론을 한 권두논문, '2013년 헌법판례 동향'(정필운 교수, 박찬권 박사)에 포함된 비평으로 개략적으로라도 평가와 토론의 단서를 제공할 수 있어서 다행으로 생각된다.

다망한 공사 제쳐 놓고 옥고를 주신 조소영 교수(부산대). 이상경 교수(서울 시립대), 그리고 이병규 교수(동의과학대)와 김예영 판사(서울 중앙지방법원) 등 필진 여러분들께 연구회를 대표하여 깊은 감사의 뜻을 표한다. 번역논문에 공역자로 수고한 강일신 박사(연세대 법학연구원)에게도 日新又日新의 소망과 기대의 뜻을 전한다.

마지막으로 우리 학회와 각별한 연을 계속 이어가고 있는 '집현재'의 위호준 대표님과 정성을 다해 편집작업을 해주신 실무자분에게도 번창의 기원과 함께 고마움의 인사를 약할 수 없다.

2014년 2월

한국헌법판례연구학회장 이덕연

目 次

Table of Contents

2013년 중요헌법판례

박찬권*, 정필운**

[국문초록]

우리 헌법재판소는 2013년 한 해 동안 1,480건을 새로 접수하여, 전년도 미제(未濟)사건을 포함하여 총 2,328건 중 1,585건(1,544건 결정 선고)을 처리하였고, 743건을 미제로 남겼다. 헌법재판소는 그 중 25건을 위헌으로, 3건을 헌법불합치로 결정하였고, 권리구제형 헌법소원에서 43건을 인용하였다.

본문에서는 2013년에 헌법재판소가 행한 결정 중 국민의 생활에 큰 영향력이 있거나, 헌법적으로 중요한 쟁점을 다루고 있는 22개의 결정을 선정하여 정리하였다. 이 중에서도 특히 주목할만한 결정은 제4공화국 헌법 하에서 이루어진 대통령긴급조치에 대한 위헌결정이다. 대통령긴급조치가 구 헌법에 근거한다하더라도 현행헌법의 전문이 제헌헌법 이래 개

* 연세대학교 법학연구원 전문연구원, 연세대학교 강사, 법학박사, 제1저자.
** 한국교원대학교 일반사회교육과 교수, 법학박사, 교신저자.

정된 헌법들의 연속성과 동일성을 선언하기 때문에 현행헌법도 위헌심사의 기준이 될 수 있음을 언급한 이 결정은 헌법재판소의 기본권수호의지를 반영하고 있다는 점에서 고무적으로 평가된다. 이 밖에도 헌법 제27조 제2항에 규정된 민간인의 군사재판관할 사항으로 군용물에 군사시설이 포함되지 않는다고 선언한 결정이나, 수형자의 변호인접견권을 헌법 제27조 제1항의 재판받을 권리로부터 직접 도출하는 결정 등에서 나타난 바와 같이 헌법재판소는 기본권보장의 측면에서 헌법과 법률해석을 하려는 경향이 강하게 나타나고 있다. 앞으로 이러한 경향은 계속될 것으로 보인다. 그러나 결정례에서 좀 더 체계적이고 정치한 논증이 요구된다.

[핵심어]
헌법재판, 헌법재판소, 위헌법률심판, 권한쟁의심판, 헌법소원심판

Ⅰ. 머리말

우선 지난 2013년 우리 헌법재판소의 활동을 헌법재판소가 자체적으로 집계한 통계로 살펴보면 다음과 같다.

〈2013년 헌법재판소 심판사건 통계〉[1)]

구분	접수	계	위헌	헌법불합치	한정위헌	한정합헌	인용	합헌	기각	각하	기타	취하	미제
위헌법률	28	22	7	1				14					38

1) 아래 표는 헌법재판소 홈페이지 내 사건통계(http://www.ccourt.go.kr/home/bpm/statistic_common.jsp)에서 2013년 내용을 발췌한 것이다.

탄핵														
정당해산		1												1
권한쟁의		3	5							1	2		2	4
헌법소원	§68①	982	1088	5	2			43		224	782 (703)		32	368
	§68②	466	470	13					133		317 (299)		7	332
	계	1448	1558	18	2			43	133	224	1099 (1002)		39	700
합 계		1480	1585	25	3			43	137	225	1101 (1002)		41	743

※ 표주석: 헌법소원심판사건 중 지정재판부 처리건수는 ( )안에 기재하고 본란의 숫자는 합산표시 하였다.

2013년에 헌재는 전년도 미제(未濟)사건 848건 외에 1,480건을 새로 접수하여 총 2,328건 중 1,585건(1,544건 결정 선고, 41건 취하)을 처리하여 결과적으로 743건의 미제사건을 남겼다. 새로 접수된 사건을 사건유형별로 살펴보면 헌법소원사건이 1,448건으로 압도적으로 많았고, 그 중 권리구제형 헌법소원(헌재법 제68조 제1항)은 982건, 규범통제형 헌법소원(헌재법 제68조 제2항)은 466건이었다. 위헌법률심판사건은 28건, 탄핵심판사건 1건, 권한쟁의심판사건은 3건이 새로 접수되었다. 올해도 정당해산심판사건은 없었다.

사건처리내용을 보면, 위헌결정이 25건,[2] 헌법불합치결정이 3건으로 총 28건의 사건에서 위헌이 선언되었다. 한편, 권리구제형 헌법소원(헌재법 제68조 제1항)에 대한 인용건수는 43건, 권한쟁의심판에 대한 인용건수는 0건이었다. 이것을 다시 사건유형별로 살펴보면 위헌법률심판에 의한 것이 8건(위헌결정 7건, 헌법불합치결정 1건), 권한쟁의심판에 의한 것이 0건, 권

2) 다른 해에 비하여 위헌법률심판사건에서 위헌결정수가 적어진 반면, 헌법소원심판에서 위헌결정수가 늘어난 것이 특징이다.

리구제형 헌법소원에 의한 것이 50건(위헌결정 5건, 헌법불합치결정 2건, 인용 43건), 규범통제형 헌법소원에 의한 것이 13건(위헌결정 13건)이다.

2000년대 후반 들어 점차 높아진 위헌법률심판 신청건수가 2010년을 정점으로 줄더니 이제 다시 평년의 수준으로 돌아왔다는 점, 2009년을 정점으로 권한쟁의심판 신청건수도 줄었다는 점도 주목되는 현상이다. 예년과 마찬가지로 헌재가 처리한 사건 중 헌법소원심판사건 비중이 여전히 높으며 이중 상당수가 각하되었다. 올해 미제사건이 743건이나 된다는 것도 이와 직접적인 연관이 있을 것이다. 올해는 위헌법률심판사건 38건, 정당해산심판사건 1건, 권한쟁의심판사건 4건, 헌법소원사건 700건이 미제사건으로 남았다. 이제 이와 같은 수준의 미제사건은 고정된 것으로 보인다. 미제사건 비율을 낮출 지혜를 모아 실천하여야 할 때이다. 2013년에 헌법재판소가 행한 결정 중 국민의 생활에 큰 영향력이 있거나, 다루고 있는 쟁점이 헌법적으로 중요한 의미가 있는 22개의 결정을 선정하여 정리하면 다음과 같다.

Ⅱ. 위헌법률심판사건(헌가)

1. 학교용지 확보 등에 관한 특례법 제5조 제1항 제5호 위헌제청[3)]

(1) 사건개요

제청신청인은 주택재건축사업의 시행자로서 사업시행인가 및 관리처분계획인가를 받은 후 공사를 완료하여 준공인가를 받았다. 위 사업구역의 기존 가구 수는 770가구이고 사업의 시행으로 건설되는 가구 수는 30가구가 증가한 800가구이다. 그런데 사업구역 내 토지 및 건축물의 소유

---

3) 헌재 2013. 7. 25. 2011헌가32.

자들 중 일부가 조합설립에 동의하지 않고 토지 등을 조합에 매도하거나 분양신청을 하지 않은 채 현금청산을 받음에 따라 제청신청인은 위 주택 중 109가구를 일반분양하게 되었다. 서울특별시 강동구청장은 제청신청인에게 일반분양한 109가구를 기준으로 학교용지부담금을 부과하였다. 이에 대해 제청신청인은 부담금 부과처분의 취소를 구하는 소를 제기하였고, 소송계속 중 주택재건축사업에 있어 '기존 거주자와 토지 및 건축물의 소유자에게 분양하는 경우'에 해당하는 개발사업분만을 학교용지부담금 부과 대상의 예외 사유로 규정하는 '학교용지 확보 등에 관한 특례법' 제5조 제1항 단서 제5호에 대하여 위헌법률심판제청을 신청하였다. 법원은 이를 받아들여 위헌법률심판 제청을 하였다.

(2) 결정요지

1) 평등원칙에 위배되는지 여부

개발사업이 진행되는 지역에서 단기간에 형성된 취학 수요에 부응하기 위해 학교를 신설 및 증축하는 것은 개발지역의 기반시설을 확보하는 것이다. 따라서 그 재정을 충당하기 위하여 학교용지부담금을 개발사업의 시행자에게 부과하는 것은 개발사업의 시행자가 위와 같은 학교시설 확보의 필요성을 유발한데 기인한다. 이 사건 법률조항은 주택재건축사업의 경우 학교용지부담금 부과 대상에서 '기존 거주자와 토지 및 건축물의 소유자에게 분양하는 경우'의 개발사업분만을 제외할 뿐, 매도나 현금청산의 대상이 되어 제3자에게 분양함으로 인해 가구 수가 증가하지 않은 개발사업분을 제외하지 아니한 것은 학교시설 확보의 필요성을 유발하는 정도와 무관한 불합리한 기준에 따라 학교용지부담금 납부액의 차별을 초래하므로 평등원칙에 위배된다.

2) 헌법불합치결정과 잠정적용

헌법재판소가 위헌결정을 선고하여 이 사건 법률조항의 효력을 당장 상실시킨다면 주택재건축사업에서 '기존 거주자와 토지 및 건축물의 소유자에게 분양하는 경우'의 개발사업분에 대해 학교용지부담금을 부과하지 않도록 한 근거 규정까지 효력을 잃게 되어 법적 공백 상태가 발생하게 된다. 따라서 이 사건 법률조항은 새로운 입법이 제정될 때까지 잠정적으로 적용하기로 한다.

(3) 평 가

헌법재판에서 자주 나타나는 재정조달목적 부담금인 학교용지부담금에 대한 결정이다. 헌법재판소는 학교용지부담금에 대해 수차례의 결정을 하여왔고, 이를 통해 부담금의 성격 및 요건에 관한 입장을 정리해 왔다. 특히 평등원칙을 기준으로 하는 부담금 요건에 대한 심사는 조세의 일반성과 구별되는 부담금 개념을 정리해 주고 있다. 본 결정에서 헌법재판소는 이전까지 있어온 학교부담금에 대한 기본 입장의 토대 위에 현실에 있어서 나타나는 부담금문제를 보다 세분화된 기준으로 심사한다. 심판대상규정은 주택재건축사업에 따라 '기존 거주자와 토지 및 건축물의 소유자에게 분양하는 경우'에는 실질적으로 가구 수가 증가되지 않음을 이유로 분양자에게 학교용지부담금을 부과시키는 것을 제외하고 있다. 반면, '기존 소유자에게 귀속되어야 할 가구를 제3자에게 일반분양'하는 경우에는 가구 수가 증가되지 않은 것이 전자와 같음에도 불구하고 분양자에게 분양된 가구 수만큼 학교용지부담금을 부과하고 있다. 이는 같은 것을 다르게 취급함에 있어 합리적 근거가 없는 것으로 평등원칙을 위반한다. 특히 후자의 경우에는 부담금의 부과가 분양자에게만 불이익을 주는 것에 그치지 않고 분양을 받는 제3의 자에게 부담을 전가시키는 결과를 가져오므로 이러한 점도 평등원칙에 위반하는 것임을 헌법재판소는 언급한다. 다만 위헌결정에 의해 심판대상 법률의 효력을 당장 상실시킨다면 '기존 거주자와 토지 및 건축물의 소유자에게 분양하는 경우'마저 부담금을 부과시키는 결과를 가져와 더 위헌적인 상황을 초래하게 된다. 따라서 위헌성이 제거된 새로운 법률을 제정하기 전까지는 기존 법률이 잠정적으로 적용되는 헌법불합치결정을 함으로써 입법공백에 따른 법적 안정성의 침해를 방지하도록 하고 있다.

2. 구 조세범처벌법 제3조 양벌규정 위헌제청[4)]

(1) 사건개요

당해 사건의 피고인인 제청신청인 ○○주식회사는, '제청신청인의 대표자와 사용인이 제청신청인의 업무에 관하여 세무서에서 부가가치세 예정신고를 하면서 사실은 △△주식회사에 상당액의 재화를 공급해 준 사실이 없음에도 불구하고 동액 상당의 재화를 공급한 것처럼 매출처별세금계산서합계표를 거짓으로 기재하여 제출한 것을 비롯하여, 총 6회에 걸쳐 △△주식회사에 상당의 재화를 공급한 것처럼 매출처별세금계산서합계표를 거짓으로 기재하여 세무서에 제출하였다.'는 공소사실로 기소되었다. 제청신청인 ○○주식회사는 제1심 계속 중 구 조세범처벌법 제3조에 대하여 위헌법률심판제청신청을 하였고, 제청법원은 이 사건 위헌법률심판제청을 하였다.

(2) 결정요지

1) '법인의 종업원 관련 부분'이 책임주의원칙에 반하는지 여부

구 조세범처벌법 제3조 본문 중 '법인의 대리인, 사용인, 기타의 종업인이 그 법인의 업무 또는 재산에 관하여 제11조의2 제4항 제3호에 규정하는 범칙행위를 한 때에는 그 법인에 대하여서도 본조의 벌금형에 처한다.'는 부분은 종업원 등의 범죄행위에 관하여 비난할 근거가 되는 법인의 의사결정 및 행위구조, 즉 종업원 등이 저지른 행위의 결과에 대한 법인의 독자적인 책임에 관하여 전혀 규정하지 않은 채, 단순히 법인이 고용한 종업원 등이 업무에 관하여 범죄행위를 하였다는 이유만으로 법

4) 헌재 2013. 10. 24. 2013헌가18.

인에 대하여 형사처벌을 과하고 있다. 이는 다른 사람의 범죄에 대하여 그 책임 유무를 묻지 않고 형벌을 부과하는 것으로 헌법상 법치국가의 원리 및 죄형법정주의로부터 도출되는 책임주의원칙에 반한다.

2) '법인의 대표자 관련 부분'이 책임주의원칙에 반하는지 여부

법인은 기관을 통하여 행위하므로 법인이 대표자를 선임한 이상 그의 행위로 인한 법률효과는 법인에게 귀속되어야 하고, 법인 대표자의 범죄행위에 대하여는 법인이 자신의 행위로 책임을 부담하는 것이다. 법인 대표자의 법규위반행위에 대한 법인의 책임은, 법인 자신의 법규위반행위로 평가될 수 있는 행위에 대한 법인의 직접책임으로서, 대표자의 고의에 의한 위반행위에 대하여는 법인 자신의 고의에 의한 책임을, 대표자의 과실에 의한 위반행위에 대하여는 법인 자신의 과실에 의한 책임을 부담한다. 따라서 구 조세범처벌법 제3조 본문 중 '법인의 대표자가 그 법인의 업무 또는 재산에 관하여 제11조의2 제4항 제3호에 규정하는 범칙행위를 한 때에는 그 법인에 대하여서도 본조의 벌금형에 처한다.'는 부분은 대표자의 책임을 요건으로 하여 법인을 처벌하는 것이므로 책임주의원칙에 반하지 아니한다.

재판관 이정미, 재판관 강일원의 반대의견

법인 대표자의 일정한 범죄행위가 있으면 법인 자신이 그와 같은 대표자의 범죄에 대해 어떠한 잘못이 있는지를 전혀 묻지 않고 곧바로 법인을 대표자 본인과 동등하게 형사처벌하도록 규정한 것은, 비난받을 만한 행위를 하였는지 여부를 묻지 않고 무조건 다른 사람의 범죄행위를 이유로 처벌하는 것이 되므로 형벌에 관한 책임주의원칙에 반한다. 따라서 '심판대상조항 중 법인의 대표자 관련 부분'은 법치국가의 원리 및 죄형법정주의로부터 도출되는 책임주의원칙에 반하므로 헌법에 위반된다.

(3) 평 가

양벌규정에 대한 헌법재판소의 입장을 다시한번 확인할 수 있는 결정이다. 헌법재판소는 양벌규정에 대해 기본적으로 헌법상 법치국가원리 및 죄형법정주의로부터 도출되는 책임주의에 반하는 것으로 보고 있다. 그러나 헌법재판소의 결정은 법치국가원리로부터 어떠한 논리를 거쳐 책임주의가 도출되는지에 대한 설명이 부족하다. 법치국가원리에 필연적으로 수반되는 예측가능성과 법적 안정성은 법의 객관적인 실정성에 기반을 둔 것으로 개인의 주관적인 자기책임의 원칙을 설명하기에는 한계가 있다. 죄형법정주의 또한 국가에 의한 개인의 권리 제한이 의회가 제정한 법률에 근거해야 하는 형식적 법치주의의 실정성에 기반한 것으로 각 개인에게 주관적 책임을 묻는 근거로 삼기에는 부족하다. 결국 개인의 기본권이 보호할 가치가 있는지에 대한 기본권 보호의 필요성에서 자기책임의 원칙을 논하여야 하는데 헌법재판소는 이에 대한 논증이 결여되어 있다. 한편, 다수의견은 법인의 구성원 중 대표자는 종업원과 달리 법인의 행위가 대표자의 의사결정에 따른 행위에 의해 실현된다는 이유로 대표자의 범죄행위에 대한 책임을 법인이 함께 부담하는 양벌규정은 책임원칙에 위반하지 않는 것으로 본다. 반면 소수의견은 우리 법체계 하에서는 법인과 개인이 엄격히 구분되며, 상법을 비롯한 법률을 보더라도 법인의 의사결정과 행위의 구조는 대표자의 전단에 의하지 않고 이사회와 감사도 참여하는 점에서 대표자의 책임을 법인에 당연히 귀속시키는 심판대상법률의 양벌규정은 책임원칙에 반하는 것으로 보고 있다. 법인은 자연인인 대표자와 달리 법률에 의해 인격이 부여되므로 법률의 규정과 성질에 반하지 않는 범위 내에서 권리와 의무가 있을 뿐 이와 관련한 주관적 책임성을 별도로 인정할 근거는 없다. 이렇게 볼 때 대표자의 행위로 인한 법률효과가 법인에 귀속되는 것이 우리 법체계의 구조라면 직무와 관련된 대표자의 범죄행위는 바로 법인의 행위로 간주되어도 무방하다 할 것이다. 법인의 의사결정에 이사회와 감사의 관여가 법률로 규정되어 있다 하더라도 이는 법인의 의사결정과 행위에 있어 전제나 통제에 불과할 뿐 법인의 법률효과는 규범적으로 대표자에 의해 발생하도록 규정되어있다. 만약 이사회나 감사에 의한 절차적 과정을 위반하여 대표자의 행위가 이루어진 경우에는 규범적 측면에서 볼 때 법인의 직무와 객관적 관련성이 결여된 것이므로 법인의 행위로 볼 수 없다. 이러한 점을 고려하여 양벌규정의 위헌성을 판단하지 않은 것은 아쉬운 점으로 남는다.

3. 군사법원법 제2조 제1항 제1호 등 군사시설이자 전투용에 공하는 시설을 손괴한 민간인에 대한 재판권 귀속 위헌제청[5)]

(1) 사건개요

제청신청인은 토지 등에 설치된 대전차방벽이 군사기지 및 군사시설 보호구역 내의 군사시설이자 전투용에 공하는 시설인 사실을 알면서도 위 대전차방벽 중 토지상에 있는 부분을 무단으로 철거하여 군용에 공하는 시설을 손괴하는 동시에 군사기지 및 군사시설 보호구역 안에서 군사시설을 손괴하였다는 등의 이유로 기소되었다. 위 공소사실 중 일부인 전투용에 공하는 시설을 손괴한 부분은 군형법 제69조의 군용시설손괴죄에 해당되어 군사법원에 재판권이 있음에 따라, 제청신청인은 공소사실 전부에 대하여 군사법원의 재판을 받게 되어, 보통군사법원으로부터 징역과 집행유예를, 항소심인 고등군사법원으로부터 징역과 집행유예를 각 선고받았다. 제청신청인은 상고를 제기한 후 상고심 계속 중 군인 또는 군무원이 아닌 국민을 군사법원에서 재판받도록 하는 구 군사법원법 제2조 제1항 제1호 등이 위헌이라고 주장하며 위헌법률심판제청신청을 하였고, 제청법원인 대법원은 이를 받아들여 위헌법률심판제청을 하였다.

5) 헌재 2013. 11. 28. 2012헌가10.

(2) 결정요지

1) 법관에 의한 재판을 받을 권리를 침해하는지 여부

구 군형법 제69조 중 '전투용에 공하는 시설'은 '군사목적에 직접 공용되는 시설'로 항상 '군사시설'에 해당한다. 군용물・군사시설에 관한 죄를 병렬적으로 규정하고 있었던 제5공화국 헌법 제26조 제2항에서 '군용물'은 명백히 '군사시설'을 포함하지 않는 개념으로 사용된 점, 군사시설을 제외하는 것을 명백히 의도한 헌법 개정 경과 등을 종합하면 군인 또는 군무원이 아닌 국민에 대한 군사법원의 예외적인 재판권을 정한 헌법 제27조 제2항에 규정된 군용물에는 군사시설이 포함되지 않는다. 그렇다면 '군사시설' 중 '전투용에 공하는 시설'을 손괴한 일반 국민이 항상 군사법원에서 재판받도록 하는 구 군사법원법 제2조 제1항 제1호 중 '구 군형법 제1조 제4항 제4호' 가운데 '구 군형법 제69조 중 전투용에 공하는 시설의 손괴죄를 범한 내국인에 대하여 적용되는 부분'은 비상계엄이 선포된 경우를 제외하고는 '군사시설'에 관한 죄를 범한 군인 또는 군무원이 아닌 일반 국민이 군사법원의 재판을 받는 것을 금지한 헌법 제27조 제2항에 위반하고, 국민이 헌법과 법률이 정한 법관에 의한 재판을 받을 권리를 침해한다.

재판관 김창종, 재판관 안창호의 별개의견

헌법 제27조 제2항의 '군용물'은 '군사상의 용도로 사용되고 있거나 사용될 가능성이 있는 물건'을 통칭하므로, '군사시설'도 포함한다. 다만 헌법 제27조 제2항은 '중대한' 군용물에 관한 죄 중 '법률이 정한 경우'에 한하여 평시 군사법원의 재판권을 인정한다. 이 사건 법률조항은 군사적인 중요성과 관계없이 '전투용에 공하는 시설'을 평시에 손괴한 일반인을 모두 군사법원에서 재판받도록 함으로써, 군사법원의 재판에 의하지 아니하면 군의 조직과 기능을 보존하기 어렵다는 특별한 사정이 있는 유형과 내용의 중대한 범죄로 그 범위를 한정하지 아니하므로, 국민이 일반법원에서 재판받을 권리를 침해한다.

(3) 평 가

이 결정에서 헌법재판소가 다수의견과 소수의견으로 나누어지는 이유는 헌법 제27조 제2항의 '군용물' 개념에 군사시설이 포함되는지 여부에 있다. 다수의견은 구 헌법에 군용물과 군사시설이 병렬적으로 규정되었던 점과 헌법 개정의 경과를 기술한 국회 회의록을 근거로 군용물에 군사시설이 포함되지 않는 것으로 해석한다. 반면, 소수의견은 군용물의 사전적 의미와 구 군형법 제11장에서 군용물에 관한 죄라는 제목 아래 군용물 및 군사시설에 관한 죄를 규정하고 있는 점, 헌법 개정 시 군사시설을 삭제한 이유가 불필요한 중복을 막기 위한 것이라는 점을 근거로 군용물에 군사시설이 포함되는 것으로 해석하고 있다. 그 결과 다수의견과 소수의견 모두 위헌결정을 하고 있음에도 불구하고 이유에 있어서는 견해를 달리한다. 다수의견이 헌법에 민간인이 군사재판을 받는 사유로 규정하지 않은 군사시설에 관한 죄를 심판대상 법률이 민간인의 군사재판 관할로 규정함을 이유로 위헌결정을 하고 있다. 이에 비해 소수의견은 헌법에 중대한 군사범죄에 한하여 민간인이 군사재판을 받아야함에도 불구하고 심판대상 법률은 군사시설에 대한 민간인의 범죄를 그 중요성에 따라 유형과 범위를 나누지 아니한 채 망라적으로 규정한 점에서 헌법 제37조 제2항 과잉금지원칙을 침해함을 이유로 위헌결정을 하고 있다. 헌법은 하위 실정법과의 관계에서 하위 실정법의 형성지침을 제시하면서도 독자성을 존중하여야 한다. 또한 헌법의 탄력적 해석을 통해 하위 실정법의 흠결을 보충할 수 있다. 이렇게 볼 때 헌법재판소는 헌법 제27조 제2항의 '군용물'의 개념을 하위 실정법인 군형법의 체계를 존중하는 차원에서 해석하여야 한다. 헌법 제27조 제2항에서는 민간인이 군사재판을 받는 유형을 규정함으로써 하위 실정법의 형성지침을 제시하고 있다. 그러나 그러한 유형 중 하나인 군용물이 무엇을 의미하는지는 헌법규정으로부터 도출할 수 없다. 구 헌법에서 신 헌법으로 개정되는 과정에서 군사시설을 제외한 것이라든지 국회회의록에서 군용물과 군사시설에 대한 각 정당의 견해가 모두 군용물과 군사시설을 구분함을 전제로 한 것으로 다수의견이 단언하는 것은 무리한 추론으로 생각되어진다. 오히려 헌법개정과정에서 군사시설이 제외된 이유가 군용물과 군사시설을 함께 규정하는 것은 불필요한 중복에 해당하는 것으로 보아 이를 피하기 위해 군용물만을 규정한 것으로도 해석할 수 있다. 그러므로 다양한 해석가능성이 있는 사실관계로부터 특정한 하나의 해석만을 가지고 헌법에 규정된 군용물을 개념정의하는 것은 규범해석의 태도로 바람직하지 않다. 이러한 경우에는 오히려 하위 실정법인 군형법에서는 군용물의 장에 군용물과 군사시설을 함께 규정하고 있다는 점에서 체계조화적으로 군용물의 개념을 정의할 필요가 있다. 따라서 헌법 제27조 제2항의 군용물을 광의의 개념으로 보고 이에 협의의 군용물과 군사시설이 포함되는 것으로 해석하는 소수의견이 타당하다고 생각한다.

Ⅲ. 권한쟁의심판사건(헌라)

1. 교육과학기술부장관과 서울특별시교육감 간의 권한쟁의 서울특별시 학생 인권 조례 재의요구 철회 사건[6]

(1) 사건개요

서울특별시의회는 서울특별시 학생인권 조례안을 의결하고 다음날 서울특별시교육감 권한대행에게 이송하였다. 교육부장관은 서울특별시교육감 권한대행에게 이 사건 조례안에 대해 재의요구를 하도록 요청하지

6) 헌재 2013. 9. 26. 2012헌라1.

않았다. 하지만 서울특별시교육감 권한대행이 '지방교육자치에 관한 법률' 제28조 제1항, 지방자치법 제107조 제1항에 따라 이 사건 조례안에 대하여 서울특별시의회에 재의를 요구하였다. 그런데 서울특별시교육감이 업무에 복귀한 뒤 이 사건 조례안에 대한 재의요구를 철회하였고, 교육부장관은 서울특별시교육감에게 이 사건 조례안에 대한 재의요구를 하도록 요청하였다. 그러나 서울특별시교육감은 교육부장관의 재의요구 요청을 따르지 아니하고, '서울특별시 학생인권 조례'를 공포하였다. 이에 교육부장관은, 서울특별시교육감이 이 사건 조례안에 대한 재의요구를 철회하고 '서울특별시 학생인권 조례'를 공포한 행위와 재의요구 요청을 받고도 서울특별시의회에 이 사건 조례안에 대한 재의요구를 하지 아니한 부작위가 교육부장관의 조례안에 대한 재의요구 요청 권한을 침해하였다고 주장하며, 서울특별시교육감을 상대로 권한쟁의심판을 청구하였다.

(2) 결정요지

1) 서울특별시교육감이 재의요구를 하였다가 철회한 것이 교육부장관의 재의요구 요청권한을 침해하는지 여부

'지방교육자치에 관한 법률' 제28조 제1항 제1문이 규정한 교육·학예에 관한 시·도의회의 의결사항에 대한 교육감의 재의요구 권한과, 같은 항 제2문이 규정한 교육부장관의 재의요구 요청 권한은 중복하여 행사될 수 있는 별개의 독립된 권한이다. 그러므로 지방의회의 조례안 의결에 대하여 재의요구를 한 교육감은 지방의회가 재의결을 하기 전까지 재의요구를 철회할 수 있다. 서울특별시교육감의 재의요구 철회가 교육부장관의 재의요구 요청권한을 침해하지 아니한다.

2) 서울특별시교육감이 재의요구를 하지 않은 부작위와 조례를 공포한 행위가 교육부장관의 재의요구 요청권한을 침해하는지 여부

'지방교육자치에 관한 법률' 제28조 제1항과 헌법이 지방자치를 보장하는 취지 등을 종합하여 보면, 교육부장관의 재의요구 요청과 관계없이 교육감이 재의요구를 할 수 있는 기간은 '시 · 도의회의 의결사항을 이송받은 날부터 20일 이내'이다. 이 기간이 지난 뒤의 재의요구 요청은 부적법하므로, 부적법한 재의요구 요청이 있다고 하여 서울특별시교육감이 조례안에 대하여 재의요구를 하여야 할 헌법이나 법률상의 작위의무가 있다고 볼 수 없다. 또한 재의요구가 철회된 이상, 처음부터 재의요구가 없었던 것과 같게 되므로, 서울특별시교육감은 조례안을 공포할 권한이 있다. 그렇다면 서울특별시교육감이 조례안 재의요구를 하지 않은 부작위 및 조례를 공포한 행위는 교육부장관의 재의요구 요청권한을 침해하지 아니한다.

(3) 평 가

이 결정에서 헌법재판소는 '지방교육자치에 관한 법률'에 규정된 교육감과 교육부장관의 조례에 대한 재의요구의 권한을 획정하고 있다. 먼저 교육감의 재의요구권은 지방자치단체의 장인 교육감과 지방의회 사이의 상호 견제와 균형을 위한 것인 반면, 교육부장관의 재의요구요청권한은 국가와 지방자치단체 간의 권한통제에 관한 것으로 별개의 독립된 권한으로 보고 있다. 그런데 '지방교육자치에 관한 법률'은 교육부장관의 재의요구요청권한에 있어서 그 내용을 구체적으로 명시하지 않는다. 이로 인해 나타날 수 있는 다양한 해석의 가능성을 헌법재판소는 헌법상 지방자치제도 보장의 취지를 종합적으로 고려한 합리적 법률해석을 통해 제한하고 있다. 먼저 교육감의 재의요구와 교육부장관의 재의요구요청의 대상과 사유 및 행사기간 등 요건이 동일하게 규정된 것으로 해석한다. 따라서 조례안에 대한 교육감의 재의요구권의 행사기간이 지방의회로부터 의결사항을 이송받은 날로부터 20일 이내로 규정한 것과 같이 교육부장관의 재의요구요청권한도 이와 동일하게 보고 있다. 그 결과 당해 사건에 있어 교육부장관은 행사기간 내 재의요구요청권한을 행사하지 않는 이상 교육감이 재의요구권을 후에 철회하였음을 이유로 행사기간을 도과한 자신의 재의요구요청권한을 다시 주장할 수는 없다. 또한 교육감은 교육부장관의 이러한 재의요구요청권한에 응할 의무도 없다. 한편, 교육감의 재의요구권에 대하여도 '지방교육자치에 관한 법률'은 철회할 권한을 규정하지 않고 있다. 이에 대하여 헌법재판소는 재의요구권의 성격이 조례안의 완성에 대한 조건부의 정지적 권한에 지나지 않으며, 또한 교육부장관의 재의요구요청권과는 별개의 독립적 권한이라는 점에서 지방의회의 재의결 전에 언제든지 철회할 수 있는 것으로 해석한다. 이러한 헌법재판소의 '지방교육자치에 관한 법률' 해석에는 법률의 체계정합성과 함께 지역적차원의 민주적 정당성을 가진 지방자치단체의 포괄적 자치권을 고려함으로써 지방의회의 조례제정권에 대한 제약이 확대해석되어서는 안된다는 관점이 반영되어있다. 이 결정은 합헌적 법률해석이 권한쟁의심판에서는 어떠한 형태로 나타나는지를 보여준다는 점에서 주목할만하다.

Ⅳ. 헌법재판소법 제68조 제1항에 의한 헌법소원(헌마)

1. 법학전문대학원 설치인가 중 입학전형계획위헌확인 등[7)]

(1) 사건개요

청구인은 대학교 4학년에 재학 중인 학생과 대학교를 졸업한 자로서 2010년에 법학전문대학원을 입학하고자 진학을 준비하여 모집요강에 따라 입학지원을 하려던 남성들이다. 피청구인 교육과학기술부장관은 2008. 9. 1. 피청구인 학교법인 이화학당에게 법학전문대학원 설치인가를 하면서 학교법인 이화학당이 제출한 입학전형계획 중 여성만을 입학자격요건으로 한 부분을 인정하였고, 학교법인 이화학당은 2010학년 법학전문대학원 입학모집요강을 발표하면서 여성만을 입학자격요건으로 하였다.

7) 헌재 2013. 5. 30. 2009헌마514.

이에 청구인들은 2009. 9. 8. 주위적으로 피청구인 교육부장관이 학교법인 이화학당에게 한 법학전문대학원 설치인가 중 여성만을 입학자격요건으로 하는 입학전형계획을 인정한 부분 및 피청구인 학교법인 이화학당의 법학전문대학원 모집요강 중 여성만을 입학자격요건으로 한 부분, 예비적으로 피청구인 교육부장관이 학교법인 이화학당의 법학전문대학원 모집요강에서 여성만을 입학자격요건으로 한 부분에 대해 시정조치를 하지 아니한 부작위에 대해 헌법소원심판을 청구하였다.

(2) 결정요지

1) 사립대학인 학교법인의 법학전문대학원 모집요강이 헌법소원심판의 대상인 공권력의 행사에 해당하는지 여부

법학전문대학원은 교육기관으로서의 성격과 함께 법조인 양성이라는 국가의 책무를 일부 위임받은 직업교육기관으로서의 성격을 가지고 있기는 하나, 이화여자대학교는 사립대학으로서 국가기관이나 공법인, 국립대학교와 같은 공법상의 영조물에 해당하지 아니하고, 일반적으로 사립대학과 그 학생과의 관계는 사법상의 계약관계이므로 학교법인 이화학당을 공권력의 주체라거나 그 모집요강을 헌법소원심판의 대상이 되는 공권력의 행사라고 볼 수 없다.

2) 교육부장관의 법학전문대학원 설치인가가 직업선택의 자유를 침해하는지 여부

가. 교육부장관의 이 사건 인가처분은 학교법인 이화학당이 법학전문대학원 설치인가를 받기 위해 제출한 입학전형계획을 그대로 인정함으로써 남성인 청구인의 직업선택의 자유를 제한하고 있다. 그러나 한편으로 학교법인 이화학당은 헌법 제31조 제4항의 대학의 자율성의 주체인바, 학교법인 이화학당의 법학전문대학원 입학전형계획은 학교법인 이화학당이 학생의 선발 및 입학 전형에 관하여 대학의 자율성을 행사한 것이고, 이 사건 인가처분은 이러한 대학의 자율성 행사를 보장하는 것이다. 따라

서 이 사건 인가처분에 의하여 청구인의 직업선택의 자유와 사립대학의 자율성이라는 두 기본권이 충돌하게 된다.

나. 교육부장관이 이화여자대학교에 법학전문대학원 설치인가를 한 것은 대학의 교육역량에 대한 객관적인 평가에 따른 것이지 여성 우대를 목적으로 한 것이 아니며, 설치인가를 하면서 이화여자대학교의 이 사건 모집요강 내용을 그대로 인정한 것은 여자대학으로서의 전통을 유지하려는 이화여자대학교의 대학의 자율성을 보장하고자 한 것이므로, 이 사건 인가처분은 그 목적의 정당성과 수단의 적합성이 인정된다.

다. 학생의 선발, 입학의 전형도 사립대학의 자율성의 범위에 속한다는 점, 여성 고등교육기관이라는 이화여자대학교의 정체성에 비추어 여자대학교라는 정책의 유지 여부는 대학 자율성의 본질적인 부분에 속한다는 점, 남성인 청구인이 받는 불이익이 크지 않다는 점 등을 고려하면, 이 사건 인가처분은 청구인의 직업선택의 자유와 대학의 자율성이라는 두 기본권을 합리적으로 조화시킨 것이며 양 기본권의 제한에 있어 적정한 비례관계를 유지한 것이라 할 것이다. 따라서 청구인의 직업선택의 자유를 침해한다고 할 수 없다.

재판관 이진성, 재판관 조용호의 일부 반대의견

이 사건 인가처분은 청구인을 직접적인 상대방으로 한 것이 아니다. 그리고 이 사건 인가처분으로 인하여 남성인 청구인이 법학전문대학원에 진학할 기회가 봉쇄된 것도 아니고 청구인의 입학가능성이 직접적으로 영향 받았다고 단정할 수도 없다. 따라서 이 사건 인가처분으로 인하여 청구인은 사실상의 불이익을 받은 것에 불과하므로 심판청구는 기본권 침해의 자기관련성을 갖추지 못하여 부적법하다.

(3) 평 가

이화여자대학교는 공법상 영조물에 해당하지 않으므로 공권력 주체가 아니며, 법학전문대학원 신입생 모집요강도 공권력작용에 해당하지 않는 것으로 보고 있다. 그러나 교육부장관의 인가처분에 의해 이화여자대학교와 남성인 청구인 사이에는 대학의 자율성과 직업선택의 자유가 충돌함을 인정한다. 다만, 헌법재판소는 기본권 충돌에 대해 충돌하는 두 기본권을 직접적으로 형량하는 방식으로 해결하지 않고, 교육부장관의 법학전문대학원 인가처분이 과잉금지원칙을 위반하여 청구인의 직업선택의 자유를 침해하는지를 판단함에 있어 두 기본권 사이의 합리적 조정 여부를 심사함에 그친다. 또한 여대의 로스쿨 설치에 대한 인가처분이 여성우대의 관점이 아니라 대학의 자율성보장에 근거한다는 점에서 목적의 정당성과 수단의 적합성을 인정하고 있다. 주목할 것은 다수의견과 달리 소수의견은 교육부장관의 인가처분 상대방이 이화여자대학교라는 점에서 청구인인 남성은 사실상 불이익을 받을 뿐 법적 불이익을 받는 것은 아닌 것으로 보고 있는 점이다. 이는 기본권 중심으로 헌법재판의 청구적격을 해석하는 다수의견과 달리 소수의견은 법률형식에 따르는 일반재판의 소송적격을 중심으로 헌법재판의 청구적격을 해석하는 것으로 보는 점에서 주목할만하다.

2. 국민건강증진법 제9조 제4항 제23호 등 PC방 전체의 금연구역 지정에 대한 위헌확인[8)]

(1) 사건개요

청구인들은 PC방 내부를 금연구역과 흡연구역을 구분하여 시설하고 영업하고 있었다. 그런데 국민건강증진법이 개정되면서 PC방 전체를 금연구역으로 지정해야 할 의무를 부여하고, 이를 위반할 경우 과태료를 부과하였다. 청구인 최○재, 이○자와 청구인 신○란 외 29인은 국민건강증진법 제9조 제4항 제23호, 제34조 제1항 제2호, 부칙 제1조가 영업의 자

8) 헌재 2013. 6. 27. 2011헌마315, 2011헌마509, 2012헌마386(병합).

유, 재산권 등을 침해한다면서 그 위헌확인을 구하는 심판청구를 제기하였다. 청구인 조○근 외 243인은 국민건강증진법 제9조 제4항 제23호, 제34조 제1항 제2호가 직업 수행의 자유를 침해한다면서 그 위헌확인을 구하는 심판청구를 제기하였다.

(2) 결정요지

1) 과태료를 부과하는 부분에 대한 심판청구가 적법한지 여부

이 사건 과태료조항은 그 전제인 의무부과조항(이 사건 금연구역조항)을 위반하는 경우에 과태료를 부과하는 제재조항으로서, 청구인들이 과태료 자체의 고유한 위헌성을 다투는 것이 아니라, 전제되는 의무부과조항이 위헌이어서 그 제재조항도 위헌이라고 주장하고 있으므로 이 사건 과태료조항에 대한 심판청구는 기본권침해의 직접성 요건을 갖추지 못하여 부적법하다.

2) PC방 전체를 금연구역으로 지정하도록 한 부분과 부칙 제1조 단서 중 "공포 후 2년이 경과한 날부터 각각 시행한다." 부분이 과잉금지원칙과 신뢰보호원칙에 위배되어 청구인들의 직업수행의 자유를 침해하는지 여부

청소년을 비롯한 비흡연자의 간접흡연을 방지하고 혐연권을 보장하는 이 사건 금연구역조항의 입법목적은 정당하며 그 방법도 적절하다. PC방 내부에 칸막이 등을 설치하여 금연구역과 흡연구역을 분리하는 것만으로는 부족하므로 직업수행의 자유를 덜 제한하는 다른 수단이 존재한다고 단정하기는 어렵다. 아울러 이 사건 금연구역조항은 영업 자체를 금지하는 것이 아니고 다만 영업방식을 제한하고 있을 뿐이어서 청구인들의 직업수행의 자유를 크게 제한하는 것이라고 볼 수 없는 반면, 입법목적인 공익의 효과는 매우 크므로 과잉금지원칙에 위배되지 않는다.

청구인들은 현재 시행되고 있는 금연·흡연구역의 분리가 지속적으로 유지되지 아니하고 언젠가는 전면금연구역으로 전환되리라는 것을 예측할 수 있었다고 보이고, 금연구역조항의 시행을 유예한 2년의 기간은 법 개정으로 인해 변화된 상황에 적절히 대처하는 데 있어 지나치게 짧은 기간이라 볼 수 없으므로 신뢰보호원칙에 위배되지 않는다.

3) 재산권을 침해하는지 여부

흡연 고객이 이탈함으로써 발생할 수 있는 영업이익의 감소는 헌법에 의해 보호되는 재산권의 침해라고 볼 수 없다. 또한 이 사건 금연구역조항은 청구인들이 설치한 PC방 내부의 흡연구역 관련 시설을 철거하거나 변경하도록 강제하는 것이 아니므로 이로 인해 기존의 흡연구역 관련 시설을 철거하거나 변경하였다고 하더라도 이는 사실상의 불이익에 불과하므로 재산권을 침해하지 않는다.

(3) 평 가

심판대상조항은 비흡연자의 혐연권과 건강증진 보장이라는 공익적 목적을 실현하기 위해 청구인인 PC방 업주들의 직업수행의 자유를 제한하는 것으로 2년의 유예기간이 지난뒤 PC방의 전면적 금연구역화를 의무로 부과하고 있다. 직업수행의 자유가 직업의 자유 중 인격침해의 효과가 상대적으로 적으므로 제한의 범위가 넓다는 기본권 제한적 측면과 간접흡연을 막기 위해서는 PC방 전체의 금연이 가장 효과적이라는 방법의 적정성 측면을 함께 고려하여 과잉금지원칙 위반여부를 심사하는 점이 주목된다. 신뢰보호원칙의 위반여부와 관련하여서는 PC방에 대한 국가의 점진적 금연구역확장정책이 지금까지 이루어져왔다는 점에서 청구인의 입장에서 전면적 금연구역화는 어느 정도 예상할 수 있었으므로 기존 법률상태에 대한 청구인의 신뢰이익은 보호가치가 낮은 것으로 보고 공익과 형량하고 있다. 이를 통해 소급입법과 관련한 형식적 법치주의에서 뿐만 아니라 기존의 법적 상태에 대한 개인의 신뢰이익과 관련한 실질적 법치주의의 기준에서도 법적 상태의 변경에 대한 개인의 예측가능성은 위헌심사의 중요한 고려사항이 됨을 알 수 있다. 이와 함께 신뢰이익의 침해여부에 대한 고려사항으로 2년의 유예기간을 둠으로써 향후 새로운 법적 상태에 적응할 가능성을 확보하는 점도 다루어지고 있다. 재산권과 관련하여 재산권의 본질이 사적 유용성과 원칙적 처분권에 있다고 보면서 금연조항으로 인한 흡연고객의 이탈과 그로 인한 PC방 운영이익의 감소는 법제도에 따른 반사적 효과에 불과한 간접적·사실상의 불이익이므로 재산권 침해에 해당하지 않는 것으로 보고 있다. 그러나 재화획득 기회가 어떻게 재산권의 보호범위에 포함되지 않는가에 대한 보다 구체적 논증이 요구된다. 재산권이 인정되기 위해서는 노동과 같은 개인의 사적 기여가 외적 대상과 결부되어야 하며, 이로써 재산권과 관련한 사적 유용성과 원칙적 처분권이 생기게 된다. 이러한 점을 고려한다면 재화획득의 반사적 기회가 재산권에 포함되지 않는 이유로 사적 기여의 결여를 추가적 논증으로 언급하지 않은 점은 아쉬움으로 남는다.

3. 이동전화 식별번호 통합추진 위헌확인[9)]

(1) 사건개요

청구인들은 전기통신사업자들과 이동전화 식별번호 011, 016, 017, 018, 019를 사용하는 셀룰러 또는 개인휴대통신 서비스 이용계약을 체결한 사람들이다. 청구인들은 사업자들에게 현재 사용하는 번호를 그대로 유지한 채 아이엠티(IMT) 서비스 또는 와이브로(WiBro), 엘티이(LTE) 서비스 등 3세대 서비스에 대한 이용계약의 체결을 요청하였다. 그런데 사업자들은 전기통신사업법 제48조, 전기통신번호관리세칙 제8조 제2항 제3호, 제23조의2, 방송통신위원회의 번호 통합정책 및 이동전화 번호이동성 개선 이행명령 등을 근거로 청구인들이 이 사건 식별번호를 010으로 변경하지 않는 한, 3세대 서비스 등을 이용할 수 없다며 청구인들의 요청을 거부하였다. 이에 청구인들은, ① 방송통신위원회가 홈페이지를 통하여

9) 헌재 2013. 7. 25. 2011헌마63, 2011헌마468(병합).

번호 통합계획을 발표하는 등 번호 통합정책을 수립·실시한 행위, ② 서비스 이용자들이 종전의 전기통신번호를 유지하면서 3세대 서비스 등으로의 서비스 변경을 하는 것을 원칙적으로 금지한 행위, ③ 2011. 1. 1.부터 2013. 12. 31.까지 한시적으로, 2014. 1. 1. 이후 이 사건 식별번호를 010으로 변경하는 데 동의하는 경우에만 번호이동을 할 수 있도록 한 행위가 청구인들의 개인정보자기결정권, 인격권, 재산권, 행복추구권, 평등권 등을 침해한다고 주장하면서 헌법소원심판을 청구하였다.

(2) 결정요지

1) 구 통신위원회와 방송통신위원회 의결 및 방송통신위원회의 홈페이지 게시의 공권력 행사 해당 여부

구 통신위원회의 의결 및 방송통신위원회의 의결은 이동전화의 번호통합과 번호이동에 관한 사항을 내부적으로 결정한 행위이고, 홈페이지 게시는 이를 국민들에게 널리 알리고자 한 것일 뿐, 청구인들의 법적 지위에 영향을 미치지 아니하므로 공권력 행사에 해당한다고 볼 수 없다.

2) 방송통신위원회의 이행명령이 인격권, 개인정보자기결정권, 재산권을 제한하는지 여부

한시적 기간 내에 식별번호를 010으로 변경하는 데 동의하는 경우에만 번호이동을 할 수 있도록 한 방송통신위원회의 이행명령이 청구인의 기본권을 침해하는지 여부에 대하여는 다음과 같다. 이동전화번호를 구성하는 숫자가 개인의 인격 내지 인간의 존엄과 관련성을 가진다고 보기 어렵고, 이행명령으로 인하여 청구인들의 개인정보가 청구인들의 의사에 반하여 수집되거나 이용되지 않으며, 이동전화번호는 유한한 국가자원으로서 청구인들의 번호이용은 사업자와의 서비스 이용계약 관계에 의한 것일 뿐이므로 이 사건 이행명령으로 인해 청구인들의 인격권, 개인정보자기결정권, 재산권이 제한된다고 볼 수 없다.

3) 방송통신위원회의 이행명령이 행복추구권을 침해하는지 여부

이 사건 이행명령은 구 전기통신사업법 제58조 제1항 및 제3항에 근거한 것으로서 법률유보원칙에 위배된다고 볼 수 없다. 나아가 번호 통합은 충분한 번호자원을 확보하고, 식별번호의 브랜드화 문제를 해결하기 위한 것으로서 그 필요성을 인정할 수 있고, 그 목적 달성을 위하여 번호이동의 제한은 불가피하다. 또 이 사건 이행명령은 사용자의 의사에 반하는 번호의 변경을 강제하는 것은 아니고, 번호변경에 따르는 사용자의 불편을 줄이기 위한 여러 방편도 마련하고 있다는 점에서 청구인들에게 수인하기 어려운 부담을 지우는 것이라 보기도 어렵다. 따라서 행복추구권을 침해한다고 볼 수 없다.

재판관 이정미, 재판관 김창종, 재판관 조용호의 반대의견

방송통신위원회의 이행명령은 010 번호를 사용하는 이용자에 한하여만 기존 번호를 그대로 유지한 3세대 서비스로의, 이른바 '번호이동'이 허용되었고, 청구인들과 같이 010 이외의 번호 사용자들에게는 번호이동이 허용되지 않았다. 그런데 이 사건 이행명령은 010 이외의 번호를 사용하는 서비스 이용자의 경우에도 한시적으로 기존번호를 그대로 유지하면서 3세대 서비스를 이용할 수 있도록 번호이동을 허용하는 것이므로, 이는 010 이외의 번호 이용자에게 편의를 제공해 주는 수혜적 조치이다. 따라서 청구인들의 기본권이 침해될 가능성이나 위험성이 없다.

(3) 평 가

이 결정에서 다수의견은 기관내부의 결정행위와 이를 홈페이지에 게시하는 것은 헌법소원의 대상이 되지 않는 유형으로 언급했다는 점에서 의미가 있다. 반면, 번호이동 신청권자의 범위와 신청시기를 제한하는 방송통신위원회의 이행명령은 청구인의 기본권을 제한하는 것으로 헌법소원의 대상이 된다. 그런데 여기서 개인이 자신의 이동전화번호를 선택하는

것을 제한받을 때 제한되는 기본권은 무엇인지가 문제된다. 다수의견은 이동전화번호의 숫자를 개인이 선택하는 것은 개인의 인격이나 인간존엄성과 관련이 없는 것으로 보고 있다. 또한 개인이 자신의 전화번호를 누구에게 어느 범위까지 알릴 것인지를 강요하는 것이 아니므로 개인정보자기결정권을 제한하는 것도 아니며, 전화번호 자체는 국가의 자원이므로 재산권을 제한하지도 않는다고 한다. 다만, 오랜기간동안 사용한 전화번호의 경우 개인에 따라 특별한 의미와 사연이 있어 계속 사용하기를 원할 수도 있으므로 행복추구권을 제한하는 것으로 보아 그 침해여부를 심사하고 있다. 그런데 인간존엄성, 인격권, 개인정보자기결정권, 행복추구권은 모두 개인의 자율성·자기결정권이 가장 직접적으로 발현되는 기본권이라는 점에서 유사성을 지닌다. 그럼에도 불구하고 헌법재판소는 지금까지 자기결정권을 중심으로 이들 기본권들이 어떠한 상호 관계에 있으며, 어떻게 구별되는지를 정리하지 않은 채 구체적 사건과 관련된 기본권의 양태에 따라 개별적으로만 판단하고 있다. 이에 대한 헌법재판소의 입장정리가 요구된다. 부언하자면 전화번호가 개인의 불가분의 이익에 해당하는 것은 아니기에 이에 대한 자기결정권의 제한을 인격권의 제한으로 볼 수는 없다. 그러나 전화번호의 사용여부가 개인이 자신의 생활영역을 자유롭게 구성하는 것과는 관련이 있으므로 이에 대한 자기결정권의 제한을 행복추구권의 내용인 일반적 행동자유권의 제한으로 생각해 볼 수 있다.

4. 공직선거법 제15조 공직선거 연령 제한 위헌확인[10)]

(1) 사건개요

청구인은 1994. 2. 생으로, 제19대 국회의원 선거일인 2012. 4. 11. 및 제18대 대통령 선거일인 2012. 12. 19. 기준 19세 미만이라는 이유로 공직선거법 제15조에 의하여 위 국회의원 및 대통령 선거에서 선거권을

10) 헌재 2013. 7. 25. 2012헌마174.

행사하지 못하게 될 것으로 예상되자, 선거권 연령을 19세 이상으로 제한한 공직선거법 제15조가 헌법 제11조의 평등권과 제24조의 참정권 등을 침해한다고 주장하면서 2012. 2. 23. 이 사건 헌법소원심판을 청구하였다.

(2) 결정요지

1) 선거권 및 평등권을 침해하는지 여부

보통선거의 원칙은 일정한 연령에 도달한 사람이라면 누구라도 당연히 선거권을 갖는 것을 요구하는데 그 전제로서 일정한 연령에 이르지 못한 국민에 대하여는 선거권을 제한하는바, 선거권 행사는 일정한 수준의 정치적인 판단능력이 전제되어야 하기 때문이다. 헌법 제24조는 "모든 국민은 '법률이 정하는 바'에 의하여 선거권을 가진다."라고 규정함으로써, 선거권 연령을 어떻게 정할 것인지는 입법자에게 위임하고 있다. 입법자는 우리의 현실상 19세 미만의 미성년자의 경우, 아직 정치적·사회적 시각을 형성하는 과정에 있거나, 일상생활에 있어서도 현실적으로 부모나 교사 등 보호자에게 의존할 수밖에 없는 상황이므로 독자적인 정치적 판단을 할 수 있을 정도로 정신적·신체적 자율성을 충분히 갖추었다고 보기 어렵다고 보고, 선거권 연령을 19세 이상으로 정한 것이다.

또한 많은 국가에서 선거권 연령을 18세 이상으로 정하고 있으나, 선거권 연령은 국가마다 특수한 상황 등을 고려하여 결정할 사항이고, 우리나라의 다른 법령에서 18세 이상의 사람에게 근로능력이나 군복무능력 등을 인정한다고 하여 선거권 행사능력과 반드시 동일한 기준에 따라 정하는 것은 아니므로 선거권 연령을 19세 이상으로 정한 것이 불합리하다고 볼 수 없다. 따라서 선거권 연령을 19세 이상으로 정한 것이 입법자의 합리적인 입법재량의 범위를 벗어난 것은 아니며, 19세 미만인 사람의 선거권 및 평등권을 침해하였다고 볼 수 없다.

재판관 박한철, 재판관 김이수, 재판관 이진성의 반대의견

일정 연령의 사람이 정치적 판단능력이 있음에도 더 높게 선거권 연

령을 정하였다면 입법형성권의 한계를 벗어난 것이다. 선거권 연령이 19세 이상으로 조정된 이후 지금까지 우리 사회는 그 이전까지의 변화와 비교할 수 없을 정도로 엄청난 변화를 겪었고, 이러한 변화는 청소년을 포함한 국민의 정치적 의식수준도 크게 고양시켰으므로 중등교육을 마칠 연령의 국민은 독자적인 정치적 판단능력이 있다고 보아야 한다. 그런데 중등교육을 마치는 연령인 18세부터 19세의 사람은 취업문제나 교육문제에 지대한 관심을 갖게 되고, 정보통신, 특히 인터넷의 발달에 가장 친숙한 세대로서 정치적·사회적 판단능력이 크게 성숙하게 되므로 독자적인 정치적 판단능력을 갖추었다고 보아야 한다.

병역법이나 근로기준법 등 다른 법령들에서도 18세 이상의 국민은 국가와 사회의 형성에 참여할 수 있는 정신적·육체적 수준에 도달하였음을 인정하고 있고, 18세를 기준으로 선거권 연령을 정하고 있는 다른 많은 국가들을 살펴보아도 우리나라의 18세 국민이 다른 국가의 같은 연령에 비하여 정치적 판단능력이 미흡하다고 볼 수는 없다. 그렇다면 18세 이상 국민이 독자적인 정치적 판단능력이 있음에도 선거권 연령을 19세 이상으로 정한 것은 입법형성권의 한계를 벗어나 18세 이상 19세에 이르지 못한 국민의 선거권 등을 침해한다.

(3) 평 가

선거권연령을 19세로 규정한 현행 공직선거법의 위헌여부를 심판한 결정이다. 먼저 적법요건과 관련하여 청구인의 경우 헌법소원을 청구할 당시에는 19세 미만이었지만, 심판 계속 중 19세의 요건을 충족하게 되어 다음 국회의원선거와 대통령선거에는 선거권을 행사할 수 있으므로 주관적 권리보호이익은 없다. 그러나 공직선거권을 19세 이상의 자에게만 부여한 현행 규정에 대한 헌법적 해명의 중요성과 아직 19세에 도달하지 못한 다른 사람들의 기본권침해가 반복될 가능성이 있으므로 권리보호이익을 인정함이 상당한 것으로 보고 있다. 그러나 이 경우에 적법요건의 인정근거를 권리보호이익이 아니라 심판청구이익으로 언급함이 타당하다고 생각한다. 한편, 선거권을 인정하는 근거로서 다수의견과 소수의견 모두 일정한 수준의 정치적 판단능력을 전제로 한다. 다만, 다수의견은 아직 고등학교의 중등과정을 마치지 못한 자는 민주시민으로서 정신적·신체적 자율성의 불충분과 선거권을 인정할 경우 교육적 측면의 부작용을 이유로 선거권을 인정하지 않는다. 이에 반해 소수의견은 인터넷을 통한 다원화되고 수평화된 쌍방향의 의사소통구조가 확립되고 교육수준과 언론매체가 발달한 오늘날의 경우 18세에 이상 19세 미만의 자도 정치적 문제에 대한 자신의 독자적 판단능력이 있는 것으로 보고 있다. 그런데 다수의견과 소수의견 모두 정치적 판단능력을 인정할 것인지에 제도적·사실적 근거만을 언급하고 있을 뿐 우리 헌법체계 내에서 그들의 선거권을 인정할 규범적 근거에 대해 자세히 논증하지 않는 점은 아쉬움으로 남는다. 정치적 판단능력이 선거권 인정의 주된 근거라면 민주시민으로서 정치적 덕성을 확보하기 위한 의무교육의 목적과 연계하여 의무교육을 보장하는 이념적 단계를 언급함으로써 선거권 연령의 수준을 결정할 수 있다. 지금과 같이 정치적 판단능력과는 무관한 근로기준법, 병역법상의 의무규정을 선거권 연령의 판단근거로 제시하는 소수의견이나, 고등학교 중등과정을 마치지 못하였다는 이유만으로 독자적인 정치적 판단능력이 없는 것으로 단정하는 다수의견은 체계정당성의 관점에서 볼 때 규범적 근거가 부족한 것으로 생각된다.

5. 형의 집행 및 수용자의 처우에 관한 법률 제41조 등 수용자가 변호사와 접견할 때도 접촉차단시설이 설치된 장소에서 하도록 한 규정 위헌확인[11)]

(1) 사건개요

청구인은 성폭력범죄의 처벌 및 피해자보호 등에 관한 법률위반 등

---

11) 헌재 2013. 8. 29. 2011헌마122.

으로 징역형을 선고받았고, 위 판결은 확정되었다. 청구인은 형이 확정된 후 교도소에 수용 중 교도소 측 신체검사의 위헌확인을 구하는 헌법소원을 제기하였다. 청구인은 위 헌법소원 사건의 국선대리인 변호사와 접견하기에 앞서 담당교도관에게 녹음녹화접견실이 아닌 변호인접견실에서의 접견을 요청하였으나, 미결수용자가 아니라는 이유로 받아들여지지 않았고, 접촉차단시설이 설치된 녹음녹화접견실에서 변호사 접견이 이루어졌다. 이에 청구인은 접견 시 녹음, 녹화 등을 규정한 '형의 집행 및 수용자의 처우에 관한 법률' 제41조, '형의 집행 및 수용자의 처우에 관한 법률 시행령' 제62조, 미결수용자의 변호인과 접견하는 경우를 제외하고는 원칙적으로 접촉차단시설이 설치된 장소에서 접견하도록 한 '형의 집행 및 수용자의 처우에 관한 법률 시행령' 제58조 및 이 사건 거부행위의 위헌확인을 구하는 헌법소원심판을 청구하였다.

(2) 결정요지

1) 재판청구권을 침해하는지 여부

변호사와 접견하는 경우에도 수용자의 접견은 원칙적으로 접촉차단시설이 설치된 장소에서 하도록 규정하고 있는 '형의 집행 및 수용자의 처우에 관한 법률 시행령' 제58조 제4항에 따르면 수용자는 효율적인 재판준비를 하는 것이 곤란하게 되고, 특히 교정시설 내에서의 처우에 대하여 국가 등을 상대로 소송을 하는 경우에는 소송의 상대방에게 소송자료를 그대로 노출하게 되어 무기대등의 원칙이 훼손될 수 있다. 변호사 직무의 공공성, 윤리성 및 사회적 책임성은 변호사 접견권을 이용한 증거인멸, 도주 및 마약 등 금지물품 반입 시도 등의 우려를 최소화시킬 수 있으며, 변호사접견이라 하더라도 교정시설의 질서 등을 해할 우려가 있는 특별한 사정이 있는 경우에는 예외를 두도록 한다면 악용될 가능성도 방지할 수 있다. 따라서 이 사건 접견조항은 과잉금지원칙에 위배하여 청구인의 재판청구권을 지나치게 제한하고 있으므로 헌법에 위반된다.

2) 헌법불합치결정과 잠정 적용

이 사건 접견조항의 효력을 즉시 상실시킬 경우 수용자 일반을 접촉차단시설이 설치된 장소에서 접견하게 하는 장소 제한의 일반적 근거조항 및 미결수용자가 변호인을 접견하는 경우의 예외 근거조항마저 없어지게 되어 법적 안정성에서 문제가 있을 수 있다. 행정입법자가 합헌적인 내용으로 위 조항을 개정할 때까지 심판대상법률을 계속 적용할 필요가 있다.

재판관 김창종, 재판관 조용호의 반대의견

'형의 집행 및 수용자의 처우에 관한 법률'은 교정성적이 우수한 수형자 등에 대하여 접촉차단시설이 없는 장소에서 접견하게 할 수 있도록 폭 넓게 예외를 인정하고 있고, 차단시설이 된 장소에서 접견하더라도 직접적인 신체접촉을 통한 물건 수수가 어려울 뿐이지 마이크 콘솔 장치를 통한 의사전달 및 서류, 증거물의 시각적 확인에는 전혀 제한이 없다. 또 수형자는 서신 교환과 법정 출석 후 변론하는 기회를 통해 변호사와 충분한 의견교환을 할 수도 있다. 그럼에도 수형자의 변호사와의 접견만을 특별하게 취급할 경우 수형자가 변호사 아닌 소송대리인들(법정대리인, 가족, 변리사 등)과 접견하는 경우와 비교하여 합리적 이유 없는 차별취급의 문제를 발생시킬 수 있으며, 변호사 접견권을 악용하는 수형자들로 인한 부작용의 발생도 배제할 수 없다. 나아가 이 사건 접견조항으로 수형자가 받는 불이익보다 교정시설의 질서와 안전 유지 등 달성되는 공익은 훨씬 크므로, 이 사건 접견조항은 재판청구권을 과도하게 제한하지 아니하여 헌법에 위반되지 아니한다.

(3) 평 가

이 결정에서와 같이 확정판결을 받은 형사사건 또는 형사사건이 아닌 민사·행정·헌법재판사건으로 교정시설에 수용된 자가 변호인의 조력을 받기 위해서는 헌법상 어떠한 기본권을 주장할 수 있는지가 문제된다. 헌법재판소는 이에 대해 다음과 같이 판시하고 있다. 헌법 제12조 제4항 변호인의 조력을 받을 권리는 헌법과 법률의 취지에 비추어 볼 때 형사사건의 미결수용자에 한정되므로 이 경우에는 적용되지 않는다. 대신 헌법 제27조 제1항의 재판청구권을 통해 변호인의 조력을 받을 권리를 보장할 수 있다. 헌법 제27조 제1항은 '법률에 의한' 재판청구권을 보장하는 것이므로 입법자에 의해 재판청구권은 구체적으로 형성된다. 그러나 그러한 입법자의 형성에 있어서도 재판청구권의 내용으로 권리구제의 실효성을 배제할 수 없다. 따라서 입법자는 현대의 복잡다단한 소송에서 법률전문가의 역할 증대, 민사법상 무기 대등의 원칙, 헌법소원의 변호사강제주의 등을 감안하여 재판청구권으로부터 파생되는 권리로 수용자와 변호사 간 접견교통권의 보장을 법률로 구체화해야 한다. 이는 곧 수용자의 경우 변호인의 조력을 받을 권리를 헌법상 재판청구권의 내용으로 직접 주장할 수 있음을 의미한다. 이를 전제로 다수의견은 접촉차단시설에서 수용자와 변호사가 접견하도록 규정한 심판대상 법률과 시행령은 과잉금지원칙을 위반하여 수용자의 변호인 조력을 받을 권리를 보장하는 헌법 제27조 제1항의 재판청구권을 침해하는 것으로 보고 있다. 다만, 심판대상의 위헌성은 수용자가 소송을 위하여 변호사와 접견하는 경우'를 단서의 적용대상으로 규정하지 아니한 불충분한 행정입법으로서 부진정입법부작위로 볼 뿐만 아니라 위헌결정에 의해 즉시 효력을 상실시킬 경우 수용자가 변호사와 접견할 일반규정의 근거마저 없어진다는 이유로 일정기간 잠정적용하는 헌법불합치결정을 하였다. 이에 비해 2인의 반대의견은 심판대상 법률과 시행령은 이 사건에서와 같은 수형자의 경우 변호사 접견의 자유가 교도소의 규율 및 질서유지의 필요성이라는 내재적 한계를 지니는 것으로 보고 있다. 또한 재판청구권은 절차적 기본권으로서 제도적 보장의 성격을 가진다는 이유로 입법자에게 광범위한 입법형성권을 인정하고 있다. 따라서 완화된 입장에서 과잉금지원칙 위반여부를 심사한 결과 심판대상은 재판청구권을 침해하지 않는다. 이 결정에서 헌법재판소의 다수의견은 재판청구권에 대하여 상당한 정도로 권리구제의 실효성이 보장될 것을 전제로 입법형성의 자유를 제한적으로 인정하는 반면, 소수의견은 재판청구권의 성격을 제도적 보장으로 보면서 입법형성의 범위를 넓게 인정함으로써 서로 결론을 달리한다는 점이 주목된다.

6. 독립유공자예우에 관한 법률 제12조 제2항 등 독립유공자 손자녀 1명으로 한정한 보상금 지급 위헌확인[12)]

(1) 사건개요

청구인은 사망한 후 건국훈장(독립장)을 받았던 망 이○재의 외손녀로서, 청구인의 오빠인 이○호와 함께 독립유공자의 유족(손자녀)으로 등록되었다. 망 이○재의 배우자인 망 정○성은 '독립유공자예우에 관한 법률'에 의해 독립유공자의 유족으로서 유족보상금을 수령하다가 사망하였고, 그 후 유족 불명으로 유족보상금이 지급되지 않다가 망 이○재의 딸인 망 이○애가 권리부활로 유족보상금을 받기 시작해 사망 시까지 유족보상금을 수령하였으며, 이후 망 이○애의 장남인 이○호가 독립유공자의 손자녀 중 나이가 많은 사람으로서 매월 1유족보상금을 수령하고 있다. 이에 청구인은 '독립유공자예우에 관한 법률' 제12조 제2항, 제4항이 동일한 독립유공자의 손자녀임에도 불구하고 나이가 많은 손자녀 1명에게만 유족보상금을 지급하도록 규정함으로써 나이가 어린 독립유공자의 손자녀인 청구인을 유족보상금의 지급 대상에서 제외한 것이 청구인의 평등권과 사회보장수급권을 침해한 것이라고 주장하며, 위 법률조항들의 위헌확인을 구하는 이 사건 헌법소원심판을 청구하였다.

---

12) 헌재 2013. 10. 24. 2011헌마724.

(2) 결정요지

1) 평등권을 침해하는지 여부

독립유공자의 유족보상금 지급에 있어서는 국가의 재정부담 능력이 허락하는 한도에서 보상금 총액을 일정액으로 제한하되 생활정도에 따라 보상금을 분할해서 지급하는 방법을 취하고 있다. 그런데 보상금 수급권자의 범위를 경제적으로 어려운 자에게 한정하는 방법도 가능함에도 불구하고 '독립유공자예우에 관한 법률'은 제12조 제2항 중 '손자녀 1명에 한정하여 보상금을 지급하는 부분' 및 제4항 제1호 본문 중 '나이가 많은 손자녀를 우선하는 부분'을 규정함으로써 일률적으로 1명의 손자녀에게만 보상금을 지급하고 나머지 손자녀들의 생활보호를 외면하고 있는데 이는 독립유공자 유족의 생활유지 및 보장을 위한 실질적 보상의 입법취지에 반한다.

수급권자의 경제적 능력은 재산과 소득을 고려해 등급으로 환산될 수 있으므로, 수급권자 수를 오로지 1명으로 한정함에 따른 사무처리의 편의성이나 우월적 공익성을 이유로 이를 정당화하기는 어렵다. 산업화에 따른 핵가족화, 직업이나 보유재산에 따라 연장자가 경제적으로 형편이 더 나은 경우도 있는 점 등을 고려하면, 이 사건 심판대상조항이 나이를 기준으로 하여 연장자에게 우선하여 보상금을 지급하는 것 역시 보상금 수급권이 갖는 사회보장적 성격에 부합하지 않는다. 비록 독립유공자를 주로 부양한 자나 협의에 의해 지정된 자를 보상금 수급권자로 할 수 있도록 하는 일정한 예외조항을 마련해 놓고 있으나, 조부모에 대한 부양가능성이나 나이가 많은 손자녀가 협조하지 않는 경우 등을 고려하면 그 실효성을 인정하기도 어렵다. 비금전적 보훈혜택 역시 유족에 대한 보상금 지급과 동일한 정도로 유족들의 생활보호에 기여한다고 볼 수 없으므로, 이 사건 심판대상조항은 합리적인 이유없이 상대적으로 나이가 적은 손자녀인 청구인을 차별하여 평등권을 침해한다.

2) 헌법불합치결정과 잠정적용

심판대상조항은 독립유공자의 유족인 손자녀에 대한 보상금 지급의 근거 규정이므로 단순위헌결정 시 그 입법목적을 달성하기 어려운 법적 공백 상태가 발생할 수 있으며, 보상금 수급권자 결정기준 및 요건, 범위를 어떻게 정할 것인지 등에 관하여 입법자에게 일정한 재량이 부여되므로 2015. 12. 31.을 개선입법의 시한으로 하여 그때까지 그 효력을 존속하게 하여 이를 계속 적용하도록 함이 상당하다.

(3) 평 가

국가유공자 및 그 가족에 대한 예우로부터 나오는 권리가 사회보상이나 사회보험, 공공부조와 같은 사회적 기본권과 동일한 차원에서 논의될 수 있는지를 다시한번 생각하게 하는 결정이다. 이 결정에서 헌법재판소는 보상금을 지급받는 유족과 그렇지 않은 유족 사이에 생겨나는 평등권 침해여부만을 판단할 뿐 보상수급권과 관련한 개별 기본권으로서 사회적 기본권에 대하여는 논의는 피하고 있다. 이러한 점은 국가유공자에 대한 보상이 사회적 기본권으로 설명하기에는 한계가 있음을 헌법재판소는 보여주고 있다. 국가를 위한 희생 및 공헌에 대한 보은으로서 국가보훈은 사회적 약자에 대한 공공부조라든지, 사적 기여에 기반한 사회보험, 개인적 피해에 대한 구제인 범죄피해보상과는 그 성격이 근본적으로 다르다. 이들 사회적 기본권은 미시적 차원의 것으로 개인의 권리 구제와 위험의 대비에 중점이 있는 반면, 국가보훈은 국가가 하나의 공동체로 유지함에 기여한 것에 대한 보상이라는 점에서 거시적 차원으로 접근해야 된다. 국가가 하나의 공동체로 유지된다함은 외부적 또는 내부적 문제로 인해 해체되거나 소멸되지 않고 통합된 상태로서 자기정체성을 유지함을 의미한다. 그러므로 이를 위한 개인의 희생과 공헌은 공적 기여로서 이에 상응하는 헌법적 성격이 국가보훈과 관련한 보상청구권에 부여되어야 한다. 즉, 국가보훈에 대한 권리가 수급자의 사적 기여나 사적 구제를 중심으로 하는 사회적 기본권의 관점에서만 설명될 수는 없다. 오히려 국가보훈에 대한 권리는 사회적 기본권의 틀을 넘어 민주주의, 민족주의, 법치주의, 복지국가원리와 같은 거시적인 헌법적 가치와 결부될 때라야 설명이 가능하며 본 결정은 이러한 논의 필요성을 간접적이나마 보여주는 것으로 생각된다.

7. 학교폭력예방 및 대책에 관한 법률 제17조 제7항 등 학교폭력 가해학생에 대한 재심 제한 위헌확인[13)]

(1) 사건개요

청구인은 중학교에 재학 중인 만 13세의 미성년자로, 학교폭력 가해학생으로 지목되어 학교폭력대책자치위원회로부터 '피해학생에 대한 서면사과', '피해학생 및 신고·고발 학생에 대한 접촉·협박 및 보복행위의 금지', '학내외 전문가에 의한 특별교육이수 또는 심리치료(학생 10일, 학부모 5시간 이상)', '출석정지 10일' 등의 조치를 받았다. 청구인과 또 다른 청구인인 그의 어머니는 이 사건 조치와 관련하여 '학교폭력예방 및 대책에 관한 법률' 제17조 제7항 및 제11항, 제17조의2 제2항, 제22조 제2항이 자신들의 기본권을 침해한다고 주장하며 헌법소원심판을 청구하였다.

(2) 결정요지

1) 심판대상법률 제17조 제7항의 가해학생에 대한 기본권 침해의 자기관련성 여부

청구인인 가해학생에 대한 학교장의 이 사건 조치는 학교장이 긴급성을 인정하여 우선적으로 행한 조치가 아니므로 가해학생에 대한 학교장의 긴급조치를 거부하는 경우 징계하도록 한 학교폭력예방 및 대책에 관한 법률 제17조 제7항은 자기관련성이 없다.

---

13) 헌재 2013. 10. 24. 2012헌마832.

2) 심판대상법률 제17조 제11항의 기본권 침해에 대한 직접성 여부

가해학생에 대해 자치위원회가 추가 조치를 요구할 수 있도록 한 학교폭력예방 및 대책에 관한 법률 제17조 제11항은 가해학생이 해당 조치에 대해 거부하는 경우 자치위원회가 학교장에게 추가조치를 요청할 수 있다는 규정으로, 이는 구체적인 집행행위를 필요로 하는 규정으로서 조항 자체가 직접 기본권을 침해한다고 볼 수 없다.

3) 심판대상법률 제17조의2 제2항이 가해학생 보호자의 자녀교육권을 침해하는지 여부

학교폭력예방 및 대책에 관한 법률 제17조의2 제2항에서 가해학생 측에 전학과 퇴학처럼 중한 조치에 대해서만 재심을 허용하는 것은 이에 대해 보다 신중한 판단을 할 수 있도록 하기 위함이고, 동 조항에서 전학과 퇴학 이외의 조치들에 대해 재심을 불허하는 것은 학교폭력으로 인한 갈등 상황을 신속히 종결하여 관련 학생들의 보호와 치료·선도·교육을 조속히 시행함으로써 해당 학생 모두가 빨리 정상적인 학교생활에 복귀할 수 있도록 하기 위함인바, 재심에 보통 45일의 시간이 소요되는 것을 감안하면, 신중한 판단이 필요한 전학과 퇴학 이외의 가벼운 조치들에 대해서까지 모두 재심을 허용해서는 신속한 피해 구제와 빠른 학교생활로의 복귀를 어렵게 할 것이므로, 재심규정은 학부모의 자녀교육권을 지나치게 제한한다고 볼 수 없다.

4) 심판대상법률 제17조의2 제2항이 가해학생과 그 보호자의 평등권을 침해하는지 여부

학교폭력에 대해 가해학생에게 내려진 조치는 피해학생에게도 중대한 영향을 미치는데, 가해학생은 자신에 대한 모든 조치에 대해 당사자로서 소송을 제기할 수 있지만, 피해학생은 그 조치의 당사자가 아니므로 결과에 불만이 있더라도 소송을 통한 권리 구제를 도모할 수 없다. 따라서 가해학생에 대한 모든 조치와 관련하여 피해학생 측에는 재심을 허용하면서, 소송으로 다툴 수 있는 가해학생 측에는 퇴학과 전학의 경우에만 재심을 허용하고 나머지 조치에 대해서는 재심을 허용하지 않더라도 가해학생과 그 보호자의 평등권을 침해한다고 볼 수 없다.

5) 심판대상법률 제17조 제9항이 가해학생 보호자의 일반적 행동자유권을 침해하는지 여부

가해학생이 특별교육을 이수할 경우 그 보호자도 함께 특별교육을 이수하도록 의무화한 학교폭력예방 및 대책에 관한 법률 제17조 제9항은 교육의 주체인 보호자의 참여를 통해 학교폭력 문제를 보다 근본적으로 해결하기 위한 것이다. 가해학생이 학교폭력에 이르게 된 원인을 발견하여 이를 근본적으로 치유하기 위해서는 가족 공동체의 일원으로서 가해학생과 밀접 불가분의 유기적 관계를 형성하고 있는 보호자의 교육 참여가 요구된다. 따라서 특별교육이수규정이 가해학생 보호자의 일반적 행동자유권을 침해한다고 볼 수 없다.

재판관 이정미, 재판관 김이수, 재판관 안창호의 반대의견

학교폭력이 발생하면 피해학생에 대한 빠른 조치를 통해 그 피해를 구제하고 더 이상 학교폭력으로부터 피해를 당하지 않도록 하여야 한다는 점에 대해서는 의문이 없으나, 그에 못지않게 가해학생이 더 이상 폭력행위를 저지르지 않도록 선도하고 교육하여 신속히 교육현장으로 복귀하도록 하는 것 역시 중요하다. 따라서 학교폭력에 대한 바람직한 처리방향은 피해학생을 보호하고 위로하며 가해학생에 대해서는 가해행위에 대한 책임을 지고 반성하게 하되, 피해학생과 가해학생이 화해하고 모두가 학교생활을 원만히 할 수 있도록 하는 것이어야 한다. 이를 위해서는 피해학생에 대한 신속한 피해의 구제뿐만 아니라 가해학생 측이 자신의 행위에 대해 별다른 어려움 없이 충분히 입장을 진술할 수 있도록 하여야 하는데, 이 사건 재심은 학교폭력 문제와 관련하여 비교적 어렵지 않게 이용할 수 있는 이의제도로서 교육기관의 틀 안에서 이루어지는 만큼 그 판단도 신속하고 심도 있게 할 수 있다. 그럼에도 불구하고 퇴학과 전학 이외에는 재심을 허용하지 않는 것은 가해학생과 그 보호자의 기본권을 지나치게 제한하는 것이다.

(3) 평 가

부모의 자녀교육권의 헌법상 근거에 대하여 헌법재판소는 일관되게 헌법 제36조 제1항의 혼인과 가족생활 보장권 및 헌법 제10조 행복추구권을 들고 있다. 그런데 이러한 헌법재판소의 입장은 학교교육, 특히 의무교육으로서 학교 내 공교육의 영역과 학교 밖사교육의 영역을 구분하지 않은 것으로 좀 더 세부적인 고려가 필요하다. 사건의 청구인은 만 13세의 미성년자로서 아직 의무교육인 초·중등교육의 대상에 해당하며, 사건의 계기인 청구인에 대한 학교장의 조치도 학교 내 공교육의 영역에서 이루어지고 있다. 공교육의 경우 학교 내 교육의 일차적 주체는 학교와 교원이며, 부모는 이에 대해 이차적인 협력과 긴장의 관계에 있는 것으로 보아야 한다. 공교육에 있어서 부모의 자녀교육권이 지니는 이러한 내재적 한계는 헌법 제31조 제4항 교육의 자주성·전문성·정치적 중립성, 제2항 부모의 자녀교육의무와 제3항 의무무상교육을 기존 부모의 자녀교육권의 근거인 헌법 제36조 제1항 및 헌법 제10조와 종합적·체계적으로 해석할 때 나올 수 있다. 특히 교육은 개인에게 있어서는 인간의 존엄을 향유하기 위한 기초를 형성하는 과정이지만, 사회공동체와 관련하여서는 교양을 갖춘 문화인이자 정치적 덕성을 지닌 사회구성원을 배출하는 과정이기도 하다. 그러므로 사교육에 있어서 부모의 자녀교육권과는 달리 공교육에 있어서 부모의 자녀교육권은 헌법 제31조 제2항, 제3항, 제4항까지 함께 반영하여 학교교육에 대한 협력적·긴장적 관계라는 내재적 한계를 지닌 헌법상 기본권으로 보아야 한다. 헌법재판소의 새로운 입장 정리가 필요한 부분이라 생각된다. 한편, 피해학생측은 학교폭력에 대해 가해학생에게 내려진 모든 조치에 대하여 재심을 인정하는 반면 가해학생에게는 전학과 퇴학조치에 대해서만 재심을 인정하는 심판대상법률의 헌법적 성격은 다음과 같다. 이는 개인의 기본권을 다른 사인이 침해하는 경우 헌법 제10조 후단 국가의 기본권보장의무에 근거하여 제정된 법률에 해당한다. 따라서 법률관계의 당사자는 국가와 가해학생이지만, 법률의 목적은 피해학생의 보호에 있기에 헌법재판소는 법률의 위헌여부를 심판할 때 국가의 행위가 가해학생의 기본권을 과도하게 침해하였는지만을 볼 것이 아니라 피해학생의 기본권 보호도 함께 고려해야 한다. 이러한 관점에서 볼 때 가해학생의 재심을 제한하는 심판대상법률은 다음과 같이 평가될 수 있다. 재심이 인정되지 않은 조치가 서면사과, 협박 및 보복행위 금지, 봉사, 특별교육 또는 심리치료, 출석정지, 학급교체라는 점에서 이러한 조치는 징계라기보다는 선도와 예방으로서의 성격이 더 강하다. 따라서 이러한 조치들에 대해 재심을 인정하지 않는 것은 피해학생의 원활한 학교생활 복귀를 위한 필요성에 비하면 가해학생의 기본권이 과도하게 박탈되었다고 볼 수 없다. 가해학생과 피해학새의 기본권을 모두 고려한 다수의견이 타당하다고 생각한다. 다만, 이러한 조치가 선도 및 예방적 성격이 더 강하다는 점을 볼 때 이를 학생생활세부사항기록부에 남겨 향후 입시자료로 쓰는 것은 헌법적으로도 타당하지 않다. 오히려 그러한 행위는 이 조치를 규정한 법률과 교육의 목적에 합치하지 않을 뿐만 아니라 가해학생의 교육을 받을 권리와 개인정보자기결정권을 침해할 수도 있다. 그러므로 앞서 언급한 조치들을 학생생활기록부에 기재하는 것은 법률로써 제한되어야 한다고 생각한다.

V. 헌법재판소법 제68조 제2항에 의한 헌법소원(헌바)

1. 민사소송법 제128조 제1항 단서 위헌소원[14]

(1) 사건개요

청구인은 서울행정법원에 기초생활보장급여거부처분 무효확인의 소를 제기하면서 소송구조신청을 하였다가 기각되자 즉시항고하였고, 항고심에서 민사소송법 제128조 제1항 단서에 대하여 위헌법률심판제청 신청을 하였으나 기각되자 이 사건 헌법소원심판을 청구하였다. 민사소송법 제128조 제1항은 '법원은 소송비용을 지출할 자금능력이 부족한 사람의 신청에 따라 또는 직권으로 소송구조(訴訟救助)를 할 수 있다. 다만, 패소할 것이 분명한 경우에는 그러하지 아니하다.'고 규정하고 있다. 청구인은 소송구조제도는 소송비용 부담 능력이 없는 사람들에게도 사법기관을 통해 법에 의한 해결을 받을 수 있는 기회를 제공하는 역할을 하는 것인데, 대상조항은 헌법상 명확한 근거 없이 '패소할 것이 분명한 경우에는 그러하지 아니하다.'라고 추가하여 신청인이 제출한 소명만으로 패소할 것이라는 본안의 결론까지 예측하여 재판을 통한 법의 보호를 받지 못하게 하므로 평등원칙을 위반함과 아울러 재판청구권을 침해한다고 주장하며 규범통제형 헌법소원을 청구하였다.

(2) 결정요지

1) 민사소송 당사자의 평등권 침해여부

소송구조는 소송비용을 지출할 자력이 부족한 사람에게 국가가 일정한 조력을 제공하는 제도로서, 소송구조를 하지 않는다고 하여 국민의 재

14) 헌재 2013. 2. 28. 2010헌바450, 2012헌바331(병합).

판청구권이 소멸되거나 그 행사가 직접 제한되지는 않으며 다만 권리구제의 가능성이 어느 정도라도 존재하는 경우에 간접적인 제한이 될 수 있는 것인데, 그러한 가능성이 전혀 없는 경우, 즉 '패소할 것이 명백한 경우'는 여기에 해당되지 않으므로 재판청구권의 본질을 침해하지 아니한다는 이유로 헌법에 위반되지 아니한다. 형벌권의 적정한 실현을 목적으로 하는 형사소송절차와 대등한 주체 사이의 민사분쟁 해결을 목적으로 하는 민사소송절차는 그 목적과 수단에 있어서 본질적인 차이가 있으므로, 자력이 없는 형사피고인에 대한 국가의 보호체계가 자력이 없는 민사소송 당사자에 대한 보호체계와 차이가 있다는 사정만으로 자력이 없는 민사소송 당사자의 평등권이 침해된다고 볼 수 없다.

(3) 평 가

민사소송구조제도의 취지에 비추어 패소할 것이 명백한 경우에는 소송구조를 하지 않을 수 있도록 규정하더라도 재판청구권의 침해가 아니며, 형사소송 당사자와 비교하여 평등권 침해도 아니라는 결정이다. 결정례에서도 적시한 것처럼 헌법재판소는 이미 지난 2001년 대상조항과 실질적으로 동일한 내용의 조항을 합헌으로 결정한 바 있다.[15] 타당한 결정이다.

2. 상속에 관한 구 관습법 부분 위헌소원[16]

(1) 사건개요

청구인들은 사망자인 갑과 을의 장녀와 차녀이다. 청구인들은 2005. 1. 6. 수원지방법원 평택지원에, 갑이 장남인 병에게 임야를 명의신탁하였다고 주장하면서, 주위적으로는 명의신탁해지를 원인으로 한 소유권이

15) 헌재 2001. 2. 22. 99헌바74; 헌재 2002. 6. 27. 2001헌바100등 참고.
16) 헌재 2013. 2. 28. 2009헌바129.

전등기절차의 이행을, 예비적으로는 분재를 원인으로 한 소유권이전등기절차의 이행을 구하는 소를 제기하였다. 이에 대해 평택지원은 2006. 6. 16. 갑이 병에게 임야를 명의신탁하였다는 사실을 인정하기 어렵고 민법 시행 전의 재산상속에 관한 구 관습법에 따르면 호주가 사망한 경우 차남 이하의 중자(衆子)들은 상속재산 분재청구권을 갖지만 딸들에게는 이러한 권리가 인정되지 아니한다는 이유로 청구인들의 주위적 청구와 예비적 청구를 모두 기각하였다. 그 후 청구인들은 항소를 거쳐 상고하였고, 상고심 계속 중인 2007. 8. 14. 구 관습법상 호주가 사망한 경우 여자에게 분재청구권이 없다는 부분은 위헌이라고 주장하며 위헌법률심판제청신청을 하였다. 그러나 대법원은 2009. 5. 28. 청구인들의 상고를 기각함과 동시에, 관습법은 헌법재판소의 위헌법률심판의 대상이 아니라는 이유로 청구인들의 위헌법률심판제청신청을 각하하였다. 이에 청구인들은 '호주가 사망하면 그 장남이 호주상속을 하고, 차남 이하 중자가 여러 사람 있는 경우에 그 장남은 호주상속과 동시에 일단 전 호주의 유산 전부를 승계한 다음 그 중 약 2분의 1은 자기가 취득하고 나머지는 차남 이하의 중자들에게 원칙적으로 평등하게 분여하여 줄 의무가 있으며 이에 대응하여 차남 이하의 중자는 호주인 장남에 대하여 분재를 청구할 권리가 있다'는 민법 시행 이전의 구 관습법은 평등의 원칙에 위배되고, 헌법 제11조 제2항 사회적 특수계급 부인, 제34조 및 혼인과 가족생활, 제36조 모성보호에 위반된다며 규범통제형 헌법소원심판을 청구하였다.

(2) 결정요지

1) 관습법의 위헌법률심판 대상여부

법률과 동일한 효력을 갖는 조약 등을 위헌법률심판의 대상으로 삼는 것은 헌법을 최고규범으로 하는 법질서의 통일성과 법적 안정성을 확보할 수 있을 뿐만 아니라, 합헌적인 법률에 의한 재판을 가능하게 하여 궁극적으로는 국민의 기본권 보장에 기여할 수 있다. 그런데 이 사건 관습법은 민법 시행 이전에 상속을 규율하는 법률이 없는 상황에서 재산상속에 관하여 적용된 규범으로서 비록 형식적 의미의 법률은 아니지만 실질적으로는 법률과 같은 효력을 갖는 것이므로 위헌법률심판의 대상이 된다.

2) 재판의 전제성 인정여부

당해 사건에서 대법원은, 이 사건 관습법이 여성에게 분재청구권의 존재를 인정하지 아니한다는 사정은 소멸시효의 진행을 막는 법률상의 장애가 아니라는 전제 아래, 청구인들이 분재청구권을 가진다고 하더라도 소 제기 이전에 이미 소멸시효가 완성되었다고 판단하여 청구인들의 상고를 기각하였다. 그렇다면 당해 사건에서 문제되는 소멸시효의 완성 여부에 관하여 더 이상 다툴 수 없게 되었으므로, 이 사건 관습법이 헌법에 위반되는지 여부는 당해 사건에서 재판의 전제가 되지 아니한다.

재판관 이정미의 재판의 전제성 유무에 관한 반대의견

소멸시효는 '권리를 행사할 수 있는 때'로부터 기산하는 것인데, 헌법재판소가 이 사건 관습법에 대하여 위헌결정을 하기 전까지 청구인들에게는 이 사건 관습법에 의한 분재청구권이 존재한다고 볼 수 없고, 따라서 호주 상속인을 상대로 분재청구권을 행사할 수 없었다. 그렇다면 이 사건 분재청구권의 소멸시효는 아직 완성되지 아니하였다고 할 것이므로, 이 사건 관습법의 위헌 여부에 따라 법원이 다른 내용의 재판을 하게 되는 경우에 해당하여 재판의 전제성이 인정된다.

(3) 평 가

민법 시행 이전에 상속을 규율하는 법률이 없는 상황에서 재산상속에 관하여 적용된 관습법을 규범소원의 대상으로 인정한 사건이다. 헌법 제111조 제1항 제1호, 제5호 및 헌법재판소법 제41조 제1항, 제68조 제2항에서 규정한 위헌심판의 대상으로서 법률에는 국회의 의결을 거친 형식적 의미의 법률 뿐만 아니라 조약, 관습법과 같은 실질적 의미의 법률도 포함됨을 다시 한번 인정하고 있다. 이는 헌법질서의 통일성을 위해서도 필요하다. 다만, 다수의견은 관습법상 청구권은 청구인들의 분재청구권이 대법원에 의해 소멸시효과 완성된 것으로 판단된 이상 관습법의 위헌여부에 따라 당해 재판의 내용이 달라지는 것은 아니므로 재판의 전제성이 없다는 이유로 부적법 각하하였다. 다만, 소수의견은 관습법에 대한 당해결정이 있는 때부터 관습법상 청구권을 청구인들이 행사할 수 있는 것이므로 소멸시효가 완성되지 않은 것으로 판단하고 있는 것으로 보고 재판의 전제성을 인정하였다.

3. 구 헌법 제53조 등 위헌소원[17)]

(1) 사건개요

청구인은 1974. 8. 8. 대통령긴급조치 제2호에 의하여 설치된 비상보통군법회의에서 대통령긴급조치 제1호 위반 및 반공법위반으로 징역 7년 및 자격정지 7년을 선고받고, 항소심인 비상고등군법회의에서 징역 3년 및 자격정지 3년을 선고받았으며, 대법원에서 상고가 기각되어 위 비상고등군법회의 판결이 그대로 확정되었다. 위 청구인은 2009. 2. 12. 서울고등법원에 위 확정판결에 대하여 재심청구를 하였고, 소송계속 중 유신헌법 제53조와 긴급조치 제1호, 긴급조치 제2호가 헌법에 위반된다는 이유로 위헌법률심판제청신청을 하였으나 각하되자 이 사건 헌법소원심판을 청구하였다. 당해 사건 법원은 위 청구인에 대한 재심을 개시하여 긴급조치가 모두 해제 또는 실효되었다는 이유로 면소판결을 선고하였는데, 대법원은 이 부분을 파기하고 긴급조치 제1호 위반의 점에 대해서 형사소송법 제325조 전단이 규정하는 '범죄로 되지 아니한 때'에 해당한다고 보아 무죄판결을 선고하였다. 그 밖에 2010헌바132 사건(대통령긴급조치 제9

---

17) 헌재 2013. 3. 21. 2010헌바70 · 132 · 170(병합).

호 사건), 2010헌바170 사건(유신헌법 제53조와 긴급조치 제9호 사건)이 병합되어 심리된 바 있다.

(2) 결정요지

1) 대통령긴급조치에 대한 위헌심사권한이 헌법재판소에 전속하는지 여부

헌법 제107조 제1항, 제2항은 법원의 재판에 적용되는 규범의 위헌 여부를 심사할 때, '법률'의 위헌 여부는 헌법재판소가, 법률의 하위 규범인 '명령・규칙 또는 처분' 등의 위헌 또는 위법 여부는 대법원이 그 심사권한을 갖는 것으로 권한을 분배하고 있다. 이 조항에 규정된 '법률'인지 여부는 그 제정 형식이나 명칭이 아니라 규범의 효력을 기준으로 판단하여야 하고, '법률'에는 국회의 의결을 거친 이른바 형식적 의미의 법률은 물론이고 그 밖에 조약 등 '형식적 의미의 법률과 동일한 효력'을 갖는 규범들도 모두 포함된다. 따라서 최소한 법률과 동일한 효력을 가지는 이 사건 긴급조치들의 위헌 여부 심사권한도 헌법재판소에 전속한다.

2) 긴급조치들에 대한 위헌 심사의 준거규범(현행헌법)

유신헌법 일부 조항과 긴급조치 등이 기본권을 지나치게 침해하고 자유민주적 기본질서를 훼손하였다는 반성에 따른 헌법 개정사, 국민의 기본권의 강화・확대라는 헌법의 역사성, 헌법재판소의 헌법해석은 헌법이 내포하고 있는 특정한 가치를 탐색・확인하고 이를 규범적으로 관철하는 작업인 점에 비추어, 헌법재판소가 행하는 구체적 규범통제의 심사기준은 원칙적으로 헌법재판을 할 당시에 규범적 효력을 가지는 현행헌법이다. 국가긴급권의 행사라 하더라도 헌법재판소의 심판대상이 되고, 긴급조치에 대한 사법심사 배제조항을 둔 유신헌법 제53조 제4항은 입헌주의에 대한 중대한 예외일 뿐 아니라, 현행헌법이 반성적 견지에서 사법심사배제조항을 승계하지 아니하였으므로, 현행헌법에 따라 이 사건 긴급조치들의 위헌성을 다툴 수 있다.

3) 무죄판결이 확정되었거나 재심청구가 기각된 당해 사건 재판의 전제성이 있는지 여부

당해 사건에서 무죄판결이 선고되거나 재심청구가 기각되어 원칙적으로는 재판의 전제성이 인정되지 아니할 것이나, 긴급조치의 위헌 여부를 심사할 권한은 본래 헌법재판소의 전속적 관할 사항인 점, 법률과 같은 효력이 있는 규범인 긴급조치의 위헌 여부에 대한 헌법적 해명의 필요성이 있는 점, 당해 사건의 대법원판결은 대세적 효력이 없는 데 비하여 형벌조항에 대한 헌법재판소의 위헌결정은 대세적 기속력을 가지고 유죄 확정판결에 대한 재심사유가 되는 점, 유신헌법 당시 긴급조치 위반으로 처벌을 받게 된 사람은 재판절차에서 긴급조치의 위헌성을 다툴 수조차 없는 규범적 장애가 있었던 점 등에 비추어 볼 때, 예외적으로 헌법질서의 수호·유지 및 관련 당사자의 권리구제를 위하여 재판의 전제성을 인정함이 상당하다.

4) 긴급조치 제1호, 제2호가 입법목적의 정당성이나 방법의 적절성, 참정권, 표현의 자유, 영장주의 및 신체의 자유, 법관에 의한 재판을 받을 권리 등을 침해하는지 여부

헌법을 개정하거나 다른 내용의 헌법을 모색하는 것은 주권자인 국민이 보유하는 가장 기본적인 권리로서, 가장 강력하게 보호되어야 할 권리 중의 권리에 해당하고, 집권세력의 정책과 도덕성, 혹은 정당성에 대하여 정치적인 반대의사를 표시하는 것은 헌법이 보장하는 정치적 자유의 가장 핵심적인 부분이다. 정부에 대한 비판 일체를 원천적으로 배제하고 이를 처벌하는 긴급조치 제1호, 제2호는 대한민국 헌법의 근본원리인 국민주권주의와 자유민주적 기본질서에 부합하지 아니하므로 기본권 제한에 있어서 준수하여야 할 목적의 정당성과 방법의 적절성이 인정되지 않는다. 긴급조치 제1호, 제2호는 국민의 유신헌법 반대운동을 통제하고 정치적 표현의 자유를 과도하게 침해하는 내용이어서 국가긴급권이 갖는 내재적 한계를 일탈한 것으로서, 이 점에서도 목적의 정당성이나 방법의 적절성을 갖추지 못하였다.

긴급조치 제1호, 제2호는 국가긴급권의 발동이 필요한 상황과는 전혀 무관하게 헌법과 관련하여 자신의 견해를 단순하게 표명하는 모든 행위까지 처벌하고, 처벌의 대상이 되는 행위를 전혀 구체적으로 특정할 수 없으므로, 표현의 자유 제한의 한계를 일탈하여 국가형벌권을 자의적으로 행사하였고, 죄형법정주의의 명확성 원칙에 위배되며, 국민의 헌법개정권력의 행사와 관련한 참정권, 국민투표권, 영장주의 및 신체의 자유, 법관에 의한 재판을 받을 권리 등을 침해한다.

5) 긴급조치 제9호가 입법목적의 정당성이나 방법의 적절성, 참정권, 표현의 자유, 집회 · 시위의 자유, 영장주의 및 신체의 자유, 학문의 자유 등을 침해하는지 여부

'북한의 남침 가능성의 증대'라는 추상적이고 주관적인 상황인식만으로는 긴급조치를 발령할 만한 국가적 위기상황이 존재한다고 보기 부족하다. 또한 주권자이자 헌법개정권력자인 국민이 유신헌법의 문제점을 지적하고 그 개정을 주장하거나 청원하는 활동을 금지하고 처벌하는 긴급조치 제9호는 국민주권주의에 비추어 목적의 정당성을 인정할 수 없다. 다원화된 민주주의 사회에서는 표현의 자유를 보장하고 자유로운 토론을 통해 사회적 합의를 도출하는 것이야말로 국민총화를 공고히 하고 국론을 통일하는 진정한 수단이라는 점에서 긴급조치 제9호는 국민총화와 국론통일이라는 목적에 적합한 수단이라고 보기도 어렵다.

긴급조치 제9호는 학생의 모든 집회 · 시위와 정치관여행위를 금지하고, 위반자에 대하여는 주무부장관이 학생의 제적을 명하고 소속 학교의 휴업, 휴교, 폐쇄조치를 할 수 있도록 규정하여, 학생의 집회 · 시위의 자유, 학문의 자유와 대학의 자율성 내지 대학자치의 원칙을 본질적으로 침해하고, 행위자의 소속 학교나 단체 등에 대한 불이익을 규정하여 헌법상의 자기책임의 원리에도 위반되며, 긴급조치 제1호, 제2호와 같은 이유로 죄형법정주의의 명확성 원칙에 위배되고, 헌법개정권력의 행사와 관련한 참정권, 표현의 자유, 집회 · 시위의 자유, 영장주의 및 신체의 자유, 학문의 자유 등을 침해한다.

(3) 평 가

헌법재판소법 제68조 제2항 규범소원에서 헌법재판의 대상이 되는 법률에는 국회의 의결을 거친 형식적 의미의 법률뿐만 아니라 이와 동일한 효력을 갖는 다른 규범들도 모두 포함한다. 따라서 규범소원에서 헌법재판의 대상에 해당하는지 여부는 규범의 명칭이나 형식이 아니라 법률적 효력을 가지는지 유무에 따라 판단된다. 긴급조치는 표현의 자유 등 기본권을 형벌을 통해 제한하므로 이러한 점에서 법률과 동일한 효력을 가진다. 이러한 이유로 긴급조치를 규범소원의 대상으로 인정한 본 결정은 의미가 있다. 한편, 긴급조치에 대한 위헌심사기준은 당시의 헌법이 아니라 현행헌법이라고 판단하면서 그 이유를 현행헌법의 전문이 제헌헌법 이래 현행헌법에 이르기까지의 연속성과 동일성을 선언함으로써 현행헌법이 과거의 긴급조치를 심판할 수 있는 근거가 될 수 있기 때문이라고 하였다. 앞으로 헌법학계의 면밀한 검증이 필요한 판시이다. 더불어 본 결정은 청구인이 이미 무죄판결을 받음으로써 주관적 권리보호이익이 없는 경우에도 헌법적 해명의 필요성에 비추어 볼 때 부적법 각하하지 않고 본안판단으로 나아갈 필요가 있음을 선언하고 있다. 이는 기본권의 주관적 권리성 뿐만 아니라 객관적 법질서성이라는 양면적 성격을 인정해야 가능한 논리이다. 이 사안의 경우 심판대상인 긴급조치가 과잉금지원칙에 위반되는 이유로 매우 드물게 목적의 정당성 및 수단의 적정성이 인정되지 않는다고 판단하였다. 그리고 대한민국의 근본원리인 국민주권주의와 자유민주적 기본질서를 근거로 제시하고 있다. 자유민주적 기본질서의 의미와 법적 성격에 관해서는 앞으로 헌법학계의 면밀한 검증이 필요하다.

4. 민법 제245조 제1항 위헌소원[18)]

(1) 사건개요

청구인은 서울 동작구 ○○동 244-97 도 31㎡(이하 '이 사건 토지'라 한다) 및 이에 연접한 같은 동 244-344 대 176㎡의 토지를 상속받은 자이다. 그런데 이 사건 토지를 20년 이상 소유의 의사로 평온·공연하게 점유하여 취득시효가 완성되었다고 주장하면서 민법 제245조 제1항을 근거로 소유권이전등기 절차의 이행을 구하는 소송을 제기하는 안○길의 청구를 인용하는 법원의 판결에 대하여 청구인은 항소하였고 항소심 변론종결 후 위헌법률심판제청신청을 하였으나 기각되자 헌법소원심판을 청구하였다.

(2) 결정요지

1) 재산권 보장에 관한 헌법 제23조 제1항에 위반되는지 여부

이 사건 법률조항은 취득시효제도의 필요성과 해당 부동산에 대한 이해관계 등을 종합하여 형평의 견지에서 실질적 이해관계가 보다 두터운 점유자로 하여금 원소유자에 대하여 이전등기청구권을 취득하게 하고 있는바, 헌법 제23조 제1항에서 정한 재산권 보장의 이념과 한계를 위반하였다고 할 수 없다.

2) 기본권 제한에 관한 헌법 제37조 제2항에 위반되는지 여부

이 사건 법률조항에 의거하여 점유자가 취득시효에 의하여 소유권을 취득한 반사적 효과로서 원소유자가 아무런 보상이나 배상을 받지 못하고 소유권을 상실한다고 하더라도 이는 기본권 제한을 정한 규정이라고 할 수 없어 기본권 제한의 한계를 규정한 헌법 제37조 제2항에 위반되는 규정이라고 할 수 없다.

---

18) 헌재 2013. 5. 30. 2012헌바387.

3) 평등원칙에 위배되는지 여부

이 사건 법률조항에 따라 이해관계가 상반되는 당사자인 등기부상 소유자와 점유자는 본질적으로 동일한 집단이라고 볼 수 없고, 부동산을 스스로 점유하고 있는 소유자와 타인이 점유하고 있는 소유자 또한 동일한 집단이라고 보기 어려우므로 이 사건 법률조항은 평등원칙에 위반되지 아니한다.

(3) 평 가

점유취득시효를 규정한 민법 제245조 제1항에 대하여 합헌으로 결정한 이전의 결정(헌재결 1993. 7. 29. 92헌바20)이 현재에도 유효하며 이를 변경할만한 사정변경이 없다고 보아 그대로 원용하고 있다. 일정한 사실상태의 지속성은 이에 대한 신뢰를 법적 신뢰로 전환시킬 뿐만 아니라, 증거보전의 곤란, 권리위에 잠자는 형식적 권리자는 보호할 필요가 없다는 점을 근거로 한다. 점유자의 시효취득이 원소유자의 소득상실이라는 결과를 낳더라도 시효완성 이전에 원소유자는 얼마든지 자신의 소유물을 주장하여 시효완성을 중단시킬 수 있는 점에서 무상몰수·무상분배와 달리 재산권의 본질인 사유재산제도와 사유재산권을 부인하는 것이 아니므로 헌법 제23조 제1항에 반하지 않는 것으로 보고 있다. 또한 헌법 제23조 제1항이 재산권의 내용과 한계를 법률로 정하는 것으로 규정하고 있는 이상 취득시효가 제도보장으로 인정될 수 있으며 그것의 반사적 효과로 원소유자의 소유권이 상실되더라도 기본권을 제한하는 것은 아니다. 따라서 원소유자에대한 별도의 보상이 없더라도 과잉금지원칙을 위반하지 않는다. 이러한 헌법재판소의 결정은 취득시효라는 제도보장이 재산권이라는 자유권적 기본권의 행사가능성을 원소유자에게 기본적으로 보장하고 있는 이상 취득시효제도 자체는 헌법에 위반하지 않는 것으로 보고 있다. 이러한 점은 향후 제도보장에 관한 연구의 선례로 주목할 만하다.

5. 민법 제2조 제2항 등 위헌소원[19]

(1) 사건개요

청구인은 구미시와 대한민국이 청구인의 토지를 점유하며 통행로로 사용하고 있다는 이유로 토지인도 등을 구하는 소를 제기하였다. 법원은 구미시에 대한 원상회복 및 토지인도청구를 권리남용에 해당한다고 보아 기각하고, 소송비용 중 1/2은 청구인이 부담하라는 판결을 선고하였고, 이 판결은 확정되었다. 청구인은 상고심 계속 중 권리를 남용하지 못하도록 규정한 민법 제2조 제2항 및 소송비용을 패소한 당사자가 부담하도록 규정한 민사소송법 제98조가 청구인의 재산권 등을 침해하여 헌법에 위반된다고 주장하며 위헌법률심판 제청신청을 하였으나, 위헌제청신청이 기각되자, 민법 제2조 제2항, 민사소송법 제98조 및 제110조가 헌법에 위반된다고 주장하며 헌법소원심판을 청구하였다.

(2) 결정요지

1) 민사소송법 제110조에 대한 헌법소원심판청구를 부적법하다고 본 사례

청구인은 법원에 위헌제청신청을 함에 있어서 소송비용액의 확정결정에 관한 민사소송법 제110조의 위헌 여부를 명시적으로 다툰 바 없고, 또한 위 조항이 소송비용부담에 관한 민사소송법 제98조와 필연적 연관관계를 맺고 있다고 볼 수도 없으므로, 이에 대한 심판청구는 헌법재판소법 제68조 제2항의 심판청구 요건을 갖추지 못한 것으로 부적법하다.

2) 민법 제2조 제2항이 헌법상 명확성원칙에 위배되는지 여부

민법 제2조 제2항에서 말하는 '권리의 남용'이란 권리의 행사가 외관상으로는 적법하게 보이지만 실질에 있어서는 권리의 공공성 · 사회성에 반하거나 권리 본래의 사회적 목적을 벗어난 것이어서 정당한 권리의 행

19) 헌재 2013. 5. 30. 2012헌바335.

사로 볼 수 없는 것으로 해석할 수 있다. 또한 권리의 남용에 해당하는지 여부는 사법심사를 통해 판단할 사안인 점, 법원은 "권리의 행사가 주관적으로 오직 상대방에게 고통을 주고 손해를 입히려는 데 있을 뿐 이를 행사하는 사람에게는 아무런 이익이 없고, 객관적으로 사회질서에 위반된다고 볼 수 있으면, 그 권리의 행사는 권리남용으로서 허용되지 아니한다."(대법원 2011. 4. 28. 선고 2011다12163 판결 등)라고 하여 권리남용에 해당하는 범위를 제한하고 있는 점 등에 비추어 보면 명확성원칙에 위배된다고 볼 수 없다.

3) 민법 제2조 제2항이 토지소유자의 재산권을 침해하는지 여부

민법 제2조 제2항은 권리의 사회성·공공성의 원리를 규정한 것으로, 헌법 제23조 제2항이 재산권의 사회적 기속성을 선언한 것을 구체화한 것으로 볼 수 있어 입법목적의 정당성이 인정되며, 위 조항은 구체적인 사건을 개별 법조항에 의해 적정하게 해결할 수 없는 경우에 한하여 적용되고, 법원이 권리남용의 주관적 요건과 객관적 요건을 구체적으로 제시하여 그 적용 범위를 합리적으로 제한하고 있다는 점에 비추어 보면 헌법상 재산권을 침해하였다고 볼 수 없다.

4) 민사소송법 제98조가 소송당사자의 재판청구권을 침해하는지 여부

민사소송법 제98조가 소송당사자의 실효적인 권리구제를 보장하고, 남소와 남상소를 방지하기 위해 원칙적으로 패소한 당사자에게 소송비용을 부담시키는 것은 합리적인 이유가 인정된다. 또한 민사소송법에서는 일정한 예외를 인정하고, 소송비용의 범위와 액수를 한정하며, 즉시항고제도나 소송구조제도를 두어 기본권 제한을 최소화하고 있으므로 재판청구권을 침해하였다고 볼 수 없다.

(3) 평 가

이 결정에서 헌법재판소는 민법 제2조 제2항 권리남용금지규정이 명

확성의 원칙을 위반하는지 여부를 심사함에 있어 행위규범과 재판규범의 논리를 이용한다. 행위규범이 강조되는 형벌법규와는 달리 민사법규는 재판규범이 훨씬 강조되는 것으로 봄으로써 사회현실에서 나타나는 여러 현상에 일반적으로 적용될 수 있도록 민사법규는 추상적 표현의 여지가 넓게 인정된다고 한다. 행위자가 자율적으로 준수하는 기준으로서 행위규범성과 국가기관에 의해 타율적으로 통제되는 기준으로서 재판규범성은 형벌법규와 민사법규 모두 요구되는 규범의 성격이다. 그러나 헌법재판소의 결정문만으로는 형벌법규가 민사법규보다 왜 행위규범적 성격을 더 강조해야 하는지, 민사법규는 형벌법규보다 왜 재판규범적 성격이 더 강조되는지 알 수 없다. 오히려 민사법규의 경우 사적 자치의 원리상 행위자가 자율적으로 준수하는 행위규범적 성격이 강조될 때 공적 규범과 사적 자율성이 보다 원활하게 조화될 수 있다. 형사법규의 경우에도 범죄자로부터 선량한 국민을 보호하기 위해서는 타율적 통제로서 재판규범성이 더 주요한 기능을 하게 된다. 따라서 명확성원칙과 관련하여 민사법규에 보다 완화된 심사를 인정하는 이유에 대하여 추가적인 논증이 요구된다. 한편, 민법 제2조 제2항의 권리남용규정이 추상적 표현을 하고 있더라도 법관의 보충적 해석을 통해 구체화가 가능한 경우라면 명확성의 원칙을 위반하지 않는 것으로 보고 있다. 그러나 심판대상규정은 건전한 상식과 통상적인 법감정을 가진 사람을 기준으로 개별 사건에 대한 법관의 보충적인 법률해석만으로 규범이 구체화되는 경우라고 보기는 어렵다. 오히려 헌법재판결정에서도 언급했듯이 권리남용이란 법관의 개별적 해석을 구속하는 판례에 의해 일정한 기준이 객관적이고 공식적으로 구축될 때 비로소 해석이 가능해지는 규범적 개념에 해당한다. 따라서 법률과 판례의 규범적 관계를 고려하여 명확성의 원칙이 새롭게 정리될 것이 요구된다.

6. 형법 제311조 모욕죄 위헌소원[20)]

(1) 사건개요

청구인은 ○○당 인터넷 게시판과 자신의 블로그에 타인을 모욕하는 글을 게재하고, 비방할 목적으로 공공연하게 거짓의 사실을 드러내어 타인의 명예를 훼손하였다는 이유로 '정보통신망 이용촉진 및 정보보호 등에 관한 법률' 위반(명예훼손)죄, 모욕죄로 기소되어 제1심에서 벌금형을 선고받았고, 이에 불복하여 항소하였으나 항소가 기각되었으며, 다시 불복하여 상고하였으나 상고도 기각되었다. 청구인은 위 상고심 계속 중에 모욕죄를 규정하고 있는 형법 제311조가 명확성원칙에 위반되고, 표현의 자유를 침해하는 규정이라고 주장하며 위헌법률심판제청 신청을 하였으나 기각되어 헌법소원심판을 청구하였다.

(2) 결정요지

1) 명확성원칙에 위배되는지 여부

모욕죄의 구성요건으로서 '모욕'이란 사실을 적시하지 아니하고 단순히 사람의 사회적 평가를 저하시킬 만한 추상적 판단이나 경멸적 감정을 표현하는 것으로서, 모욕죄의 보호법익과 그 입법목적, 취지 등을 종합할 때, 건전한 상식과 통상적인 법 감정을 가진 일반인이라면 금지되는 행위가 무엇인지를 예측하는 것이 현저히 곤란하다고 보기 어렵고, 법 집행기관이 이를 자의적으로 해석할 염려도 없으므로 명확성원칙에 위배되지 아니한다.

2) 표현의 자유를 침해하는지 여부

사람의 인격을 경멸하는 표현이 공연히 이루어진다면 그 사람의 사회적 가치는 침해되고 그로 인하여 사회구성원으로서 생활하고 발전해 나갈 가능성도 침해받지 않을 수 없다. 그러므로 모욕적 표현으로 사람의

---

20) 헌재 2013. 6. 27. 2012헌바37.

명예를 훼손하는 행위는 분명 이를 금지시킬 필요성이 있다. 또한 모욕죄는 피해자의 고소가 있어야 형사처벌이 가능한 점, 그 법정형의 상한이 비교적 낮은 점, 법원은 개별 사안에서 형법 제20조의 정당행위 규정을 적정하게 적용함으로써 표현의 자유와 명예보호 사이에 적절한 조화를 도모하고 있는 점 등을 고려할 때 표현의 자유를 침해한다고 볼 수 없다.

재판관 박한철, 재판관 김이수, 재판관 강일원의 반대의견

구성요건인 '모욕'의 범위는 지나치게 광범위하여 타인에 대한 부정적이거나 경멸적인 내용이 있는 표현은 타인의 사회적 평가를 저하시킬 가능성이 있어 모욕에 해당하게 된다. 이에 따라 헌법상 보호받아야 할 표현까지 규제될 수 있다.

모욕죄의 형사처벌은 다양한 의견 간의 자유로운 토론과 비판을 통하여 사회공동체의 문제를 제기하고 건전하게 해소할 가능성을 제한하는 바, 정치적·학술적 표현행위를 위축시키고 열린 논의의 가능성이 줄어들어 표현의 자유의 본질적인 기능이 훼손된다. 또한 단순한 추상적 판단이나 경멸적 감정의 표현행위에 대하여는 시민사회의 자기 교정기능에 맡기거나 민사적 책임을 지우는 것으로 규제할 수 있는 점, 모욕행위를 형사처벌하는 것은 국제인권기준에도 부합하지 않는 측면이 있는 점 등을 종합하여 볼 때 과잉금지원칙에 위반하여 표현의 자유를 침해한다.

(3) 평 가

다수의견은 모욕적 표현이 헌법 제21조 표현의 자유의 보호영역에 해당한다고 보면서 이를 처벌하는 형법상 모욕죄 규정은 표현의 자유를 제한하는 것으로 과잉금지원칙에 따라 위헌여부를 심사해야함을 선언하고 있다. 또한 표현의 자유에 대한 규제는 헌법상 보호받는 표현에 위축적 효과를 야기하지 않도록 세밀하고 명확하게 규정되어야 함을 명확성원칙과 죄형법정주의를 근거로 요구하고 있다. 이와 함께 다수의견에서 주목해야할 점은 모욕죄가 한편으로는 표현의 자유를 제한하지만 다른 한편으로는 타인의 명예를 보호하므로 표현의 자유와 명예권이라는 두 기본권이 충돌하는 관점에서 모욕죄를 심사한다는 점이다. 헌법재판소는 모욕죄가 과잉금지원칙을 위반하여 표현의 자유를 침해하는지 여부를 심사함에 있어 표현의 자유와 명예권 모두 최대한 실현될 수 있게 조화로운 방법을 모색하는 방향으로 나아가야 함을 스스로 밝히고 있다. 반면, 소수의견은 모욕죄에 모욕의 범위가 지나치게 광범위함으로 인해 구성요건해당성이 매우 넓게 인정되고, 타인에 대한 비판도 모욕에 해당하여 형사처벌받을 가능성이 높은 것으로 보고 있다. 이로 인한 표현의 자유에 대한 위축효과를 소수의견은 명시적으로 언급하면서 모욕죄가 표현의 자유를 지나치게 침해하여 위헌이라고 한다. 본 결정은 모욕의 개념이 갖는 모호성이 소수의견에 의해서 적시되었고, 이를 모욕죄의 위헌여부를 판단하는 기준으로 삼는다는 점에서 그 의미가 크다. 향후 표현의 자유를 넓게 인정하는 헌법재판소의 전향적 태도를 기대하는 결정이다.

7. 산업기술의 유출방지 및 보호에 관한 법률 제2조 등 위헌소원[21)]

(1) 사건개요

청구인은 선급검사관으로 재직 중이던 ㅇㅇ국적의 사람이다. 청구인은 선급검사 업무를 수행하던 중 구 산업발전법 제5조에 따라 구 산업자원부장관이 고시한 '첨단기술 및 제품의 범위'에 속하는 '드릴쉽(Drillship)'에 관한 ㅇㅇ중공업의 설계도면 등의 자료를 자신의 외장형 하드디스크에 복사함으로써 부정한 방법으로 산업기술을 취득하여 구 산업기술의 유출방지 및 보호에 관한 법률 제36조 제2항, 제14조 제1호를 위반하였다는 범죄사실로 징역과 집행유예 및 몰수의 형을 선고받았다. 청구인은

---

21) 헌재 2013. 7. 25. 2011헌바39.

위 판결에 불복하여 항소한 다음 당해 사건인 항소심 계속 중 위 법률조항들에 대하여 위헌법률심판제청신청을 하였으나 위 신청이 기각되자 헌법소원심판을 청구하였다.

(2) 결정요지

1) 위임입법에 해당하는지 여부

지정 또는 고시·공고는 이 사건 법률조항이 아니라 다른 법령에 의하여 수권된 것으로서 별도의 근거법률을 가지고 있는 행정처분으로서의 성격을 갖는 데 불과하다. 이 사건 법률조항은 이러한 지정 또는 고시·공고를 구성요건으로 '차용'하고 있는 데 불과한 것이고, 하위법령에 구성요건의 형성을 '위임'하는 위임입법은 아니다.

2) 죄형법정주의의 명확성원칙에 위배되는지 여부

이 사건 법률조항은 관계 법령에 따른 지정 또는 고시·공고의 근거법령을 구체적으로 특정하지 아니하고 있다. 법률의 문언만으로는 '관계 중앙행정기관의 장이 소관 분야의 산업경쟁력 제고 등을 위하여 하는 지정 또는 고시·공고의 근거가 되는 법령'이라는 추상적인 내용만을 알 수 있을 뿐 일반인의 해석을 통해서는 구체적 내용을 확정할 수 없다. 따라서 죄형법정주의의 명확성원칙에 위배된다.

(3) 평 가

이 결정에서 헌법재판소는 다른 법률에 근거한 고시나 공고를 구성요건의 내용으로 규정한 심판대상조항에 대하여 그러한 고시·공고는 대상법률의 위임에 의해 규정된 것이 아니라 대상법률의 구성요건에 '차용'된 것으로 보고 있다. 헌법재판소는 차용이라는 낯선 규범개념을 언급함으로써 기존의 위임입법 논리만으로 설명할 수 없는 심판대상 법률의 형식을 확장한다. 또한 이로부터 위헌심사기준의 확대도 시도하고 있다. 이전의 헌법재판에서는 하위법규와 법률과의 관계에 대한 위헌심사기준을 포괄위임금지원칙을 적용함에 그치고 있다. 이에 비해 이 결정은 고시·공고와 심판대상법률의 관계를 위임입법의 형식에 따른 포괄위임금지원칙에 따라 심사하지 않고 명확성원칙에 따라 심사하고 있음을 주목할 필요가 있다. 헌법재판소의 이러한 해석방식은 심판대상법률이 명확성원칙을 위반하는지를 심사하는 것이 법률자체만을 대상으로 하기에는 한계가 있음을 보여준다. 따라서 이 결정에서는 심판대상법률의 구성요건이 될 수 있는 다양한 법률에 근거한 여러 고시와 공고의 예를 당해 법률의 위헌심사에 있어 함께 고려하고 있다. 헌법심사가 법률과 헌법의 상호관계를 정립하는데 그치지 않고 더 나아가 처분·법률·헌법의 다각적 관계하에서 명확성원칙 위반여부를 심사하는 점이 이 결정의 특징이라 할 수 있다. 그럼에도 불구하고 아쉬운 점은 '차용'이라는 규범적 개념을 명확히 정의하거나 정리하지 않은 상태에서 하나의 개념적 단어만을 가지고 위헌심사의 대상과 기준을 확장하는 근거로 삼는 것은 헌법체계의 정치한 해석에 기반하는 헌법재판소의 권위를 스스로 훼손하는 것은 아닌지 우려된다.

8. 공무원연금법 제64조 제1항 제1호 등 위헌소원[22)]

(1) 사건개요

청구인은 공무원으로 재직하던 중 2001. 11. 7. 직권남용죄로 징역과 집행유예의 유죄판결을 선고받고 위 판결이 확정되어 당연퇴직하였다. 청구인은 퇴직 이후 2008. 12. 31.까지 구 공무원연금법 제64조 제1항 제1호에 따라 퇴직연금을 감액하여 지급받아 오던 중 2007. 3. 29. 헌법재판소가 구 공무원연금법조항에 대하여 헌법불합치결정을 하면서(헌재 2007. 3. 29. 2005헌바33 결정) 2008. 12. 31.까지 입법개선을 촉구하였으나 법이 개정되지 아니하였고, 그에 따라 2009. 1. 1.부터 구 공무원연금법조항의

22) 헌재 2013. 8. 29. 2010헌바354, 2011헌바36, 2011헌바44, 2012헌바48(병합).

효력이 상실되었다. 공무원연금공단은 구 공무원연금법조항의 효력이 상실됨에 따라 2009. 1. 1.부터 2009. 12. 31.까지 청구인에게 퇴직연금 전액을 지급하였다.

한편, 공무원연금법은 2009. 12. 31. 개정되었는데, 공무원연금법 제64조 제1항 제1호는 재직 중의 사유로 금고 이상의 형을 받은 경우라도 직무와 관련 없는 과실로 인한 경우 및 소속 상관의 정당한 직무상의 명령에 따르다가 과실로 인한 경우는 퇴직급여 등을 감액하지 아니하도록 개정되었고, 부칙 제1조 및 제7조에서 공무원연금법 제64조의 개정규정은 2009. 1. 1.부터 적용하도록 규정되었다. 공무원연금공단은 2010. 1. 20. 청구인에게 2010년 1월부터 퇴직연금을 다시 감액하여 지급하고, 이미 지급한 2009년분 퇴직연금액 중 2분의 1 상당액을 환수하는 내용의 처분을 하였다. 이에 청구인은 위 감액처분 및 환수처분의 취소를 구하는 소송을 제기하였고, 그 소송 계속 중 공무원연금법 제64조 제1항 제1호 및 부칙 제1조에 대하여 위헌법률심판제청신청을 하였으나 기각되자 헌법소원심판을 청구하였다.

그 밖에 2011헌바36 사건(재직 중의 폭력행위등처벌에관한법률위반), 2011헌바44 사건(재직 중의 무단이탈의 범죄사실), 2012헌바48 사건(재직 중의 행위와 관련한 범죄) 등이 병합되어 심리된 바 있다.

(2) 결정요지

1) 공무원연금법 제64조 제1항 제1호가 헌법불합치결정의 기속력에 반하는지 여부

헌법재판소는 2007. 3. 29. 2005헌바33 사건에서 구 공무원연금법 제64조 제1항 제1호가 공무원의 '신분이나 직무상 의무'와 관련이 없는 범죄에 대해서도 퇴직급여의 감액사유로 삼는 것이 퇴직공무원들의 기본권을 침해한다는 이유로 헌법불합치결정을 하였다. 이 사건 감액조항은 그에 따른 개선입법이다. 공무원연금법 제64조 제1항 제1호는 공무원이 '직무와 관련 없는 과실로 인한 경우' 및 '소속상관의 정당한 직무상의 명령에 따르다가 과실로 인한 경우'를 제외하고 재직 중의 사유로 금고 이상의 형을 받은 경우 퇴직급여 등을 감액하도록 규정하고 있다. 따라서 공무원의 직무와 관련이 없는 범죄라 할지라도 고의범의 경우에는 공무원의 법령준수의무, 청렴의무, 품위유지의무 등을 위반한 것으로 볼 수 있기에 이를 퇴직급여의 감액사유에서 제외하지 않는다. 이 사건 감액조항은 위 헌법불합치결정의 기속력에 저촉된다고 할 수 없다.

2) 공무원연금법 제64조 제1항 제1호가 재산권, 인간다운 생활을 할 권리를 침해하는지 여부

이 사건 감액조항은 공무원범죄를 예방하고 공무원이 재직 중 성실히 근무하도록 유도하기 위한 것으로서 그 입법목적은 정당하고 수단도 적절하다. 퇴직급여 등의 감액사유에서 '직무와 관련 없는 과실로 인하여 범죄를 저지른 경우' 및 '소속 상관의 정당한 직무상의 명령에 따르다가 과실로 인하여 범죄를 저지른 경우'를 제외하는 점, 범죄행위가 있더라도 '금고 이상의 형을 받은 경우'로 한정한 점, 감액의 범위도 국가 또는 지방자치단체의 부담 부분을 넘지 않도록 한 점 등을 고려하면 침해의 최소성이 인정된다. 청구인들은 퇴직급여의 일부가 감액되는 사익의 침해를 받지만 이는 공무원 자신이 저지른 범죄에서 비롯된 것인 점, 공무원 개개인이나 공직에 대한 국민의 신뢰를 유지하고자 하는 공익이 결코 적지 않은 점, 특히 이 사건 감액조항은 구법조항보다 감액사유를 더욱 한정하여 침해되는 사익을 최소화하고자 하였다는 점에서 법익의 균형성도 인정된다. 따라서 청구인들의 재산권과 인간다운 생활을 할 권리를 침해하지 아니한다.

3) 공무원연금법 제64조 제1항 제1호가 평등원칙에 위배되는지 여부

공무원연금제도가 국민연금이나 법정퇴직금과 기본적인 차이가 있는 점, 공무원은 일정한 법령준수 및 충실의무 등을 지고 있는 점, 이 사건 감액조항은 구법조항과 달리 공무원 신분이나 직무와 관련 없는 과실범

의 경우에는 감액 사유에서 제외하고, 감액의 수준도 국가부담분만큼의 급여에 불과한 점, 공무원범죄를 사전에 예방하고 공직사회의 질서를 유지하는 데 그 목적이 있는 점 등에 비추어 볼 때, 이 사건 감액조항이 공무원을 국민연금법상 사업장가입자나 근로기준법상 근로자에 비하여 합리적 이유 없이 차별취급하고 있다고 단정할 수 없으므로 평등원칙에 위배되지 아니한다.

4) 공무원연금법 부칙 제1조 단서, 제7조 제1항 단서 후단이 소급입법금지원칙에 위배되는지 여부

2009. 12. 31. 개정된 이 사건 감액조항을 2009. 1. 1.까지 소급하여 적용하도록 규정한 공무원연금법 부칙 제1조 단서, 제7조 제1항 단서 후단은 이미 이행기가 도래하여 청구인들이 퇴직연금을 모두 수령한 부분까지 사후적으로 소급하여 적용되는 것으로서 헌법 제13조 제2항에 의하여 원칙적으로 금지되는 진정소급입법에 해당한다.

헌법재판소의 위 헌법불합치결정에 따라 개선입법이 이루어질 것이 미리 예정되어 있기는 하였으나 그 결정이 내려진 2007. 3. 29.부터 잠정적용시한인 2008. 12. 31.까지 상당한 시간적 여유가 있었는데도 국회에서 개선입법이 이루어지지 아니하였다. 그에 따라 청구인들이 2009. 1. 1.부터 2009. 12. 31.까지 퇴직연금을 전부 지급받았는데 이는 전적으로 또는 상당 부분 국회가 개선입법을 하지 않은 것에 기인한 것이다. 그럼에도 이미 받은 퇴직연금 등을 환수하는 것은 국가기관의 잘못으로 인한 법집행의 책임을 퇴직공무원들에게 전가시키는 것이며, 퇴직급여를 소급적으로 환수당하지 않을 것에 대한 청구인들의 신뢰이익이 적다고 할 수도 없다. 이 사건 부칙조항으로 달성하려는 공무원범죄의 예방, 공무원의 성실 근무 유도, 공무원에 대한 국민의 신뢰 제고, 제재의 실효성 확보 등은 범죄를 저지른 공무원을 당연퇴직시키거나, 장래 지급될 퇴직연금을 감액하는 방법으로 충분히 달성할 수 있고, 이 사건 부칙조항으로 보전되는 공무원연금의 재정규모도 그리 크지 않을 것으로 보인다. 반면, 헌법불합치결정에 대한 입법자의 입법개선의무의 준수, 신속한 입법절차를 통한 법률관계의 안정 등은 중요한 공익상의 사유라 할 수 있다.

따라서 이 사건 부칙조항은 헌법 제13조 제2항에서 금지하는 소급입법에 해당하며 예외적으로 소급입법이 허용되는 경우에는 해당하지 아니하므로, 소급입법금지원칙에 위반하여 청구인들의 재산권을 침해한다.

재판관 이정미, 재판관 이진성의 반대의견

공무원이 범죄행위를 저지른 경우 형사처벌이나 공무원의 지위를 박탈하는 것으로써 그 공익목적을 충분히 달성할 수 있다. 그럼에도 불구하고 금고 이상의 죄를 저질렀다고 하여 위와 같은 제재에 덧붙여 퇴직급여까지도 필요적으로 감액한다면 거기에는 다른 수단으로는 입법목적을 달성할 수 없는 특별한 사정이 있어야 할 것이다. 그런데 직무와 관련 없는 범죄의 경우는 그로 인하여 실추되는 공직에 대한 국민의 신뢰 손상이 직무관련 범죄에 비하여 없거나 그 정도가 약하다고 보아야 하므로 고의범이라 하더라도 죄질의 경중, 반국가적 범죄 여부, 파렴치 범죄 여부 등을 고려하여 입법목적 달성에 필요한 범위에 한하여 퇴직급여의 감액사유로 삼는 것이 타당하다. 그런데 이 사건 감액조항은 직무와 관련 없는 고의범의 경우 이를 고려하지 아니하고 일률적으로 퇴직급여의 감액사유로 삼고 있다. 따라서 과잉금지원칙에 위배하여 청구인들의 재산권을 침해한다. 또한 공무원들을 일반 국민이나 근로자와 비교하여 합리적인 이유 없이 차별하고 있으므로 평등원칙에도 위배된다.

재판관 서기석, 재판관 조용호의 반대의견

구법조항에 대한 헌법불합치결정 및 그에 따른 개선입법 과정을 볼 때, 이 사건 부칙조항은 헌법불합치결정에서 정한 잠정적용 시한이 도과하여 위 법률조항 중 합헌적 부분까지 효력을 상실함으로 인하여 발생한 입법의 공백을 보충한 데에 불과하다. 더욱이 퇴직 공무원들로서는 공무원연금공단으로부터 퇴직연금 등을 전액 지급받으면서 향후 법률 개정에 따라 퇴직연금 등의 일부가 환수될 수 있음을 통지받았으므로, 장차 위 법률조항이 개정되면 그에 따라 퇴직연금이 소급적으로 감액·환수될 수 있음을 충분히 예상할 수 있으므로 보호할 만한 신뢰이익이 적은 경우에 해당한다. 뿐만 아니라, 국회에서 입법이 지연되었다는 우연한 사정만으로 퇴직연금 등을 전액 지급하는 것은 공무원에 대한 일반 국민의 신뢰 제고, 제재방안의 실효성 확보, 사회 정의와 형평 실현 등의 공익에 반하므로, 이를 제한하는 이 사건 부칙조항은 이러한 중대한 공익에 이바지한다 할 것이다. 또한 공무원연금의 만성적 적자로 인한 국고의 부담으로 인해 공무원연금재정의 보전이라는 공익 또한 중대하다. 따라서 이 사건 부칙조항은 신뢰보호의 요청에 우선하는 심히 중대한 공익상의 사유가 소급입법을 정당화하는 경우에도 해당한다. 그렇다면 예외적으로 소급입법이 허용되는 경우에 해당하므로 헌법에 위반되지 아니한다.

(3) 평 가

헌법재판소는 2013년 8월 29일 재판관 7:2의 의견으로, '직무와 관련 없는 과실로 인한 경우' 및 '소속상관의 정당한 직무상의 명령에 따르다가 과실로 인한 경우'를 제외하고 재직 중의 사유로 금고 이상의 형을 받은 경우, 퇴직급여 등을 감액하도록 규정한 공무원연금법 제64조 제1항 제1호(다음부터 '이 사건 감액조항'이라 한다)가 헌법에 위반되지 아니하고, 재판관 7:2의 의견으로 2009. 12. 31. 개정된 이 사건 감액조항을 2009. 1. 1.까지 소급하여 적용하도록 규정한 공무원연금법(2009. 12. 31. 법률 제9905호) 부칙 제1조 단서, 제7조 제1항 단서 후단(다음부터 '이 사건 부칙조항'이라 한다)은 헌법에 위반된다는 결정을 선고하였다.

이 사건 감액조항은 공무원범죄를 예방하고 공무원이 재직 중 성실히 근무하도록 유도한다는 정당한 입법목적 달성을 위한 상당한 수단이며, 입법목적 달성을 위하여 필요한 범위 내에서 감액사유에 해당하는 범죄를 가능한 유형화하여 규정하는 등 침해의 최소성과 법익의 균형성도 충족하므로 청구인들의 재산권 및 인간다운 생활을 침해한다고 볼 수 없고, 공무원연금제도와 국민연금 등의 기본적인 차이점이나, 공무원의 법령준수 의무 등에 비추어 평등원칙에 위배된다고도 볼 수 없다는 것이다.

이 사건 부칙조항은 이미 이행기가 도래하여 청구인들이 모두 수령한 퇴직연금 부분에 사후적으로 소급하여 적용되는 것으로서 소급입법에 해당하고, 청구인들이 2009년도에 퇴직금을 전부 지급받은 것은 국회의 입법지연에 기인한 것인 점, 청구인들이 소급적으로 환수당하지 않을 것에 대한 신뢰이익이 적지 않은 점, 이 사건 부칙조항으로 보전되는 공무원연금공단의 재정 보전규모는 크지 않은데 비해 헌법불합치결정에 대한 입법자의 입법개선의무 준수는 중요한 공익인 점에 비추어 예외적으로 소급입법이 허용되는 경우에도 해당하지 아니하므로 소급입법금지원칙에 위반하여 청구인들의 재산권을 침해한다는 것이다.

이에 대하여 이 사건 감액조항이 직무와 관련 없는 고의범의 경우 죄질의 경중 등을 고려하지 아니하고 일률적으로 퇴직급여 등의 감액사유로 삼고 있어 청구인들의 재산권을 침해하고 평등원칙에 위배된다는 재판관 2인(재판관 이정미, 재판관 이진성)의 반대의견과, 이 사건 부칙조항에 대하여 청구인들은 퇴직연금 등의 환수를 예상할 수 있었고, 일반 국민의 신뢰 제고, 제제의 실효성 확보, 공무원연금재정의 보전 등의 중대한 공익에 이바지하는 점에 비추어 소급입법금지원칙에 위배된다고 할 수 없다는 재판관 2인(재판관 서기석, 재판관 조용호)의 반대의견이 있다.

9. 사립학교교직원 연금법 제42조 제1항 등 퇴직연금 감액 위헌소원[23)]

(1) 사건개요

청구인은 사립학교 교원으로 근무하던 중, 폭력행위등처벌에관한법

23) 헌재 2013. 9. 26. 2013헌바170.

률위반죄로 징역 10월을 선고받고, 그 판결이 2009. 3. 12. 확정되어 같은 날 사립학교법에 의하여 당연퇴직하였다. 헌법재판소는 2007. 3. 29. 구 공무원연금법 제64조 제1항 제1호에 대하여 헌법불합치결정을 선고하였는바(헌재 2007. 3. 29. 2005헌바33 결정), 개선입법시한인 2008. 12. 31.이 지나서도 개선입법이 이루어지지 않자 구 공무원연금법 제64조 제1항 제1호는 효력을 상실하였다. 한편, '사립학교교직원 연금법' 제42조 제1항은 급여의 제한 등에 관하여 공무원연금법 제64조를 준용하도록 규정하고 있었고, 위와 같이 구 공무원연금법 제64조 제1항 제1호가 효력을 상실하자, 사립학교교직원 연금에도 더 이상 위 조항을 준용할 수 없게 되었다. 그에 따라 사립학교교직원연금공단은 청구인에게 2009. 3. 퇴직수당을 전부 지급하였고, 2009. 4.부터 2010. 7.까지 퇴직연금 전액을 지급하였다.

이후 공무원연금법 제64조 제1항 제1호는 '재직 중의 사유로 금고 이상의 형을 받은 경우' 중 '직무와 관련이 없는 과실로 인한 경우' 및 '소속 상관의 정당한 직무상 명령에 따르다가 과실로 인한 경우'에는 퇴직급여 등을 제한할 수 없는 것으로 규정하였고, 그 부칙 제1조 단서는 '제64조의 개정규정은 2009. 1. 1.부터 적용한다'라고 규정하였다. 또한 사립학교교직원 연금법 제42조 제1항도 '공무원연금법 제64조를 준용한다'고 규정하고, 그 부칙 제1조 단서는 '제42조에 따라 준용하는 공무원연금법 제64조는 2009. 1. 1.부터 적용한다'고 규정하였다. 사립학교교직원연금공단은 2010. 8. 6. 청구인에 대하여 이미 지급한 퇴직수당 및 퇴직연금의 2분의 1을 환수하고, 2010. 8.부터 퇴직연금의 2분의 1을 감액하여 지급한다는 결정을 하였다. 이에 청구인은 2010. 10. 29. 위 환수결정 및 감액결정의 무효확인을 구하는 소를 제기하고, 그 소송계속 중 공무원연금법 제64조 제1항 제1호, '사립학교교직원 연금법' 제42조 제1항과 '사립학교교직원 연금법' 부칙 제1조에 대하여 위헌법률심판제청신청을 하였으나 기각되자, 위헌확인을 구하는 헌법소원심판을 청구하였다.

(2) 결정요지

1) 헌법불합치결정의 기속력에 반하는지 여부

헌법재판소는 2005헌바33 사건에서 구 공무원연금법 제64조 제1항 제1호가 공무원의 '신분이나 직무상 의무'와 관련이 없는 범죄에 대해서도 퇴직급여의 감액사유로 삼는 것이 퇴직공무원들의 기본권을 침해한다는 이유로 헌법불합치결정을 하였고, 2008헌가15 결정에서 구 공무원연금법조항을 준용하고 있던 구 사립학교교직원 연금법 제42조 제1항 전문에 대하여도 같은 취지로 헌법불합치결정을 하였다. 사립학교 교원이 '직무와 관련 없는 과실로 인한 경우' 및 '소속상관의 정당한 직무상의 명령에 따르다가 과실로 인한 경우'를 제외하고 재직 중의 사유로 금고 이상의 형을 받은 경우, 퇴직급여 등을 감액하도록 규정한 구 사립학교교직원 연금법 제42조 제1항 전문 중 공무원연금법 제64조 제1항 제1호 준용 부분은 그에 따른 개선입법인바, 교원의 직무와 관련이 없는 범죄라 할지라도 고의범의 경우에는 교원의 법령준수의무, 청렴의무, 품위유지의무 등을 위반한 것으로 볼 수 있으므로 이를 퇴직급여의 감액사유에서 제외하지 아니하더라도 위 헌법불합치결정의 취지에 반한다고 볼 수 없다. 따라서 이 사건 감액조항은 위 헌법불합치결정의 기속력에 저촉된다고 할 수 없다.

2) 재산권, 인간다운 생활을 할 권리를 침해하는지 여부

이 사건 감액조항은 교원범죄를 예방하고 교원이 재직 중 성실히 근무하도록 유도하기 위한 것으로서 그 입법목적은 정당하고, 수단도 적절하다. 퇴직급여 등의 감액사유에서 '직무와 관련 없는 과실로 인하여 범죄를 저지른 경우' 및 '소속 상관의 정당한 직무상의 명령에 따르다가 과실로 인하여 범죄를 저지른 경우'를 제외하고, 이러한 범죄행위로 인하여 '금고 이상의 형을 받은 경우'로 한정하는 등 입법목적의 달성을 위하여 필요한 범위 내에서 감액사유에 해당하는 범죄를 가능한 유형화하여 규정한 것으로 볼 수 있다. 감액의 범위도 국가 및 학교법인의 부담 부분을 넘지 않도록 한 점 등을 고려하면 침해의 최소성도 인정된다. 청구인

은 퇴직급여의 일부가 감액되는 사익의 침해를 받지만, 이는 교원 자신이 저지른 범죄에서 비롯된 것인 점, 교원 개개인이나 교직에 대한 국민의 신뢰를 유지하고자 하는 공익이 결코 작지 않은 점, 특히 이 사건 감액조항은 구 사립학교연금법조항보다 감액사유를 더욱 한정하여 침해되는 사익을 최소화하고자 하였다는 점에서 법익의 균형성도 인정된다. 따라서 청구인의 재산권과 인간다운 생활을 할 권리를 침해하지 아니한다.

3) 평등원칙에 위배되는지 여부

사립학교교원연금제도가 국민연금이나 법정퇴직금과 기본적인 차이가 있는 점, 교원은 일정한 법령준수 및 충실의무 등을 지고 있는 점, 이 사건 감액조항은 구 사립학교연금법조항과 달리 교원 신분이나 직무와 관련 없는 과실범의 경우에는 감액 사유에서 제외하고, 감액의 수준도 국가 및 학교법인 부담분만큼의 급여에 불과하며, 교원범죄를 사전에 예방하고 교직사회의 질서를 유지하는 데 그 목적이 있는 점 등에 비추어 볼 때, 국민연금법상 사업장가입자나 근로기준법상 근로자에 비하여 합리적 이유 없이 차별취급하고 있다고 단정할 수 없으므로 평등원칙에 위배되지 아니한다.

4) 사립학교교직원 연금법 부칙 제1조 단서 중 공무원연금법 제64조 제1항 제1호 부분이 소급입법금지원칙에 위배되는지 여부

2009. 12. 31. 개정된 이 사건 감액조항을 2009. 1. 1.까지 소급하여 적용하도록 규정한 사립학교교직원 연금법 부칙 제1조 단서 중 공무원연금법 제64조 제1항 제1호 부분은 이미 이행기가 도래하여 청구인이 퇴직연금을 모두 수령한 부분까지 사후적으로 소급하여 적용되는 것으로서 헌법 제13조 제2항에 의하여 원칙적으로 금지되는 이미 완성된 사실·법률관계를 규율하는 진정소급입법에 해당한다.

헌법재판소가 구 공무원연금법조항에 대하여 헌법불합치결정을 함에 따라 개선입법이 이루어질 것이 미리 예정되어 있기는 하였으나 그 결정이 내려진 2007. 3. 29.부터 잠정적용시한인 2008. 12. 31.까지 상당한 시간적 여유가 있었는데도 국회에서 개선입법이 이루어지지 아니하였다. 그

에 따라 청구인이 2009. 4.부터 2009. 12. 31.까지 퇴직연금을 전부 지급받았는데 이는 전적으로 또는 상당 부분 국회가 개선입법을 하지 않은 것에 기인한 것이다. 그럼에도 이미 받은 퇴직연금 등을 환수하는 것은 국가기관의 잘못으로 인한 법집행의 책임을 퇴직교원들에게 전가시키는 것이며, 퇴직급여를 소급적으로 환수당하지 않을 것에 대한 청구인의 신뢰이익이 적다고 할 수도 없다. 이 사건 부칙조항으로 달성하려는 교원범죄의 예방, 교원의 성실 근무 유도, 교원에 대한 국민의 신뢰 제고, 제재의 실효성 확보 등은 범죄를 저지른 교원을 당연퇴직시키거나, 장래 지급될 퇴직연금을 감액하는 방법으로 충분히 달성할 수 있고, 이 사건 부칙조항으로 보전되는 사립학교교직원연금의 재정규모도 그리 크지 않을 것으로 보이는 반면, 헌법불합치결정에 대한 입법자의 입법개선의무의 준수, 신속한 입법절차를 통한 법률관계의 안정 등은 중요한 공익상의 사유라고 볼 수 있다. 또한 이 점에 대한 신뢰는 사법기관과 입법기관 전체에 대한 객관적인 신뢰라는 면에서, 신뢰보호의 요청이 공익상의 사유에 우선한다고 볼 수 있다.

따라서 이 사건 부칙조항은 헌법 제13조 제2항에서 금지하는 소급입법에 해당하며 예외적으로 소급입법이 허용되는 경우에도 해당하지 아니하므로, 소급입법금지원칙에 위반하여 청구인의 재산권을 침해한다.

재판관 이정미, 재판관 이진성의 반대의견

교원이 범죄행위를 저지른 경우 형사처벌이나 공무원의 지위를 박탈하는 것으로써 그 공익목적을 충분히 달성할 수 있는데, 그럼에도 불구하고 금고 이상의 죄를 저질렀다고 하여 위와 같은 제재에 덧붙여 퇴직급여까지도 필요적으로 감액한다면 거기에는 다른 수단으로는 입법목적을 달성할 수 없는 특별한 사정이 있어야 할 것이다. 그런데 직무와 관련 없는 범죄의 경우는 그로 인하여 실추되는 교직에 대한 국민의 신뢰 손상이 직무관련 범죄에 비하여 없거나 그 정도가 약하다고 보아야 하므로 고의범이라 하더라도 죄질의 경중, 반국가적 범죄 여부, 파렴치 범죄 여부 등을 고려하여 입법목적 달성에 필요한 범위에 한하여 퇴직급여의 감액사유로 삼는 것이 타당할 것인데 이 사건 감액조항은 직무와 관련 없는 고의범의 경우 이를 고려하지 아니하고 일률적으로 퇴직급여의 감액사유로 삼고 있으므로 과잉금지원칙에 위배하여 청구인의 재산권을 침해한다. 또한 이 사건 감액조항은 교원들을 일반 국민이나 근로자와 비교하여 합리적인 이유 없이 차별하고 있어 평등원칙에 위배된다.

재판관 서기석, 재판관 조용호의 이 사건 부칙조항에 대한 반대의견

구 공무원연금법조항에 대한 헌법불합치결정 및 그에 따른 개선입법 과정을 볼 때, 이 사건 부칙조항은 위 헌법불합치결정에서 정한 잠정적용 시한이 도과하여 위 법률조항 중 합헌적 부분까지 효력을 상실함으로 인하여 발생한 입법의 공백을 보충한 데에 불과한 것이다. 더욱이 퇴직 교원들로서는 사립학교교직원연금공단으로부터 퇴직연금 등을 전액 지급받으면서 향후 법률 개정에 따라 퇴직연금 등의 일부가 환수될 수 있음을 통지받았으므로, 장차 위 법률조항이 개정되면 그에 따라 퇴직연금이 소급적으로 감액·환수될 수 있음을 충분히 예상할 수 있었다고 할 것이고, 따라서 보호할 만한 신뢰이익이 적은 경우에 해당한다. 뿐만 아니라, 국회에서 입법이 지연되었다는 우연한 사정만으로 퇴직연금 등을 전액 지급하는 것은 교원에 대한 일반 국민의 신뢰 제고, 제재방안의 실효성 확보, 사회 정의와 형평 실현 등의 공익에 반하므로, 이를 제한하는 이 사건 부칙조항은 이러한 중대한 공익에 이바지한다 할 것이다. 또한 사립학교교직원연금은 국고에 부담이 되고 있으므로, 그 연금재정의 보전이라는 공익 또한 중대하다고 하지 않을 수 없다. 따라서 이 사건 부칙조항은 신뢰보호의 요청에 우선하는 심히 중대한 공익상의 사유가 소급입법을 정당화하는 경우에도 해당한다. 그렇다면 예외적으로 소급입법이 허용되는 경우에 해당하므로 헌법에 위반되지 아니한다.

(3) 평 가

먼저 헌법불합치결정의 기속력이 어느 범위까지인가에 대하여 다수의견은 교원의 신분이나 직무상 의무와 관련이 없는 범죄의 경우에도 감액사유로 삼는 것이 위헌임을 근거로 새로 제정된 법률에서 직무와 관련없는 범죄라도 고의인 경우에는 교원으로서 일반적으로 준수해야할 법령준수의무, 청렴의무를 위반한 것에 해당하므로 기속력의 범위에 포함되지 않는다고 보고 있다. 여기서 주목할 점은 헌법불합치결정의 경우 기속력의 범위가 심판대상과 동일한 내용의 법률, 소송물 자체의 동일성에 그치지 않고 다른 내용의 법률이라 하더라도 결정의 취지에 어긋나는 법률이라면 이에 포함하는 것으로 보고 있는 점이다. 즉 이전 결정에서 직무와 관련없는 범죄의 경우 감액사유로 규정한 법률의 위헌성은 형식적 관련성 뿐만 아니라 실질적 관련성을 함께 요구하는 것이기에 고의의 모든 범죄는 교원의 법에 대한 일반적 충실의무를 위반한 겻이므로 이를 감액사유로 규정한 것은 직무관련성을 인정하여 합헌으로 보고 있다. 한편, 헌법재판소는 기속력이라는 용어를 사용하고 있지만 이는 타 국가기관에 대한 기속력이 아니라 헌법재판소의 자기기속력을 의미하므로 법원의 판결로 보면 기판력에 해당한다. 헌법재판소는 확정판결의 효력과 관련하여 고유한 용어로서 기판력 대신 기속력이란 개념을 사용하는 것으로 보인다. 다음으로 이 사건 감액조항이 재산권과 인간다운 생활을 할 권리를 침해하는지 여부와 관련하여 다수의견은 교원의 경우 직무와 관련 없는 범죄라도 고의로 범한 경우에는 교직에 대한 신뢰를 실추시킬 가능성이 크므로 이를 감액조항의 지급제한 사유로 삼는 것은 과잉금지원칙을 위반하지 않는 것으로 보고 있다. 반면, 소수의견은 직무와 관련이 없는 고의의 범죄라도 범죄의 유형에 따라 비난가능성의 차이가 크며, 그러한 차이는 구성요건의 내용이나 형량을 통해 판단이 가능하므로 고의의 범죄를 일률적으로 연금감액의 대상으로 규정한 것은 과잉금지원칙에 위반하는 것으로 보고 있다. 여기서 소수의견이 다수의견보다 정밀한 논증을 하는 것으로 보일 수 있다. 그러나 본 사안의 경우는 교원의 법률위반이 일반인의 교직에 대한 신뢰와 결부하여 고려되어야 하므로 형사상 규정된 범죄의 비난정도를 교직에 대한 신뢰의 실추 정도와 동일시 할 수는 없다. 다만, 심판대상 법률의 경우 고의의 범죄를 일률적으로 연금감액사유로 규정한 것은 문제가 있으며 예외 사유를 개별적으로 규정하거나 예외를 인정할 수 있는 내용을 규정함으로써 법원의 재판을 통해서도 교직에 대한 일반인의 신뢰를 실추시키지 않는 경우에는 지급제한을 하지 않는 방향으로 규정함이 타당하다고 생각된다. 한편, 이 사건 부칙조항에 대하여 다수의견은 입법부가 헌법재판소의 결정에 의해 새로운 법률을 제정할 의무가 있음에도 이를 게을리한 책임이 있고 이러한 입법부의 행위에 대해 개인의 신뢰는 보호할 충분한 가치가 있으므로 헌법불합치결정으로 인한 법률의 공백상태에서 직무와 관련하여 범죄를 한 교원이 감액되지 않은 퇴직연금을 받은 경우에 이를 환불하도록 규정한 것은 소급입법금지원칙에 위반한다고 하고 있다. 이에 대해 소수의견은 이미 퇴직연금조항이 헌법불합치결정을 받은 상태이므로 개인은 입법부가 이에 대응한 소급입법을 할 것으로 충분히 예상할 수 있으며 국회의 입법이 지연되었다는 우연한 사정만으로 퇴직연금이 감액되지 않을 것에 대한 객관적 신뢰가 있는 것으로 볼 수는 없다고 보아 부칙조항은 소급입법금지원칙에 위반하지 않는 것으로 보고 있다. 소급입법금지원칙은 개인의 신뢰보호 이전에 형식적 법치주의의 본질에 해당하는 헌법원리이다. 국가의 모든 권력작용은 의회가 제정한 법률을 통하지 않고서는 개인의 권리와 의무를 제한할 수 없는 것이 형식적 법치주의임을 고려한다면 본 사안과 같은 진정소급입법은 예외적인 경우가 아니라면 금지되어야 한다. 올바른 헌정사의 정립과 같은 극히 중대한 공익인 경우에 한하여서만 진정소급입법의 예외를 인정하여야 할 것이다. 본 사안과 같이 입법부의 법률제정의무가 제대로 이행되지 않은 점이 소급입법을 하게 된 원인이고 소급입법을 통해 국민의 기본권이 더욱 제한된다면 실질적 법치주의 관점에서도 진정소급입법의 예외를 인정할만한 사유를 찾을 수 없다. 소수의견은 타당하지 않은 것으로 생각된다.

10. 아동·청소년의 성보호에 관한 법률 제38조 제1항 제1호 신상정보 공개제도 위헌소원[24)]

(1) 사건개요

청구인들은 13세 미만의 미성년자를 간음한 혐의 등으로 기소되어 청구인 김○현은 징역과 등록정보를 5년간 공개할 것을 선고받았고, 청구인 한○빈은 징역과 집행유예 및 보호관찰과 사회봉사, 성폭력치료강의 수강명령과 함께 등록정보를 5년간 공개할 것을 선고받았다. 청구인들은 이 판결에 불복 항소하였으나, 청구인 한○빈의 항소는 기각되었고, 청구인 김○현만 1심판결이 취소된 뒤 징역과 집행유예 및 보호관찰과 사회봉사, 성폭력치료강의 수강명령과 함께 등록정보를 5년간 공개할 것을 선고하였다. 청구인 김○현은 아동이나 청소년 대상 성폭력범죄를 저지른 사람에 대하여 신상정보를 공개하도록 한 '아동·청소년의 성보호에 관한 법률' 제38조 제1항 제1호가 위헌이라고 주장하며 위헌법률심판제청신청을 하였다가 기각되자 헌법소원심판을 청구하였다. 청구인 한○빈도 같은 내용의 위헌법률심판제청신청을 하였다가 기각되자 헌법소원심판을 청구하였다.

(2) 결정요지

1) 인격권 및 개인정보 자기결정권을 침해하는지 여부

아동·청소년 대상 성폭력 범죄를 저지른 사람에 대하여 신상정보를 공개하도록 한 구 '아동·청소년의 성보호에 관한 법률' 제38조 제1항 본

---

24) 헌재 2013. 10. 24. 2011헌바106, 2011헌바107(병합).

문 제1호는 아동·청소년의 성을 보호하고 사회방위를 도모하기 위한 것으로서 목적의 정당성 및 수단의 적합성이 인정된다. 한편, 심판대상조항에 따른 신상정보 공개제도는, 그 공개대상이나 공개기간이 제한적이고, 법관이 '특별한 사정' 등을 고려하여 공개 여부를 판단하도록 되어 있으며, 공개로 인한 피해를 최소화하는 장치도 마련되어 있으므로 침해의 최소성이 인정된다. 또한 이를 통하여 달성하고자 하는 '아동·청소년의 성보호'라는 목적이 침해되는 사익에 비하여 매우 중요한 공익에 해당하므로 법익의 균형성도 인정된다. 따라서 심판대상조항은 과잉금지원칙을 위반하여 청구인들의 인격권, 개인정보자기결정권을 침해한다고 볼 수 없다.

2) 평등원칙에 반하는지 여부

아동·청소년 대상 성폭력범죄를 저지른 사람과 달리 아동·청소년 대상 일반범죄를 저지른 사람은 신상정보 공개대상자가 아니다. 아동·청소년 대상 일반범죄는 성폭력범죄와 달리 청소년의 생명이나 신체의 완전성, 재산권을 보호하는 데 목적이 있으므로 양자를 본질적으로 동일한 집단으로 보기 어렵다. 또한 아동·청소년을 대상으로 성폭력범죄가 아닌 성범죄를 저지른 사람도 신상정보 공개대상자가 아니지만, 이는 행위불법성의 차이와 입법 당시의 사회적 상황, 일반 국민의 법감정 등을 종합적으로 고려한 결과이므로 자의적이고 비합리적인 차별로도 보기 어렵다. 따라서 심판대상조항은 평등원칙을 위반한 것이라 할 수 없다.

3) 적법절차원칙 및 이중처벌금지원칙에 반하거나 재판받을 권리를 침해하는지 여부

법관이 유죄판결을 선고하는 경우에만 여러 사정을 종합적으로 고려하여 신상정보 공개명령을 할 수 있으므로, 심판대상조항이 적법절차원칙에 반하거나 청구인들의 재판받을 권리를 침해한다고 볼 수 없다. 또한 이중처벌은 동일한 행위를 대상으로 처벌이 거듭 행해질 때 발생하는 문제이고, 이 사건과 같이 동일한 재판절차를 거쳐 처벌과 신상정보 공개명령을 함께 선고하는 것은 이중처벌금지원칙과 관련이 없다.

재판관 김이수, 재판관 이진성의 반대의견

심판대상조항의 입법목적은 정당하나, 아동·청소년 대상 성폭력범죄에 대한 연구결과에 따르면 신상정보 공개제도가 범죄 억지 효과가 있다고 단정하기 어려우므로 수단의 적합성을 갖추지 못하였다. 신상정보 공개제도는 정보통신망을 통한 공개라는 측면에서 볼 때 '현대판 주홍글씨'에 비견될 정도로 수치형과 흡사한 것으로서, 단순히 성폭력범죄 전과자에 대한 낙인이나 배타의식을 넘어 공개대상자의 정상적인 사회복귀 자체를 원천봉쇄할 위험이 크고, 죄 없는 가족들까지 함께 정신적 고통을 겪게 하거나 그 생활기반을 상실시키는 결과가 초래될 수도 있다. 또한 '재범의 위험성' 등 공개 여부의 심사기준을 세분하지 않고 법관으로 하여금 원칙적으로 신상정보를 공개하도록 하고 있어 공개대상자의 범위 또한 지나치게 넓으므로 침해의 최소성을 갖추었다고 보기 어렵다. 공개대상자의 기본권이 심각하게 훼손되는 데 비해 그 범죄억지의 효과는 너무나 불확실하다는 점에서 법익의 균형성도 갖추지 못하였다. 따라서 심판대상조항은 과잉금지원칙에 반하여 청구인들의 인격권 및 개인정보자기결정권을 침해하므로 헌법에 위반된다.

(3) 평 가

청소년 성매수자에 대한 신상공개를 규정한 청소년의성보호에관한법률 제20조 제2항 제1호 등에 관한 헌재결 2003. 6. 26. 2002헌가14결정에 이어 아동·청소년의 성보호를 위한 신상공개제도의 위헌 여부를 판단한 헌법재판소의 결정이다. 다수의견은 아동·청소년의 경우 성폭력범죄로 인한 특수성을 고려할 때 이를 사전에 예방하기위한 신상공개제도는 매우 중요한 공익을 실현하는 것으로 청구인의 인격권, 개인정보자기결정권을 과도하게 침해하는지는 않는다고 본다. 반면 소수의견은 미국의 사례를 볼 때 신상공개제도의 실효성이 의심스러울 뿐만 아니라 이로 인한 낙인효과는 청구인으로 하여금 정상적인 가족생활과 사회생활을 할 수 없을 정도로 과도하게 인격권과 개인정보자기결정권을 침해하는 것으로 보고 있다. 성범죄의 전력이 있는 자에 대한 우리 국민의 의식에 비추어 볼 때 이들에 대한 사회의 반응은 관용의 측면보다는 경계나 격리의 측면이 강한 것이 사실이다. 그러나 이들이 형을 마치고 사회공동체에서 생활하는 이상 국가의 제도는 그들이 공동체의 구성원으로 활동할 수 있게 재사회화하는 방향으로 이루어져야 하는데 신상공개제도는 이에 역행하는 측면이 있다. 그렇다고 하여 성적으로 자기방어능력이 없는 아동이나 청소년의 경우 재범의 위험이 있는 자들로부터 보호하기 위해 신상공개제도가 효과적인 수단이 될 수 있음을 부인할 수도 없다. 이러한 점들을 모두 고려할 때 소수의견과 같이 신상공개제도 자체가 위헌이라 할 수는 없다. 다만 신상공개제도의 집행과정이나 예외적 요건을 정함에 있어 우리 국민의 의식을 함께 고려하여 성폭력범죄 전과자가 더 이상의 사회복귀가 불가능하게 할 정도가 되지 않도록 신중을 기할 필요가 있다. 소수의견이 아동·청소년에 대한 성폭력범죄의 예방과 성폭력범죄 전과자의 정상적인 사회복귀가 함께 실현될 수 있게 신상공개제도의 집행절차와 과정의 측면에 중점을 두어 반대의견의 논리를 전개하지 않은 점은 아쉬움으로 남는다.

11. 사립학교법 제25조의3 제1항 등 학교법인 정상화에 관한 위헌소원[25)]

(1) 사건개요

청구인 학교법인 ○○학원은 ○○예술고등학교와 □□학교를 각각 설치하였다. 청구인 ○○학원의 이사장이었던 신○조와 최○영은 위 예술학교를 운영할 별도의 법인인 학교법인 ○○예술학원을 설립하였고, 이를 위해 청구인 ○○학원은 교육용 기본재산과 수익용 기본재산을 ○○예술

25) 헌재 2013. 11. 28. 2011헌바136, 2011헌바180, 2012헌바279(병합).

학원에 출연하였다. 재단을 분리할 당시 신○조와 최○영은 ○○예술학원의 모체가 청구인 ○○학원이고, 청구인 ○○학원의 이사와 감사가 ○○예술학원 이사회 임원이 된다는 내용의 “학교법인 ○○학원 분리운영계획서”를 작성하였다. 이후 손○희가 ○○예술학원의 이사장으로 취임하면서 ○○예술학원의 이사들 사이에 갈등이 고조되어 임기가 만료되는 이사들의 후임선출 등과 같은 의안 처리가 지연되었고, 이로 인해 총 11명이었던 ○○예술학원의 이사가 3명만 남게 되었다. 이에 서울특별시 교육감은 ○○예술학원이 이사의 결원보충을 하지 아니하여 학교법인의 정상적인 운영이 어렵다고 판단하여, 남아있던 이사 3명에 대한 임원취임승인을 취소하고, 임시이사 11인을 선임하였다. 이후 서울특별시 교육감은 임시이사의 선임사유가 해소되었다고 인정하여 사학분쟁조정위 원회의 심의를 거쳐 임시이사를 해임하고 11인의 정식이사를 선임하는 처분을 하였다. 이에 대해 청구인 ○○학원과, ○○예술학원의 이사로 재직하였던 청구인 조○준, 김○준, 이○우, 김○광, 강○숙은 처분의 취소를 구하는 소를 제기하고, 그 소송 계속 중 사립학교법 제25조의3 제1항에 대하여 위헌법률심판제청신청을 하였으나, 위 신청이 기각되자 헌법소원심판을 청구하였다. 그 밖에 교육과학기술부장관의 이사 선임처분과 관련한 2011헌바180 사건과 2012헌바279 사건이 병합되어 심리된 바 있다.

[결정요지]

1) 재판의 전제성 여부

사립학교법 제25조의3 제1항에 근거한 처분과 관련하여 청구인 ○○학원이 ○○예술학원의 설립자인지, 그리하여 원고적격을 가지는지 여부에 대해 당해 소송의 제1심과 항소심 법원은 이를 부정하고 소를 각하하는 판결을 선고하였다. 그러나 해석에 따라서는 당해 소송에서 청구인 ○○학원의 원고적격이 인정될 여지가 전혀 없는 바도 아니다. 이렇게 당해 소송사건이 각하될 것이 불분명한 경우에는 ‘재판의 전제성’이 흠결되었다고 단정할 수 없다. 따라서 헌법재판소는 일단 청구인 ㅇㅇ학원이 당해 소송에서 원고적격을 가질 수 있다는 전제하에 심판대상조항들이 재판의 전제성을 갖춘 것으로 보고 본안판단에 나아가기로 한다.

2) 사학의 자유를 침해하는지 여부

학교법인이 갖는 권리능력의 정당성은 이사에 의해서가 아니라 설립 목적이 담겨 있는 정관에 의하여 담보된다. 따라서 설립 목적을 구현하는 이사의 지위 역시 인적 연속성보다는 객관화된 설립 목적인 정관에 기속된다는 측면, 즉 기능적 연관성에서 그 정당성의 근거를 찾아야 할 것이다. 사립학교법 제25조의3 제1항은 임시이사가 선임된 학교법인의 정상화에 관하여, 관할청이 조정위원회의 심의를 거쳐 임시이사를 해임하고 정식이사를 선임하는 것으로 규정하여 실질적으로는 정식이사 선임에 있어서 조정위원회에 주도적인 역할을 부여하고 있다. 이러한 조정위원회는 행정·입법·사법부에서 추천한 인사들로 구성되고 임기제를 취함으로써(사립학교법 제24조의3) 고도의 정치적 중립성을 가진다 할 것이고, 위원의 자격을 법률과 회계, 그리고 교육에 전문적 지식을 갖추고 일정한 경력을 가진 자로 제한함으로써(사립학교법 제24조의4) 그 인적 구성의 면에서 공정성 및 전문성을 갖추고 있다고 볼 수 있다. 이와 함께 정상화 단계에서 종전이사 등의 의견이 반영되도록 의견청취제도(사립학교법 시행령 제9조의6 제3항, 조정위원회 운영규정 제13조 제1항)를 규정하고 있다. 관할청이나 조정위원회는 적극적으로 설립 목적을 변경하여 새로운 학교법인을 설립하거나 사학을 공립화 하는 것이 아니라, 후견적 입장에서 학교법인이 그 실현이 불투명했던 설립 목적을 지속적으로 구현할 수 있도록 기능을 회복시켜 주는 것이다. 따라서 관할청이 조정위원회의 심의를 거쳐 학교법인을 정상화시키는 사립학교법 제25조의3 제1항은 학교법인과 종전이사 등의 사립학교 운영의 자유를 침해한다고 볼 수 없다.

3) 명확성 원칙을 침해하는지 여부

조정위원회는 행정·입법·사법부의 수장이 추천하는, 고도의 전문적 식견을 갖춘 위원들로 구성되는 중립적인 합의제의결기관으로 관할청이 재량으로 정식이사를 선임하는 경우와 비교하여 별도로 공정성이나 학교법인의 정체성 차원에서 보완장치를 마련할 필요성이 적다. 뿐만 아니라 정식이사의 선임을 둘러싼 학교법인 구성원들 사이의 갈등 양상이 매우 다양하므로 일률적인 기준에 따를 수 없고 종전이사의 비리 내용이나 정도, 학교법인과의 신뢰관계 등을 참작하여 판단할 수밖에 없다. 따라서 조정위원회가 비록교육부장관 소속이기는 하나 그 구성과 기능에 있어서는 중립성과 전문성, 공공성이 보장되어 있으므로, 정식이사 선임에 관한 구체적 기준이나 절차를 법률에 규정하지 않았다는 점을 들어 심판대상 법률이 명확성 원칙에 반한다고 볼 수 없다.

4) 재산권 침해 주장에 대한 판단

사립학교를 위하여 출연된 재산에 대한 소유권은 학교법인에 있고, 설립자는 학교법인이 설립됨으로써, 종전이사는 퇴임함으로써 학교운영의 주체인 학교법인과 사이에 더 이상 구체적인 법률관계가 지속되지 않는다. 종전이사 등이 사립학교 운영에 대해 가지는 재산적 이해관계는 법률적인 것이 아니라 사실상의 것에 불과하다(헌재 2009. 4. 30. 2005헌바101, 판례집 21-1하, 23, 39-40 참조). 따라서 심판대상 법률이 학교법인 정상화 과정에 있어서 이사선임기준, 방법 등에 관해 구체적으로 규정하지 않고 종전이사 등의 참여를 보장하지 않는다고 하여 청구인의 재산권을 침해하는 것은 아니다.

재판관 박한철, 재판관 김창종, 재판관 안창호, 재판관 조용호의 반대의견

사립학교법 제25조의3 제1항은 학교법인이 임시이사 체제를 거쳐 정상화되는 단계에서 누가 어떤 방법으로 정식이사를 선임할 것인가를 규정한 것으로 학교법인의 지배구조와 관련된 핵심적 부분에 해당한다. 그러므로 이에 대한 제한은 사학의 자유의 본질적인 영역에 해당하므로 엄격한 비례의 원칙이 그 심사척도가 되어야 한다. 심판대상 법률은 정식이

사의 선임을 행정청의 일방적 판단에 맡기는 대신 제3의 기관인 조정위원회에 실질적인 선임권을 부여하고 있는바, 이는 정식이사 선임 문제를 공정하게 처리하고자 하는 데 주된 입법목적이 있다고 할 것이므로 그 정당성을 인정할 수 있다. 또한 정식이사를 선임하는 단계에서는 학교법인, 학교구성원, 종전이사 등의 다양한 이해관계가 대립될 수 있으므로 더욱 그 절차 및 방법의 공정성이 요구된다 할 것인데, 조정위원회는 일응 공정성이나 전문성이 담보된 기구로 볼 수 있으므로 입법목적의 달성에 유효한 수단이 될 수 있음은 부인할 수 없다.

그런데 학교법인의 설립 목적은 그 의사결정기관이자 집행기관인 이사회를 구성하는 자연인인 이사들에 의하여 실현된다. 설립자가 최초의 이사들을, 그 다음에는 그 이사들이 후임이사들을 순차적으로 선임함으로써 학교법인의 설립 목적이 영속성 있게 실현되도록 하는 것이 학교법인 이사제도의 본질이라 할 수 있다(대법원 2007. 5. 17. 선고 2006다19054 전원합의체 판결 참조). 따라서 사립학교법상 임시이사 제도에 의하면 학교법인의 정체성이 종전이사까지 승계된 후 정지된 상태로 있게 되므로, 임시이사 체제에서 정식이사 체제로 된다는 것은 정지된 상태로 남아 있던 학교법인의 정체성을 대변할 지위를 승계할 자를 정하는 행위이다. 이 단계에서는 앞서 본 학교법인 이사제도의 본질, 즉 학교법인 설립 목적의 영속성이 인적으로 보장될 수 있도록 하기 위한 최소한의 장치가 마련되어야 한다. 그러나 심판대상 법률은 모든 정식이사의 선임권한을 사실상 조정위원회에 부여하고 있을 뿐만 아니라, 상당한 재산을 출연하거나 학교발전에 기여한 자 등의 의견을 들어 이사를 선임하도록 하는 규정조차 없으므로 종전이사 등의 의사가 반영될 여지를 적어도 법률의 차원에서는 전혀 보장하지 않고 있다. 비록 하위규범인 사립학교법 시행령과 조정위원회 운영규정에서 이들의 의견을 들을 수 있도록 하고 있으나 그 내용이 임의규정으로 되어 있을 뿐이다. 이러한 점은 정식이사를 선임하는 단계에서도 학교법인의 설립 목적이나 정체성을 대변할 위치에 있는 인사들의 참여가 법률적으로 보장되어 있지 않고 있음을 보여준다. 그 결과

설립자가 정초(定礎)한 학교법인의 설립 목적 역시 그 영속성을 보장받을 수 없게 되고, 이는 학교법인의 정상화를 넘어서 실질적으로는 학교법인의 경영주체가 교체되는 것을 의미하므로 학교법인과 종전이사 등의 사학의 자유를 심대하게 침해하는 것이라 하지 않을 수 없다.

한편 이 사건 법률조항들을 통하여 달성하고자 하는 공익, 즉 제3의 기관이 정식이사를 선임하도록 하여 사학운영의 민주성·투명성을 제고할 필요성이 있다는 점을 고려하더라도 법익균형성의 관점에서 볼 때 이러한 공익이 학교법인의 인적 연속성이 단절됨으로써 침해되는 사학의 자유와 비교하여 적절하다고 할 수 없다.

(3) 평 가

법률에 대한 구체적 규범통제에서 헌법재판소가 재판의 전제성 요건을 판단할 때는 당해사건을 담당하는 제청법원의 견해를 존중해야한다. 따라서 제청법원의 견해가 명백히 유지될 수 없을 정도로 잘못된 경우에만 헌법재판소는 재판의 전제성 요건과 관련하여 제청법원과 다른 판단을 할 수 있다. 그런데 이러한 입장은 법원이 당해 법률의 재판의 전제성을 인정하여 위헌심판을 제청하는 경우뿐만 아니라, 당해 법률이 재판전제성이 없는 것으로 판단하는 경우에도 그대로 유지되어야 한다고 생각한다. 왜냐하면 당해사건과 관련한 법률해석은 담당 법원의 고유한 권한이기에 헌법재판소는 될 수 있는 한 재판전제성에 관하여는 법원의 견해를 존중해야 하기 때문이다. 그러나 이 사건에서는 법원이 원심과 항소심에서 모두 청구인 ○○학원의 원고적격을 부정하여 각하함으로써 '재판의 계속 중'이라는 재판전제성의 요건이 결여되어 있음에도 불구하고, 헌법재판소는 굳이 원고적격이 인정될 또 다른 여지가 있을 수 있음을 이유로 재판의 전제성을 인정하려고 하는데 이는 타당하지 않다. 오히려 재판전제성의 요건이 결여되었더라도 당해 법률에 대한 헌법적 해명의 중요성이 매우 크거나, 법률로 인한 기본권 침해가 반복될 위험이 있는 경우 헌법재판소는 본안판단으로 나갈 수 있다. 그러함에도 불구하고 헌법재판소가 굳이 앞서와 같은 무리한 해석을 통해서라도 재판의 전제성을 인정하려고 하는 이유를 모르겠다. 다음으로 본안판단에서 법률이 아닌 시행령에 규정한 종전이사 등의 의견청취제도에 대하여 다수의견은 학교법인과 종전이사 등의 사립학교 운영의 자유를 침해하지 않는 것으로 보는 반면, 소수의견은 심하게 침해하는 것으로 보고 있다. 다수의견과 소수의견의 이러한 입장 차이는 학교법인의 정체성에 관한 관점의 차이에서 기인한다. 학교법인의 정체성에 대하여 다수의견은 설립자로부터 이어지는 인적 연속성보다는 정관에 객관적으로 명시된 설립목적의 올바른 실현을 통해 정체성이 유지되어야 한다고 보는 반면, 소수의견은 설립자로부터 이어져 오는 이사의 인적 연속성, 즉 학교법인의 정체성을 대변할 자의 승계를 통해 정체성이 유지되는 측면도 크다고 보고 있다. 학교법인은 한편으로는 국민의 교육을 받을 권리를 실현하는 공적 기능을 가지지만, 다른 한편으로는 설립자의 건학이념에 의해 자율적으로 운영되어야 할 사적 조직으로서의 성격도 함께 가진다. 정관에 학교법인의 설립목적이 명시되어 있다하더라도 구체적 현실과 관련하여 이러한 설립목적이 어떻게 실현되어야 하는지는 다양한 해석이 있을 수 있다. 더구나 학교법인의 정체성이 공적 기능과 사적 조직의 양면적 성격을 가진다는 점에서 정관에 기재된 설립목적에 관한 해석도 공공성 실현의 측면에서 이루어지는 조정위원회 해석과 함께 학교법인 고유의 자율성 차원에서 이루어지는 학교 구성원들의 해석이 대등하게 반영되어야 한다. 그런데 의견청취제도를 법률이 아닌 시행령에 규정하는 것은 행정청과 조정위원회의 판단에 따라 학교법인 구성원들의 견해가 정관의 설립목적을 해석함에 고려되지 않을 수도 있게 하고 있다. 이는 학교법인의 양면적 성격을 간과한 것으로 이러한 관점에 따라 합헌으로 판단한 다수의견은 타당하지 않은 것으로 생각된다.

Ⅲ. 마치는 말

우리 헌법재판소는 2013년도에도 다양한 헌법적 쟁점에 대하여 판단을 하였다. 시간이 갈수록 헌법재판소의 위상이 더욱 높아져가는 것도 사실이다. 특히, 올해 헌법재판소의 결정들에서는 기본권보장의 경향이 강하게 나타나고 있다. 헌법 제27조 제2항에 규정된 민간인의 군사재판관할사항으로 규정된 군용물에 군사시설이 포함되지 않는다고 선언한 결정이나, 수형자의 변호인접견권을 헌법 제27조 제1항의 재판받을 권리로부터 직접 도출하는 결정 등을 비롯한 여러 결정에서 헌법재판소의 이러한 태도가 잘 나타나고 있다. 특히, 주목할만한 결정은 제4공화국 헌법 하에서 이루어진 대통령긴급조치에 대한 위헌결정이다. 대통령긴급조치가 구 헌법에 근거하더라도 현행헌법의 전문이 제헌헌법 이래 개정된 헌법들의 연속성과 동일성을 선언하기 때문에 현행헌법도 위헌심사의 기준이 될 수 있음을 언급한 이 결정은 헌법재판소의 기본권보장의지를 잘 반영하고 있는 점에서 고무적으로 평가된다. 그러나 헌법재판소의 기본권보장의지가 헌법재판소의 권위로 계속 연결되기 위해서는 체계적이고 정치한 논증과 이론의 수립이 요구된다. 이를 통해 헌법재판소의 위상이 계속 유지됨으로써 국민의 기본권보장의 수호자로서 그 역할이 계속 유지될 수 있기를 기대한다.

[Abstract]

A Critical Summary of Leading Constitutional Decisions in 2013

Chankwon Park*, Pilwoon Jung**

The Constitutional Court of the Republic of Korea newly accepted 1,480 cases in 2013. Among total 2,328 cases, 1,585 cases was settled. In the settled cases, the Court decided 25 cases to be unconstitutional, 3 cases to be unconformable to constitution, 43 cases to be annulled, 743 cases remained pending.

The Constitutional Court drew lines on many a wide range of issues in 2013. This article summarizes 22 leading decisions made by the Constitutional Court in 2011. Above all, it is especially worthy of notice the decision of unconstitutionality about the presidential decrees enacted in the Korea Constitution of Fourth Republic. This decision is appraised inspiritingly because it reflects the will of the Constitutional Court to protect the basic right. Even if the presidential decrees is based on the old Constitution, the present Constitution is to be the judging standard to examine a violation of the Constitution for that reason that the Preamble to the present Constitution announces the continuity and the identity of the onstitutional reforms since the first constitution of korea. In addition, there is the decision declaration that the military goods, the case of the civilians under jurisdiction of the military court based on the Article 25 Clause 2 of the Korea Constitution, does not include the military facilities. And there is the decision that the prisoner's access to a lawyer is derived

---

* Researcher, Institute for Legal Studies, Yonsei University, Ph.D in Law.

** Professor, Korea National University of Education, Ph.D in Law.

directly from the right to trial by a judge based on the Article 27 Clause 1 of the Constitution. Likewise, the Constitutional Court strongly expresses a tendency to interpret Law and Constitution from a viewpoint of the protection of basic rights. This tendency looks to be going to continue. For this, it is required to be the systematic and exquisite argument in the Constitution interpretation.

[Keywords]

Constitutional litigation, Constitutional Court of the Republic of Korea, Constitutional adjudication, Judicial review, Jurisdiction dispute adjudication, Constitutional appeal adjudication

힘의 척도로서 법*

(Recht als Maß der Macht)[1]

인간이 환경에 의해 형성된다면
사람은 그 환경을 인간적인 것으로 만들어 나가야만 한다.
− K. Marx −

아르투어 카우프만(Arthur Kaufmann) 著 /
이덕연** · 강일신*** 譯

Ⅰ. 전환기의 철학

20세기 중반을 넘겨서 살아가고 있는 우리들이 하나의 전환기에 처해 있다는 의식이 점점 더 확고해지고 있다. 정신사적 발전의 증좌들을

* A. Kaufmann, Recht als Maß der Macht, in: Rechtsphilosophie im Wandel, 2. überarbeitet Aufl. 1984, S. 33−49.

** 연세대학교 법학전문대학원 교수.

*** 연세대학교 강사.

1) *René Marcic*의 책, Vom Gesetzesstaat zum Richterstaat: Recht als Maß der Macht/Gedanken über den demokratischen Rechts− und Sozialstaat, Wien, 1957에 관한 성찰.

제대로 관찰할 수 있는 사람이라면 근대의 종말과 아직은 무명인 또 하나의 새로운 제 4시대의 시작을 알리는 전조들을 간과하지 않을 것이다.[2] 비교사적인 관점에서 보면 오늘날의 정신적 상황은 이전의 전환기 당시의 그것과 구조적 성격이 비슷하다는 것을 알 수 있다. 고대와 중세 및 근대의 초기에 사람들을 지배하였던 현존의 느낌은 바로 우리 시대의 특징과 일치한다. 말하자면 헤겔(Hegel)과 특히 맑스(Marx)가 자기소외 또는 인간의 몰아(沒我)적 존재로 표현하였던 매우 독특한 구조가 그것이다. 불안과 소외의 체험에서 출발하는 우리 시대의 철학인 실존철학도 그 이름만이 새로운 것일 뿐이지, 그 내용은 변혁의 시대상황에서 늘 볼 수 있는 전형적인 철학이다. 바로 이러한 점에서 왜 오늘의 시점에서 사람들이 소크라테스(Sokrates) 이전의 시대와 아우구스티누스(Augustinus)와 파스칼(Pascal)에 대해서 새삼 새로운 심화된 이해를 구하고 있는지 그 이유가 자연스럽게 설명된다.

이러한 정황 속에서 미래에 대한 질문이 급박하게 부각되는 것은 당연하다. 니체(Nietsche)가 말한 "제 4세대 인간들"[3]에게 제시된 전망은 거의 대부분이 음울하고, 말 그대로 절망적이다. 그들은 군중과 철저한 기술시대의 인간, 즉 모든 의미탐구와 사유를 계량화될 수 있는 것과 양적인 소재 및 경제적 효용만을 지향하는 인간, 정신적 도덕적 내실은 없는 인간, 요컨대 독자적인 인간적 문화가 없는 인간이 될 것이라는 전망이다. 그런데 과연 이러한 전망이 이견이 없을 정도로 믿을 만 한 것인가? 이러한 전망을 제시하는 생각 자체가 아직 새로운 시대의 범주에서 작동되지 않는 경우라면, 그것은 실제 변혁의 전제조건을 출발점으로 해서 새로운 시대와 현존재에 대한 이해의 가능성을 여는 것이라기보다는 데카르트(Descartes)에서 시작되었던 것이 극한까지 진전된 상황을 상정한 것은 아닌가? 분명히 미래는 대중인간의 시대가 될 것이고 또한 기술의 폐

---

2) 이에 관해서는 *R. Guardini*, Das Ende der Neuzeit, 5. Aufl. 1954 참조.

3) *Alfred Weber*, Der dritte oder vierte Mensch: Vom Sinn des geschichtlichen Daseins, 1953 또한 참조.

기와 과학기술이 발전하기 이전 시대의 상태로의 회귀에서 치유책을 찾을 수 있다고 믿는 것은 낭만적이거나 또는 잘못된 것일 것이다. 그러나 대중도 기술도 공히 그 자체가 하나의 윤리적인, 문화적인 해체의 현상을 의미하는 것은 아니다. 오히려 그것들은 소여(所與)로서 주어져 있는 사회학적 사실일 뿐이고, 그 선용과 악용은 전적으로 사람에 달려 있다. 과르디니(Romano Guardini)에 따르면,[4] "대중은 절대적인 지배와 악용의 위험성과 함께 완전한 인격의 주체로서의 가능성도 함께 내포하고 있다." 기술도 마찬가지이다. 단지 오늘날 우리들은 기술과의 교섭을 아직 충분히 학습하지 못하였을 뿐이다. 우리는 아직 세계 속에서 기술의 자리매김을 제대로 하지 못하고 있다. 기술은 우리에게 여전히 세심한 사전계획이 없는 상태에서 즐길 수 있는 가능성의 전체가 탐색되어야만 하는 새로운 놀이기구와 같은 것이다.[5] 그러나 인간이 기술과의 거리를 확보하고 그것을 오로지 의미 있는 목적을 달성하기 위한 수단으로 이용하는 방법을 배우게 된다면, 기술은 인간에게 높은 수준의 물질적인 안락을 보장해줄 뿐만 아니라 사람들이 그들만의 독자적인 열망과 과제, 기계와 로봇이 결코 인간을 대신하고 따라 잡을 수 없는 정신적 탐구활동에 전념할 수 있게 만들 수도 있을 것이다. 어떤 도구들이 발견될 것인가 하는 것은 미래를 전망하는데 있어서 중요하지 아니하다. "관건은 앞으로 어떤 종류의 사람들이 살아갈 것인가 하는 점이다."[6]

당연히 현재의 사정은 심각하게 우려할 만한 상황이다. 사람들은 우리가 체험했던 그 어느 때보다 더 모든 가치들이 심각하게 위협받고 있다는 점을 우려할 수 있다. 그럼에도 불구하고 "위험이 있는 곳에서는 구조자도 크게 마련이다"라는 휠덜린(Hölderlin)의 말 또한 타당하다. 오늘날 사람들이 기술에 대하여 반성하고 그 본질에 대한 의문을 제기할 수밖에

---

4) *Guardini*, Ende der Neuzeit (주 2), S. 73.

5) *C. F. von Weizsäcker*, Die Verantwortung der Wissenschaft im Atomzeitalter, 1957, S. 10 f. 참조.

6) *K. Jaspers*, Philosophie, 2. Bd., 3. Aufl., 1956, S. 372.

없게 됨에 따라 기술절대주의를 극복할 수 있는 계기가 이미 마련되고 있다.[7] 우리들의 전체적인 정신생활에 대한 위협과 심각한 체념 및 상실감은 곧 바로 많은 것들을 숙고하고 또한 새로운 피안을 찾아 나서도록 만들고 있다. 사람들에게 단순히 뒤로 물러서서 비본래적인 무색무취의 영역으로 도피하지 말고 또한 자신만의 인격이나 극단적인 주관주의와 고립에 함몰되지 말 것을 촉구하는 **실존철학**은 사르트르(Sartre)가 그랬던 것처럼 절대적인 주관주의와 허무주의에 빠지거나 또는 자기 자신을 넘어서는 또 다른 영역, 즉 자신의 외부에 있는 실재와의 결정적인 연결점을 확보함으로써 실존적 고독의 사슬이 파괴되는 영역, 주관적인 것 자체가 의미 있는 것이 되고 인간이 존재의 전체 구조 속에서 자신의 합당한 자리를 재발견하는 영역을 가리킨다. 실제로 한편으로는 파리에서 시작된 허무주의적 실존주의는 계속하여 의미를 잃어가고 있고, 반면에 다른 한편에서는 비허무주의적인 입장에서 제시되는 방향, 즉 의연함과 희망 및 자기신뢰라고 명명할 수 있는 경향이 확대되고 있다. 이 후자의 경향은 마르셀(Gabriel Marcel)의 실존철학에서 가장 극명하게 발전된 내용으로 나타나는 바, 그는 위기에서 생겨나는 적극적인 회의극복의 행위를 **희망 (Hoffnung)** 속에서 주목하고, 바로 그 희망을 위기의 산물인 동시에 위기의 본래 의미로 표현한다.[8] 또한 그는 강인한 현실참여와 존재의 제자리잡기를 실현하기 위한 항구적인 방법으로서 **성실(Treue)**을 적시한다.[9] 예컨대 볼노브(Otto Friedrich Bollnow)도 비슷한 표현을 한 바, 즉 특히 하이데거(Heidegger)에 의해 핵심논제로 제기된 실존적 불안과 이 불안으로부터 야기되는 단호함[10]은 희망이 없이는 공허한 것이 될 수밖에 없다는

7) 이에 관해서는 *M. Heidegger*, Die Frage nach der Technik, in: Vorträge und Aufsätze, 1954, S. 13 ff., 특히 S. 43 참조.

8) *G. Marcel*, Homo viator: Philosophie der Hoffnung, übersetzt von W. Rüttenauer, 1949, S. 28 ff. *Ernst Bloch*의 대작, Das Prinzip Hoffnung (1959)은 이 논문 이후에 출간되었다.

9) *G. Marcel*, Sein und Haben, übersetzt von *E. Behler*, 1954, 특히 S. 43 ff. 및 102 ff.

점에서 불안과 희망은 결정적인 토대로서 희망을 전제조건으로 한다는 것이다.[11] 그렇기 때문에 실존철학 역시 "과도기적인 역사적 위기상황의 표현"이고, 말하자면 그것은 "철학의 궁극적인 무조건성에 도달할 수 있는 길로 통하는 유일한 문"이며,[12] 또한 삶과 유리된 극단적인 객관주의에 다시 빠지지 않기 위한 실존의 위기를 통해서 늘 그 노정에 유의해야만 하는 존재자의 존재에 대한 하나의 새로운 포괄적인 학설로 통하는 문이다. 실존철학은 여전히 오늘의 철학일 수는 있겠지만, 그러나 내일의 철학은 존재론(Ontologie)이다.

Ⅱ. 기계론적 법사고와 법의 지배

오늘을 살아가는 우리는 **법학분야**에서 기술한 바와 동일한 상황을 대면하고 있다. 특정한 전문학문들이 격리된 독자적인 생명을 유지해 나갈 수 있다고 믿거나, 법철학을 법률가들의 전문철학과 같은 어떤 것으로 이해하려고 하는 사람들이 아니라면 이는 별로 놀랄만한 것이 아니다. 실제로 개별학문분야에서 기본적인 문제들은 거시적인 세계관과 철학의 흐름들과, 논쟁들과 철저하게 연관되어 있다.[13] 오늘날 도처에서 급격하게 증대되고 있는 우리들의 삶의 기술화의 위험이 지적되고 있는데, 이는 무엇보다도 먼저 법과 국가의 세계에 해당된다. 오늘날 사회 및 국가의 상황

---

10) *M. Heidegger*, Sein und Zeit, 7. Aufl. 1953, S. 180 ff., 267 ff., 301 ff. 참조.

11) *O. F. Bollnow*, Die Tugend der Hoffnung: Eine Auseinandersetzung mit dem Existentialismus, in: Universitas 1955, 153 ff.; 같은 사람, Neue Geborgenheit: Das Problem einer überwindung des Existentialismus, 1955.

12) *O. F. Bollnow*, Existenzphilosophie, 4. Aufl. 1955, S. 128. *F. Heinemann*, Existenzphilosophie lebendig oder tot? 1954, S. 187 ff.; 같은 사람, Jenseits des Existentialismus, 1957 또한 참조.

13) *E. Rothacker*, Logik und Systematik der Geisteswissenschaften, 1948, S. 109 참조.

은 대가족 보다는 대기업체와 더 유사하다. 공적 권력의 일들은 완전히 비인격적인 방식으로 단순히 습관적으로, 말뜻 그대로 표현한다면 기계적으로(maschinell) "처리된다". 한 공동체의 법은 필연적으로 그 공동체와 함께 유기적으로 성장해 나가고 또한 그렇기 때문에 "사람이" 인위적으로 만들 수는 없는 어떤 것으로 보는 관념은 지난 수 십년에 걸쳐서 점차 소멸된 것으로 이해된다. 오늘날 법규정들은 산업 소비재들과 마찬가지로 생산 및 소비되고 있으며, 게다가 그 생산과 소비는 누구도 그 과정을 조망할 수 없을 정도로 대규모로 진행된다. 바로 이러한 현대입법의 과잉현상 때문에 오늘날 법의 안정성은 거의 기대할 수 없게 되었고, 바로 법적 안정성을 위해서 입법자의 전능성(Omnipotenz)이 필요하다고 주장하는 법실증주의론은 조롱을 피할 수 없게 되었다. 더욱 심각한 것은 현 시점에서 더 이상 이러한 흐름이 제동될 가능성이 없다는 점이다. 모든 사람들이 끊임없이 입법자에 대하여 새로운 규정을 제정할 것을 요구만 할 뿐, 그 누구도 일단 제정된 규정들에 대하여 만족해하지 않는다. 이는 극단적인 완전성을 요구하는 기술적인 사고가 득세하고 있기 때문이다. 여기에서 재차 확인되는 것은 우리는 더 이상 – 또는 더 적확하게 표현한다면 아직은 – 사물과 적정한 거리를 두고 있지 못하고 있고, 또한 기술적으로 가능한 모든 것을 해야만 한다고만 생각할 뿐, 그렇게 될 때 우리 법문화의 근간들이 흔들리게 된다는 것을 보지 못하고 있다는 점이다. 기계론적 법사고[14]는 우리 시대의 병력(病歷)중에 가장 심각한 부분에 해당된다. 실로 오늘날 우리는 거의 탈출구가 없어 보이는 법과 국가의 위기의 한 가운데 서 있다.[15] 과장해서 표현한다면 우리는 법치국가에 정향된 민주주의가 아니라 산업에 맞추어서 조직된 기술지상주의(Technokratie) 속에서 살고

---

14) 이와 관련하여 특히 주목할 만한 사례는 저명한 스웨덴 법학자 룬트스테드(Anders Vilhelm Lundstedt)가 "기술심리학적 토대 위에서"(auf realpsychologischer Grundlage) 제시한 법이론이다. Die Unwissenschaftlichkeit der Rechtswissenschaft, 1. Bd., 1932, S. 231 ff. 참조.

15) *H. Jahrreiß*, Größe und Not der Gesetzgebung, 1953, 이 논문은 다음 책에도 실려있다. Mensch und Staat: Vorträge und Abhandlungen, 1957, S. 19 ff.

있다고 할 수 있다.

이 "기술지상주의"는 마르칙(René Marcic)이 전술한 책에서 **"법률국가"**(Gesetzesstaat)라고 칭하였던 바로 그것이다. "법률국가는 인간의 오만함과 불손함 및 무제한적인 자기도취 등의 성향에서 비롯된다." 즉 "법률국가는 마치 태초에 법률이 있었다는 식인 것은 물론이고, 더 나가서는 태초부터 종말에 이르기까지 시공을 초월하여 오로지 법률만이 지배하는 것으로 상정한다." "현대의 법률국가는 무절제한 국가(der Staat ohne Mass)이고, '오만한 국가'(der anmassende Staat)이다".[16] 법률국가는 다른 곳에서는 합리주의와 자유주의적 실증주의의 국가라고도 칭해진다. 이는 "더 이상 법이 정치에 한계를 설정해 주지 못하고, 정치가 법에 대하여 한계를 정해주는 국가", 말하자면 근본적으로 힘이 법보다 우위에 있고, 그렇기 때문에 궁극적으로는 독재로 귀결되는 국가를 의미한다.[17]

이러한 "법률국가"의 소름 끼치는 모습에 정반대되는 이상적인 모습으로 "법관국가"(Richterstaat)가 제시된다. 마르칙은 모든 국가권력이 국민(의회)으로부터 나온다고 할 수 없는 국가형태로서 법관국가를 제시하면서 루소(Rousseau)의 "일반의지"(volonté générale) 이론에 대하여 맹비난을 퍼 붇는다. 즉 그것은 국가의 힘에 대한 절대적인 한계와 기본권을 인정하지 아니하고, 따라서 "전체주의적인 자의국가에 이론적인 틀"을 제공해 주게 된다는 것이다.[18] 결국 마르칙이 상정하는 바람직한 국가형태는 입법부와 행정부가 사법부와 힘을 배분해야만 하는 국가이다. 이 국가에서 최고법원은 기본법과 "초실증적인 법"(praepositives Recht)을 근거로 하여 "국가권력이 법에 의해 그들에게 설정된 실체적, 형식적 한계를 넘어서지 못하게 하고 또한 헌법상의 주요 법원칙이 실현되도록 감시하는 역할을 수행한다."[19] 요컨대 그 핵심은 직무상으로나 신분상 독립된, 오로지 법

---

16) *Marcic*, Gesetzesstaat (주 1), S. 232, 234, 233.

17) *Marcic*, Gesetzesstaat (주 1), S. 193, 284, 364. 또한 다음 S. 258 참조: 법률국가에서 "법률이 자의적일 수 있다는 사고"가 지배한다.

18) *Marcic*, Gesetzesstaat (주 1), S. 279 ff.

에만 – 좀 더 적확하게 표현하면 단순히 **법률**이 아니라 **법** – 구속되는 최고법원이 모든 공권력 행사를 법적으로 통제하고, 국가의 힘에 대한 이러한 제한을 통해서 법의 지배를 실현함으로써 인간의 자유와 존엄이 적정한 방법으로 보장되게 하는 것이다.[20] 마르칙은 이러한 전권이 부여되는 국가 또는 헌법재판을 "국가 자신의 필요성 때문에 제도적으로 조직된 저항권"으로 표현한다.[21] 축약해서 말한다면 "법관국가"는 **힘의 척도로서 법**(Rcht als Maß der Macht)이 제 기능을 수행하는 국가, 즉 진정한 **법치국가**이다.

이러한 "법관국가"가 분명하게 실현된 역사적인 선례는 영국에서 찾아진다. 몽테스키외(Montesquieu)는 거의 대부분의 서구 대륙법계의 성문헌법에 결정적인 영향을 미친 그의 3권분립론, 즉 행정부, 입법부 및 사법부의 분리와 평등을 제시하는 권력분립론의 실례를 바로 당시 영국의 상황에서 볼 수 있었다고 믿어 의심치 않았었다. 그의 입장에서는 영국의 법관은 단순한 판결기계(Urteilsautomat), 즉 오로지 법률을 적용하기만 할 뿐이지 결코 법창조적인 활동은 하지 않는 "영혼은 없는 존재"(seelenloses Wesen), 즉 "법을 말하는 바를 발표하는 입!"(la bouche, qui prononce les paroles de la loi)[22]일 뿐이었다. 이것이 세계사를 뒤바꾸어 놓은 거대한 오류의 하나가 아니고 무엇이겠는가! 왜냐하면 실제로 영국의 법치국가는 고래로부터 정작 엄격한 권력분립이 아니라 법의 독자적인 정당성, 말하자면 정치적 힘에 대한 법의 우선성이라고 표현되는 의미의 **법의 지배**(Rule of Law)를 기초로 하기 때문이다.[23] 영국의 국법학이 대륙법계 국가

---

19) *Marcic*, Gesetzesstaat (주 1), S. 215, 267 ff., 347 ff., 350.

20) *Marcic*, Gesetzesstaat (주 1), S. l13, 257, 296 ff., 343 f., 45l f. 참조.

21) *Marcic*, Gesetzesstaat (주 1), S. 344.

22) *Charles Baron de Montesquieu*, De l'esprit des lois (Vom Geist der Gesetze), 1748. 포르스트호프(*E. Forsthoff*)가 1951년 두 권으로 번역하고 역자 서문을 붙인 완역판이 존재하고, 하이데(*F. A. v. d. Heydte*)가 1950년 역자 해설을 붙인 발췌 번역본이 존재한다.

23) 이에 관해서는 *G. Radbruch*, Der Geist des englischen Rechts, 3. Aufl. 1956, S. 23 ff. 참조. *Marcic*, Gesetzesstaat (주 1), S. 89 또한 참조.

들과는 완전히 다른 방향으로 발전되었고 또 실제로 영국의 법학이 대륙법계의 법학사를 결정적으로 지배하였던 자연법론과 법실증주의간의 끝없는 공방을 피할 수 있었던 것도 결코 우연이 아니다. 말하자면 영국의 보통법(Common Law)은 추호도 성문의(제정된) 법이 아니었고 – 성문헌법 조차 없다 –, 그것은 "법률의 정신"(Geist der Gesetze)이 아니라 "사물의 본성"(Natur der Sache)에서부터 도출된다. 또한 그것은 법전화된 추상적인 법이 아니라 사례법(Fall–Recht)이고, 법관법이고(Case–Law, Judge–made–Law), 그렇기 때문에 한편으로는 주어진 상황에 잘 적응할 수 있고, 또 한편으로는 자의적인 침해에 대하여 완강할 수 있다. 다만 이 법관국가는 의회주권에 의해 제한될 수 있기는 하다. 그러나 의회가 "제정하는 법령"은 이제까지는 늘 불문의 보통법을 단순히 수정하고 보완하는 것에 국한되어 왔었다. 또한 그 제정법들 역시 전적으로 사례법과 시간이 흐르면서 많은 자연법사상들이 수용된 대법관(Lordkanzler)의 이른바 형평(Equity) 및 공평재판(Billigkeitsrechtsprechung)의 정신에 따라 법원에 의해서 해석, 적용되고 있다. 결국 영국에서는 사법권, 특히 최고법원인 "상원"(House of Lords)의 우위가 인정되고, 바로 이 법관의 우월한 신분상 지위와 사법부의 독보적인 자율성이 영국의 법의 지배와 법치국가의 교두보이다. 요컨대, 마르칙이 민주적인 요소들과 귀족적인 요소(상원: House of Lords!)가 연계된 형태를 상정하여 이름붙인 "법관국가" – 간혹 "사법국가"(Rechtsprechungsstaat)라고도 하지만 – 는 바로 이러한 영국의 선례와 전적으로 일치된다.[24)]

Ⅲ. 희망의 법철학

그런데 우리가 서 있는 곳은 어디인가? 이미 기술한 바와 같이 우리

24) *Marcic*, Gesetzesstaat (주 1), S. 267 f.

에게 주어져 있는 국가와 법의 상황은 기본적으로 입법권의 압도적인 지위가 인정되는 “법률국가”로서의 특성을 보이고 있다. 우리는 하나의 “합헌적인”, 말하자면 특정한 법보장을 통하여 제한되는 민주주의를 의미하는 체제로 “법관국가”를 말할 수 있고, 반면에 우리는 주저 없이 우리의 체제를 “의회민주주의” – 일종의 “절대적 민주주의”라고도 할 수 있을 것이다 – 라고도 칭할 수 있다.[25] 그러나 독일의 경우를 바로 “법률국가”의 전형에 해당되는 것으로 말한다면 그것은 분명히 왜곡이다. 왜냐하면 우리의 경우 의회의 힘에는 두 가지의 결정적인 한계가 설정되어 있기 때문이다. 첫째는 연방의회가 기본권의 본질적인 내용을 침해하는 법률을 제정하는 것이 금지되는 것과(제19조 제2항), 국가질서의 기본적인 원칙들은 압도적인 다수가 찬성하는 헌법개정을 통해서도 결코 무효화될 수 없다는 것이다(제79조 제3항). 둘째는 연방의회가 제정하는 모든 법률들은 기본법과 국제법상의 일반원칙 및 이른바 초실정법적인 법원칙들, 즉 자연법[26]에 합치되는지를 심사하는 연방헌법재판소의 통제 하에 있는 것이다. 이들은 우리 헌법상 “법관국가적인” 요소들임이 분명하다. 오스트리아를 기준으로 하여 관찰한 마르칙은 빈(Wien)의 헌법재판소의 권능보다 대략 두 세배 정도는 되는 칼스루에(Karlsruhe) 연방헌법재판소의 강력한 지위를 거듭 높게 평가하였다.[27]

다만 여기에서 마르칙이 주목하지 못한 한 가지 사정을 간과해서는

---

25) “입헌민주주의”라는 용어는 마르칙에 의해 종종 사용된다. S. 332, 340, 351 참조.

26) 이러한 의미에서 연방헌법재판소는 헌법규범조차도 법적 무효일 수 있음을 – 법실증주의적 관점에서 이것은 완전히 불가능한 추론이다 – 거듭 천명해 왔다. 이와 관련해서는, *O. Bachof*, Verfassungswidrige Verfassungsnormen?, 1951. 참조. 전후 독일에서 이루어진 자연법적 판결에 관한 일반적 서술로는, *Marcic*, Gesetzesstaat (주 1), S. 193 ff., 특히 201 ff. (풍부한 논거와 참고문헌을 담고 있음) 또한 참조.

27) *Marcic*, Gesetzesstaat (주 1), S. 336 ff., 352 ff. 오늘날 독일연방공화국에서 “제3의 권력”의 강화에 관해서는, *G. Dürig*, Staatslexikon der GörresGesellschaft, 2. Bd., 6. Aufl. 1958, S. 844 f. 또한 참조.

아니 된다. 즉 연방헌재의 법관들이 입법부, 말하자면 연방의회와 연방참사원에 의해 선출된다는 점이 그것이다. 이는 포도주에 적지 않은 물을 붓는 식의 사실이 아닐 수 없다. 어느 누구도 연방헌재가 정치의 영역으로 깊숙하게 개입하는 활동을 하게 되면서 어떤 권력집단의 강력한 영향력 하에 있게 되었다고 되풀이 하여 말할 수는 없을 것이다. 그러나 또 다른 측면에서 보면 최고법원의 구성원들이 정당정치적 고려에 따라 그 직에 임명되는 경우 그것이 최고법원의 신망에 얼마나 큰 위협이 되는지는 명약관화이다. 재판부의 구성이 – 흔히 사람들은 노골적으로(뻔뻔스럽다고 할 것은 없어도) "검은"(보수), "붉은"(진보) 재판부라고 칭한다 – 정당들과 정부의 정책구상에 어떤 영향을 미치는지 우리는 이미 경험을 통해 잘 알고 있다. 또한 우리는 법관직이 단지 정당들이 서로 상대 정당이 추천한 후보자들을 극렬히 반대한다는 이유만으로 수개월 이상 공석으로 비워 둘 수밖에 없는 경우를 지켜보아야만 했었다. 우리가 상정하는 최고법원은 정작 인사문제의 측면에서도 다른 국가권력으로부터 독립되어야만 한다. 그러나 의회가 연방헌재 재판관의 선출권을 포기할 것 같지는 않고 또 현행 헌법상 그것을 강제하기도 어렵다. 기본법은 명시적으로 "절대적 민주주의"를 규정하고 있는 바, 즉 모든 국가권력은 국민으로부터 나오고(제20조 제2항),[28] 그것이 단순한 미사여구에 그치는 것이 아니라고 본다면 좋건 싫건 간에 정부와 관계에서 뿐만 아니라 법원과의 관계에서도 의회의 우위를 인정할 수밖에 없기 때문이다. 여기에서 주목되는 것은 한 국가의 권력분립에 대하여 선거방식이 얼마나 결정적인 의미를 갖는가 하는 점이다. 가세트(Ortega y Gasset)의 적확한 표현을 빌리면 "유형과 단계를 불문하고 민주주의의 성패는 하나의 사소한 기술적인 사항이라고 할 수 있는 선거법에 달려 있다. 다른 모든 것은 부차적인 것일 뿐이다."[29]

---

28) 이러한 원칙은 기본법 제79조 제3항에 개정불가능하게끔 천명되어 있다. 그것이 자연법적 원리와 관련되어 있다는 것에 대한 입론일 수는 없을 지라도 말이다.

또 하나 고려되어야 할 사정은 – 더 이상은 그다지 큰 의미를 갖지 못하는 관습법을 차치한다면 – **법률**만이 유일의 정당한 법원이라고 보는 고전적인 법률실증주의의 교조가 오늘날에도 여전히 유효하다는 점이다. 비아커(Franz Wieacker)는 이를 "법률국가의 법생산독점"[30]이라고 표현한다. 이는 독재체제의 붕괴와 함께 시작되었다가 이제는 이미 크게 빛이 바래진 자연법사상의 부활과는 무관한 사실이다. 흔히 적시되는 "초법률적 법"이나 "자연법"은 단지 예외적인 경우의 법, 즉 "실정법률이 '부정당한 법'이기 때문에 정당성의 요청에 의해 그 효력이 부인되어야만 할 정도로 도저히 참을 수 없는 정도로 정의에 어긋나는 경우"에 논의되는 최후의 근거(ultima ratio)로서만 상정되기 때문이다.[31] 반면에 모든 진정한 법은 궁극적으로 그 내용상 초법률적인, 법률 외적인 - 마르칙에 따르면 "선실증적인"[32] – 근원에서 도출되고 또한 가장 원천적인 법원은 "인간의 본성"과 "사물의 본성"이라는 사상은 아직 정설로 자리잡지 못하고 있다. 무엇보다도 실증주의적인 관념, 즉 재판은 본질적으로 법률형식으로 주어진 "가설적 판단" 하에서 생활사태를 논리적으로 포섭하는 형식으로 진행되는 순수한 법률의 적용일 뿐이라는 관념이 여전히 득세하고 있다. 이 모든 것들을 통해서 분명하게 드러나는 것은 오늘날의 법적 사고도 여전히 법이 아니라 우선 법률을 지향하고 있고 또한 우리의 법적 상황은 "법치국가"보다는 "법률국가"에 더 가깝다는 사실이다.

다만 현재 우리는 **"법률국가로부터 법관국가로 변해가는"** 도중에 있다. 이것이 바로 마르칙이 자신의 모든 논의를 집중하고 있는 근본명제이고 기본적인 사상이다.[33] 그는 우리로 하여금 희망을 가지라고 말한다.

---

29) *J. Ortega y Gasset*, Der Aufstand der Massen. Ausg. Rowohlts deutsche Enzyklopädie, 1956, S. 117.

30) *F. Wieacker,* Gesetz und Richterkunst, 1958, S. 15.

31) 라드브루흐의 유명한 공식을 참조하라. "법률적 불법과 초법률적 법" (1946), Rechtsphilosophie, 5. Aufl. 1956, S. 347 ff. 및 Der Mensch im Recht: Vorträge und Aufsätze, 1957, S. 111 ff.에 재수록.

32) *Marcic*, Gesetzesstaat (주 1), S. 145 ff. 참조.

그는 어떤 사람들이 그의 명제에 대하여 반대의 목소리를 내는 것에 대하여 눈을 감지 아니한다. “오늘날 법률전문가들 조차도 현대의 투쟁적, 합헌적 민주주의를 뒷받침하는 이러한 논거들에 대하여 늘 기꺼이 찬성하지는 않는다는 것”[34]을 그는 잘 알고 있다. 기본적으로는 거의 모든 사람들이 제 3의 권력(사법권)으로의 권력이전에 대하여 반대한다. 심지어는 법관들 스스로 – 바로 그들이야말로! – 사법국가에 반대하고, 입법자의 단순한 집행기관으로 잠복하려는 것을 마다하지 않는 경향을 보이고 있다. 요컨대, 오늘날의 법률가들은 “근본적으로 법과 올바른 관계를 맺고 있지 못하다.” 그들은 “상층부에서”, “형식적이고 기술적인 영역”에서 “스타일만을 생각하면서 우아하게” 움직일 뿐이다. “보물이 숨겨져 있는 … 지하의 방들은 그들에게 무시무시하다.” “그들은 당위에 대해서는 많이 알지만, 존재에 대해서는 별로 숙고하지 아니한다.”[35]

그렇다면 어떻게 해서 마르칙은 낙관적인 전망을 하고 있는 것인가? 비록 그가 분명하게 말하고 있지는 않지만, 주의 깊은 독자라면 충분히 알 수 있는 것은 우리가 처해 있는 위기에 대하여 사람들이 점점 더 그 자체로서 파악하기 시작했다고 보는 점이다. 위기의 핵심을 알게 된다는 것은 그것을 극복할 수 있는 힘이 확보되고, 따라서 희망을 가질 수 있다는 것을 의미한다. 이는 마르셀이 우리에게 가르쳐 준 것이기도 하다. 우리는 이러한 의미에서 마르칙의 저서에 대하여 **희망의 법철학**(Rechtsphilosophie der Hoffnung)이라고 이름을 붙일 수 있을 것이다. 마르칙의 주된 관심은 독자들에게 우리들이 전기점과 변혁 그리고 현존재의 변환의 시대를 살고 있다는 것을 보여 주고,[36] 그것을 통하여 사람들이 두 눈을 똑바로 뜨고 새로운 것에 대비하고 또한 “법과 국가의 본질에 대한 질문에 대하여 새로운

---

33) 예컨대, *Marcic*, Gesetzesstaat (주 1), S. 200, 241, 268, 340, 351, 417 참조.
34) *Marcic*, Gesetzesstaat (주 1), S. 332.
35) *Marcic*, Gesetzesstaat (주 1), S. 216 f.
36) *Marcic*, Gesetzesstaat (주 1), S. 216 f. 이 책의 전반부 대부분은 이에 관해 논하고 있다. 특히 3 ff., 48 ff., 76, 227, 417 참조.

시각을 열수 있게 하는 것"이다.[37] 그가 밝혀서 보여주려고 하는 것은 주관주의, 이상주의, 합리주의, 비판주의, 실증주의 등 오늘날 유력한 사유의 경향들이 실은 어제, 즉 거의 끝나가는 현대의 사유경향들이고, 미래의 그것은 실재와 구체적이고 실존적인 것, 존재적인 것으로 선회하게 될 것이라는 점이다.[38] "현재의 철학은 존재에 대한 탐구를 위하여 이미 출발하였고, 잠정적 존재로서의 특성을 전혀 감추지 않고 드러낸다."[39]

이러한 방향제시는 오늘날 필연적이다. 그렇다고 해서 항상 모든 관점에서 마르칙의 뜻에 동의해야만 한다는 것은 아니다. 예컨대 중립적인 입장에서 볼 때 마르칙의 서양의 정신과 사람들에 대한 칭송과 찬사에 동조하기는 어려울 것이다. 그는 자유, 인격주의, 법의 지배, 민주주의, 관용 등과 같은 긍정적인 지표를 모두 "유럽산"(made in Europe)으로 간주한다. 반면에 그에 반대되는 술어들은 예외 없이 일방적으로 동양에 갖다 붙인다.[40] 그는 근본적으로 모든 무절제함을 "반유럽적인 것"(Europawidrigkeit)으로 보고, 무절제한 국가, 법률국가 또는 힘의 국가(Machtstaat)는 동양의 국가와 같은 것으로 간주한다.[41] 그러나 그러한 인식은 학문적 작업에서 지양해야만 하는 하나의 흑백논리일 뿐이다. 서양역사에 얼마나 많은 어두운 장이 포함되어 있고 또한 고품격문화의 예가 동양에 얼마나 많이 있는가를 고려한다면 인류역사의 발전이 서양사의 발전에만 의존되어 있다고 하는 주장이 얼마나 심한 왜곡인지는 두말할 나위 없을 것이다.[42] 자연법도 흔히 이해하는 바와 달리 오로지 서양정신의 후예인 것만은 아니다. 예컨대 중국에서는 약 1200년 전인 당나라 시대에 이미 일련의 법치국가적이고 자연법적인 원칙들이 형법에 실현된 바 있었다.[43] 서양에서 그것

---

37) *Marcic*, Gesetzesstaat (주 1), S. 452.
38) *Marcic*, Gesetzesstaat (주 1), S. 57 ff., 61 ff.
39) *Marcic*, Gesetzesstaat (주 1), S. 76.
40) *Marcic*, Gesetzesstaat (주 1), S. 4, 8 f., 15, 19, 87 ff., 113 f., 241, 374, 451.
41) *Marcic*, Gesetzesstaat (주 1), S. 9, 145, 233.
42) *Marcic*, Gesetzesstaat (주 1), S. 11.
43) 이에 관하여는, *Ono*, über das Wesen der Strafe, 1956 (일본어)을 보라. 여

들은 근대에 들어 와서야 관철되었다. 동양사람들이 서양사람들에게 일방적으로 배워야만 한다는 것은 어불성설이다. 그들 역시 우리에게 많은 것을 가르쳐 줄 수 있다.

서양사람들의 경우에는 자유와 법 및 민주주의가 원래부터 주어졌었던 것인 양 생각한다면 그것이 얼마나 위험한 것인지도 분명히 자각해야만 할 것이다. 예컨대 마르칙이 "히틀러 현상"과 "나치의 폭력국가"를 "서양의 본질에 따른 차질이나 일탈이 아니라, 하나의 동양으로부터의 침해에 해당되는 것일 수밖에 없다"고 믿는다면,[44] 그것은 – 의도적인 것은 아닐지라도 – 우리들로 하여금 독재와 법왜곡이 궁극적으로는 저항할 수 없는 국가차원의 우연한 사고(Unglueck)일 뿐이라고 믿게 만들려고 하는 사람들에게만은 타당한 것으로 받아들여질 것이다. 그러나 25년 전에 우리에게 세워졌던 전제정체는 실은 전혀 "유럽에 낯선 것"(europafremd)이 아니었고, 오히려 200년에 걸친 역사발전에 따른 결과였다.[45] 실제로 전제정치와 법의 왜곡은 불가피한 사고가 아니다. 오히려 그것은 – 유럽이든 그 어디든 간에 – 국가와 법질서기 존재하는 한 상존하는 문제이고, 위험이다. 이에 대하여 사람들은 늘 주의해야 하고, 대비해야만 한다. 마르칙은 저항권이 법치국가의 정당한 제도라고 분명하게 밝히고 있는데(다만 "법률국가"에서는 이질적인 것이다),[46] 만일 정상적인 국가에서 늘 법이 힘에 의해서 침해될 위험이 없다고 한다면 이 말은 설득력을 가질 수 없을 것이다. 그렇기 때문에 "법관국가"의 도래가 요망된다면 그것은 제도적 보장보다는 오히려 의식이 변화된 법률가집단, 즉 몽테스키외가 말하는 "입법자의 마이크"로 스스로를 이해하지 아니하고, 늘 경각심을 유지하는 상태에서 힘의 압박에 대항하여 법의 지배를 주장하는 것을 자신의 최우선 과

기서 필자는 그 참조필요성을 안내해 준 동료학자 코이치 미야자와(Koichi Miyazawa) 선생께 사의를 표하고자 한다.

44) *Marcic*, Gesetzesstaat (주 1), S. 9.

45) 이에 관해서는 *Edmund Kaufmann*, Der Weg in die neue Zeit, 2. Aufl. 1946, S. 9 ff. 참조.

46) *Marcic*, Gesetzesstaat (주 1), S. 184 ff., 244, 296 ff.

제로 인식하는 법률가집단을 필요로 한다.

Ⅳ. 법률보다 법을 우선시키는 사고

가장 중요한 것은 우리가 사고의 전환을 배우는 것이 될 것이다. "법보다 법률을 우선시키는 사고"는 **"법률보다 법을 우선시키는 사고"** (Recht-vor-Gesetz-Denken)에 자리를 내주어야만 한다.[47] 이는 법률 형식의 불법 중에서 극단적인 예외의 경우만을 포착할 뿐이고, 나머지는 입법자가 자신의 의도에 따라 법질서의 내용을 마음대로 처리하도록 맡기는 자연법론을 가지고는 실현될 수 없다. 그러나 마치 이상주의적인 자연법독트린이 오늘날 까지도 반복하여 주장하는 바와 같이 "실정법"에 대하여 "초실정적인 자연법"을 대립시킴으로써 두 개의 법질서가 존재하는 것으로, 즉 현실적인 법과 이상적인 법이 각각 효력을 갖고 또한 그 둘 중에 어느 것이 진정으로 유효한 것인지 알 수 없게 만드는 입장도 설득력이 없기는 마찬가지이다.[48]

이러한 입장들과 달리 분명히 강조되어야만 하는 것은 항상 오로지 **하나의** 법만이 효력을 가질 수 있다는 점과 또한 법이 효력을 갖고, 우리들을 위해 존재하고, 우리들과 어떤 관계를 맺어가야 한다면 그것은 **실제로**(real) 존재해야만 한다는 것이다. 우리는 단지 관념적으로만 존재하는 법을 가지고는 아무 것도 착수할 수 없다. "관념적으로만 존재하는 것은 - 실질적으로 엄격하게 보면 - 그것만 가지고는 도대체 아직은 존

47) *H. Jahrreiß*, Mensch und Staat, 1957, S. 115 ff., 123 ff. 참조.

48) 실정법에 의존하지 않는 자연법체계를 수립하려는 최근의 강력한 시도는 메스너(*J. Messner*)에 의해 감행되었다: Das Naturrecht, 3. Aufl. 1958. - 마르칙 또한 "실정적" 법과 "전실정적" 법이라는 이중적 법 관념으로부터 완전히 자유롭지 못한 바, 이런 까닭으로 그는 이따금 양면적 법질서"에 대해서도 논급한다. Gesetzesstaat (주1), S. 147, 153, 184, 244 참조.

재하는 것이 아니기" 때문이다.[49] 오로지 실재적 존재만이 실제로 존재하고, 독자적인 존재형식을 갖는다(이는 단순히 관념 속에서만 존재하는 것이 아니다). 이 독자성은 그 존재의 본질적인 내용이 실체적인 전달자 속에 자리잡고 실리게 됨으로써 생성된다. 본질은 그것의 육체성 속에 비로소 현존하게 된다. 실제 사물의 실재성은 일종의 양극적인 구조를 갖고 있는 바, 즉 그것은 본체와 존재, 본질과 현존의 관계성 속에 존재한다. 존재와 유리된 본질도, 본질과 유리된 존재도 있을 수 없다.[50] 이는 법의 경우에도 그대로 유효하다. 실재하는 법은 법본질의 현존, 즉 자연법적인 것의 실증이다. 초실증적(또는 선실증적)인 법의 본질은 그 자체로서는 아직 현실적인 것이 아니다. 현실적인 법은 필연적으로 실증적이다. 그러나 여기에서 유의해야 할 것은 "실증적"(positiv)이라는 개념을 마르칙이 그랬던 것처럼 "법률의" 또는 "법률형식의" 등과 같이 실증주의적인 의미로 이해해서는 아니된다는 점이다.[51] 존재론적 의미에서 실증성은 그보다는 오히려 법의 현존성, 육체성 및 현존을 뜻하는 것이다. 달리 말하면 법의 실증성은 우리가 법을 확인하고, 작동시키고, 작용할 수 있을 만큼 법본질이 현실화되고 구체화된 정도를 의미한다.[52] 법제정 주체의 특정한 제정활동을 통해서 만들어지는 것이 아닌 실증적인 법도 있는 바, 예컨대 관습법이 그것이다. 관습법의 실증성은 계속적인 관행 속에 존재한다.[53]

---

49) *Hedwig Conrad-Martius*, Realontologie: Jahrbuch für Philosophie u. phänomenol Forschung, 6. Bd., 1923, S. 163.

50) *Hierzu Hedwig Conrad-Martius*, Realontologie (주 49), S. 159 ff.; 같은 사람, Das Sein, 1957, S. 43 ff., 91 ff.; *H. Krings*, Fragen und Aufgaben der Ontologie, 1954, S. 17 ff., 45 ff., 72 ff., 120 ff.; *H. Meyer*, Systematische Philosophie, 2. Bd., 1958, S. 100 ff.

51) *Marcic*, Gesetzesstaat (주 1), S. 154.

52) 이 문제에 관한 상술로는, *Arthur Kaufmann*, Naturrecht und Geschichtlichkeit, 1957, S. 26 ff. (위 S. 1 ff.).

53) 이와 반대로 마르칙은 관습법과 관련하여 난관에 봉착할 수밖에 없다. 그에게 있어 그것은 실정법도 아니요 자연법도 아닌 바, 그것은 "그 경계가 완전히 희미해지고 양 질서가 서로를 향해 흘러들어가는, 법의 본질 속에 있는 그러한 지점 …"인 것이다. Gesetzesstaat (주 1), S. 153.

또한 그 명증성(Evidenz)으로 해서 실증적인 자연법원칙들도 있다. 반면에 법률규범들 중에서도 극도의 추상성과 그 한계의 불확정성 때문에 존재론적 의미에서 실증적이라고 할 수 없는 것들도 있는 바, "신의성실"이나 "선량한 풍속"등과 같은 일반조항들이 전형적인 예이다. 바로 이러한 일반조항의 예에서 분명해지는 것은 실증주의적 관점에서 제시되는 실증성의 개념은 학문적으로 무용한 것이라는 점이다. 왜냐하면 실증성은 오로지 법적 안정성을 담보하는 것이라는 점에 대해서는 이견이 없고 또한 일반조항이 제정된 규범이기는 하지만 그것이 안정된 규범이라고 주장하는 사람은 아무도 없기 때문이다. 오히려 그것은 재판을 통해서 구체화될 때 비로소 안정된 법이 될 수 있다. 또 한편 생각건대, 만약 법적 안정성에 대한 담보로 이해되는 실증성이 "입법자에 의해 규범화된 것"과 같은 의미를 갖는 것이라면 법률이 많이 제정되면 될 수록 법은 더욱 안정되어야만 할 것인데, 오늘날 우리가 경험하는 바는 그와는 정반대이다.[54] 최악의 국가는 많은 법을 가진 국가이다(pessimae rei publicae, plurimae leges!)라는 말은 그 역도 성립한다.

기술한 바와 같이 법의 실재성은 양극적인 구조를 갖고 있고, 그것은 법의 본질성과 법의 실존성의 변증법적인 관계 속에 있다. 한편으로 이는 법의 본질과 존재가 **동일한 것이 아니**라는 것을 의미한다. 이 확인은 법의 본질을 존재화하든, 법의 존재를 본질화하든 법의 구조를 일원적인 것으로 규정하는 점에서는 다르지 않은 법실증주의와 합리주의적 자연법론 두 이론에 공통된 반론의 핵심논거이다. 이는 또한 이상주의의 입장, 즉 법은 플라톤적 이상과 유사한 존재성을 갖는다는 입장도 반박한다. 말하자면 법은 실제로 항상 한 사람의 법으로서만 존재할 수 있다는 점이 특히 강조된다. 또 한편 우리가 제시하는 실재성의 개념에는 법의 실증성과 본질이 **서로 유리될 수 있는 것이 아니**라는 의미가 포함된다. 이 둘은 존재론적으로 동일하지는 아니하지만(따라서 구별될 수 있지만), 구

54) 마르칙도 이를 언급한다. Gesetzesstaat (주 1), S. 244 f. 및 441.

체적으로는 하나의 통일체를 구성하는 육체와 정신과 같은 관계에 있다. 바로 이러한 관점에서 현실적으로 효력있는 실증법과는 별도로 또 다른 이상적으로 유효한 초실증적인(본질적인) 법을 논증하려는 모든 시도들은 타당성이 부인된다. 예컨대 **하나인** 법의 양극, 즉 자연법성과 실증성을 마치 메스로 해부하듯이 서로 단절시키고 독자적인 것으로 만들었던 것은 신자연법론의 오류였다.55) 그런 사고를 고수하는 한 실증주의는 극복될 수 없다. 현실적으로 효력을 갖지 못하는 순수한 "본질법"(Wesensrecht)은 법생활의 현실에서는 언제나 "실증적인 법"(positives Recht)에 복속되는 절망적인 상태를 벗어 날 수 없다. 우리가 "자연법과 실증법의 관계를 **배척** 또는 병존의 관계가 아니라, 사람에게 있어서 정신과 육체의 관계와 같은 **교착**의 관계로 인식해야 하는 것이 중요한 의미를 갖는 것도 바로 이 때문이다. 즉 인간의 총체는 정신과 육체의 합체를 통해서만 결정되는 것이고, 정신이 없는 사람이나 육체가 없는 사람을 사람이라고 할 수 없는 것과 마찬가지로 법의 **총체** 역시 자연법과 실증법이 교착되어 있는 것일 수밖에 없다."56)

법의 본질과 존재는 동일한 것이 아니고, 따라서 필연적으로 합일되는 것은 아니기 때문에 정당한 법의 내용이 완전하게 또는 상황에 따라서는 전혀 현실화되지 않는 것도 있을 수 있다. 법으로 주어져 있는 실증적인 법, 즉 법률이 **불**-법(Un-Recht), **비**-법(Nicht-Recht)일 수 있다. 이 경우에 개별적으로는 유효한 법과 법적 성격이 부인되어야만 하는 법률규범의 영역 간에 경계선이 불분명할 수도 있다. 그러나 이 어려움은 법의 양극적인 특성, 즉 법의 본질과 존재간의 필연적인 존재론적 차이에서 비롯되는 것인 바, 불가피한 것으로 고려되어야만 한다. 비도덕적인

55) 유감스럽게 다의적으로 되어버린 개념인 '자연법' 대신에 간단히 '법'이라는 개념을 대신 사용하자는 마르칙의 제안은 그 자체로 많은 것을 함의한다. Gesetzesstaat (주 1), S. 125 f., 153 f. 참조.

56) *F. A. Frhr. v. d. Heydte*, Vom Wesen des Naturrechts, ARSP 43 (1957), S. 220, S. 224 또한 참조.

법률을 확인할 수 있는 확고한 척도가 없다는 이유 때문에 "아무리 극악한 법질서라도 의무를 부여하는 가치를 갖"는 것으로 인정할 수밖에 없다고 하는 견해는 주의 깊게 보면 법실증주의의 전면적인 파산선고일 수밖에 없다.[57] 집단수용소와 그곳에서 국가와 법률에 의해 자행된 수 백만 건의 살인을 기반으로 한 체제를 목격한 우리는 결단코 그러한 전제정체조차도 구속력 있는 법질서라고 보는 이론을 더 이상 인정할 수 없다.

요컨대 법과 법률은 같은 것이 아니다. 그러나 간혹 상이한 것만이 아니라, 본질적으로 그러하다. 법률은 **가능한** 많은 사건들에 대한 일반적인 규범이고, 반면에 법은 현재, 이곳(Hier und Jetzt)의 **현실적인** 상황을 판단한다. 이러한 의미에서 이미 아퀴나스(Th. v. Aquin)는 **추상적인 법률**(자연법칙의 일반적인 원리들도 여기에 포함된다)과 **구체적인 법**(자연법)을 구별하였다.[58] 그에 따르면 법률은 **제정주체의 의지**에서 생겨나고, 반면에 법은 사물의 **자연적인 질서**에서 유래된다. 마르칙은 특히 아리스토텔레스와 아퀴나스로 이어지는 전통을 계수하고, 그것을 매우 세련되게 새로운 존재론적 사고의 시도들과 연결시킨다. 다만 그는 거의 일방적으로 하이데거에 편향되어 있고 – 하르트만(Nicolai Hartmann)과 쉘러(Max Scheler)는 거의 거론되지 않았다 –, 게다가 하이데거의 존재론을 때때로 믿을 수 없을 정도로 기독교와 카톨릭 철학에 근접되어 있는 것으로 이해한 것에는 아무런 유보 없이 찬성할 수 없다.[59] 다만 이러한 반론들은 주로 주변부에 대한 것일 뿐이다. 전체적으로 볼 때 마르칙이 그의 저서 제2장에서 전개한 사상이 법의 존재론적 정립과 현대 법철학의 가장 중대한 현

---

57) *H. U. Evers*, Der Richter und das unsittliche Gesetz, 1956, S. 141. 그에 반대하는 올바른 견해로는, Marcic, Gesetzesstaat (주 1), S. 244.

58) 이에 관해서는, *A. F. Utz*, Kommentar zum 18. Bd. der von der Albertus-Magnus-Akademie hrsg. deutsch-lateinischen Ausgabe der Summa theologica, 1953, S. 401 ff., 432 ff. 그 밖에, *Arthur Kaufmann*, Naturrecht (주 52), S. 11 ff. (위 S. 6 ff.).

59) Gesetzesstaat (주 1), S. 43: "하이데거의 사상은 결코 바티칸과 대립하지 않는다..."; S. 143: "토마스와 하이데거는 같은 것을 이야기한다."

안에 대한 괄목할 만한 연구성과임은 의문의 여지가 없다.

여기에서 개별적으로 상론할 수는 없고, 가장 중요한 두 가지의 기본사상의 핵심만을 제시해 본다. 첫째는 다음과 같다: "법의 토대는 **존재자의 질서의 총체**이다." "법은 그 유래와 본질의 관점에서 볼 때 당위가 아니라 **존재**이다." "따라서 법이라는 것이 그 존재의 풍부함 속에서 발전되어 나가는 것이라고 한다면, **구체적으로** 추상은 법에 있어서 하나의 존재축소이다." 달리 표현한다면 법률과 비교해서 볼 때 본질적으로 법이 더 큰 "존재근접도"(Seinsdichte)를 갖는다고 할 수 있다.[60]

두 번째 사상은 다음과 같다: 법(자연법)은 본질적으로 구체적인 특성을 갖는 바, 시간 및 상황의 조건과 결부되어 있다. 즉 그것은 **역사적**이다. 반면에 추상적인 법률은 그 이념상 불특정의 시간, 즉 무시한적으로 효력을 유지하려고 하기 때문에 그 자체로서는 현실적인 시간과 아무런 관련성이 없다.[61] 그러나 역사성이라는 것을 상대성이나 또는 역사적인 우연성으로 이해되어서는 아니된다. 역사성은 오히려 본질이 지금 여기에 맞게 현현되는 속성과 초시간적인 질료가 시간과 역사 속에서 구체화되는 개별화되는 특성을 뜻한다. 법의 이러한 필연적이고 본질적인 역사성은 법존재론상 근본적으로 아직 규명되지 못한 문제로 남아 있다. 마르칙은 존재의 역사성과 존재현현(顯現)의 역사성 및 인간인식의 역사성을 적확하게 구별한다. 또한 그는 토대, 즉 존재 자체의 역사성을 인정하는 것은 절망적인 상대주의로 이어질 수밖에 없기 때문에 역사성들 중 두 번째, 세 번째 역사성의 형식만이 논의될 수 있다는 점을 설득력 있게 강조한다.[62] 그러나 이로써 문제의 매듭이 풀리지는 않는다. 오히려

60) *Marcic*, Gesetzesstaat (주 1), S. 244 ff. 법이 존재에 더 가까운 반면 윤리와 도덕은 당위에 더 가까운 까닭에 법이 존재론적으로 도덕질서에 앞선다는 마르칙의 추가적인 명제(S. 125, 159, 162)는 견지되기 어려울 것이다. 여기서 그 존재 개념은 존재론적 의미로 사용된 것이 아니고 경험적 현실성과 같은 의미로 사용되고 있음이 명백하기 때문이다.

61) *Marcic*, Gesetzesstaat (주 1), S. 168 ff.; 그 밖에, S. 68, 125, 131 f., 199.

62) 하이데거도 존재의 초월적 시간성을 교시하고 있다는 마르칙의 주장은 입증

결정적인 문제가 제기되는 바, 즉 그 진리의 자기표출과 진리인식의 역사성의 근거를 어디에서 찾을 수 있는가 하는 것이다. 이 문제는 인간의 본질을 고려하지 아니하고는 해결될 수 없다. 왜냐하면 인간적인 것의 영역에서만 역사성이라는 것이 존재하고, 따라서 법의 역사성도 오로지 인간의 역사성과의 유추를 통해서만 답해질 수 있기 때문이다.[63]

V. 실질적 법치국가에서 사법의 과제

구체적이고 존재의 속성을 지니는 역사적인 법[64]으로 선회함에 따라 실증주의적인 "법률국가"의 극복을 위한 결정적인 계기가 마련된다. 즉 법이 근본적으로 입법을 통해서가 아니라, – 이미 그것은 언어를 통해 표현되는 바 – **사법**(Rechtsprechung)을 통해 실현되는 것임이 분명하게 밝혀졌기 때문이다.[65] 재판은 단순한 법률적용 이상의 것이다. 하나의 법적 결정은 결코 법률상의 추상적인 법규정에서 단순하게 추론되어 나올 수는 없다. 오히려 그 법규정은 "구체적인 생활사태와 관련하여 사리에

을 필요로 한다. (Gesetzesstaat (주 1), S. 169, 174) "존재와 시간"은 그 어디에서도 "하이데거에게 있어 견지와 지속과 체류가 중요한 문제일 수 있음"을 시사하고 있지 않다. "죽음과 허무의 확실성이 무조건적으로 확정된 상태가 아니라면 말이다."(*K. Löwith*, Heidegger, Denker in durftiger Zeit, 1953, S. 33; *H. Kuhn*, Begegnung mit dem Nichts, 1950, S. 48 또한 참조).

63) 이에 관해서는, *Arthur Kaufmann*, Naturrecht (주 52), 여러 부분 (위 S. 1 ff.) 및 해당 부분에서의 논급을 참조. 나아가 J. *Fuchs*, Lex naturae, 1955, 104 ff.; *A. Auer*, Der Mensch hat Recht: Naturrecht auf dem Hintergrund des Heute, 1956, 172 ff. 및 *G. Dei Vecchio*, Mutabiliti ed eterniti del diritto, Jus V, 1954, 1 ff. 참조.

64) 이에 관해서는, *K. Engisch*, Die Idee der Konkretisierung in Recht und Rechtswissenschaft unserer Zeit, 1953 또한 참조.

65) 마르칙은 이 점을 반복적으로 강조한다. *Marcic*, Gesetzesstaat (주 1), S. 89, 126, 192, 235, 451. 같은 입장으로는, *E. Forsthoff*, Recht und Sprache, 1940, S. 2.

맞고 인간적으로 정당한 판단을 내리기 위한 해결대안들을 제시한 것일 뿐이고, 그것이 지금 여기에서도 해당 사건에 부합되는 경우에만 구속력이 있는 것"이다. 그러나 그것이 사건에 부합되는지 여부는 항상 "구체적인 사태 속에서 '사물의 본성'으로부터 요구되는 당위"와 관련해서만 정해질 수 있다.[66] 그러나 그렇다고 해서 법률이 법관에게 그의 자의에 의해서 배척될 수도 있는 구속력 없는 권고로서만 주어지는 것으로 이해되어서는 아니된다.[67] 이 점에 대해서는 논란의 여지가 있을 수 없다. 어떤 경우이든 법관은 유효한 법률에 구속된다. 그러나 법률은 또한 결코 구체적인 법관의 결정을 위해 그 자체만으로 충분한 근원은 되지 못한다. 오히려 법관의 구체적인 결정은 항상 사물의 본성으로부터도 도출되고, 경우에 따라서는 "사물의 본성"만을 근거로 해서 도출된다. 마르칙은 이를 "사리에 의해서 정해지는 구체적인 상황의 핵심"[68]으로 표현한다. 이렇게 본다면 모든 재판행위를 통해 입법자가 제공한 것에 대해서 무엇인가 추가되고, "한 대목의 점진적인 법발전"[69]과 한 대목의 자연법실현이 이루어진다고 할 수 있다. 요컨대 법원은 구체적인 사건 속에서 자연법의 존재가 드러나는 장소이다.

오스트리아의 유명한 법학자인 리틀러(Theodor Rittler)는 다음과 같이 말했다. "자연법을 유효한 법으로 보게 되면 그것은 항상 입법자가 법관의 뒷전에 서게 되고, 법관이 우위를 확보하는 결과로 이어질 수밖에 없다. … 그런데 사람들이 국가에서 단 하나인 입법자보다 수많은 법관들에 의해서 더 잘 보호될 것으로 믿을 것인가?"[70] 그러나 이러한 반론은 왜곡된 시각에서 비롯된 것이다. 독재시대에 다른 국가기관에 비해서 사법부

---

66) *W. Maihofer*, Die Natur der Sache, ARSP 44 (1958), 172.

67) 반대 입장으로는, *G. Cohn*, Existenzialismus und Rechtswissenschaft, 1955, 특히 S. 155 f.

68) *Marcic*, Gesetzesstaat (주 1), S. 312.

69) *F. Wieacker*, Gesetz (주 30), S. 7. *J. Esser*, Grundsatz und Norm in der richterlichen Fortbildung des Privatrechts, 1956, S. 23 및 242 ff. 참조.

70) *Th. Würtenberger*, Festschr. f. Th. Rittler, 1957, S. 140에서 인용.

가 상대적으로 더 법의 관철에 더 충실했었다고는 말할 수 있겠지만, 분명한 것은 그 누구도 법관의 무오류성을 주장하지는 않는다는 점이다. 물론 사법부가 그럴 수 있었던 것도 우연은 아니다. “법원의 형태로 구성되고 작동되는 기관의 경우에는 자의적으로 법을 왜곡하는 예외의 경우가 최소한의 범위로 축소될 가능성이 크기 때문이다.”[71] 그러나 이 점 역시 결정적인 것은 아니다. 오히려 핵심은 법치국가에서 법원에게는 입법자가 전혀 수행할 수 없는 과제, 즉 권력통제와 제한의 과제가 부여되고, 권력의 통제와 제한은 오로지 재판형식을 통해서만 구체화되고 실현될 수 있는 법의 지배를 통해서만 가능하다는 점이다.[72] 재차 영국의 예에 비추어 보면, 이러한 “법의 지배”의 이념은 “법관국가”라고 부를 수 있는 경우를 상정하는 것이고, “법관국가”의 핵심은 입법자에 대한 법관의 우위가 아니라, 오직 법률에 대한 법의 우위일 뿐이다.

71) *Marcic*, Gesetzesstaat (주 1), S. 190.
72) *Marcic*, Gesetzesstaat (주 1), S. 89 참조.

'헌법적 정체성'의 확립과 '자기교육'으로서 헌법교육*

이덕연**

[국문요약]

청소년에 대한 인권 및 준법교육은 헌법교육이고 정치교육이다. 이

---

* 이 글에서 '헌법적 정체성' 및 '헌법적 애국심'과 관련된 부분은 2013년 6월에 발표한 바 있는 논문("헌법적 정체성 확립의 과제와 북한이탈주민의 헌법적 지위", 저스티스, 제136호, 특히 44－49면)의 상당 부분을 보정, 재편하여 발표한 글임을 밝혀둔다. "'헌법적 정체성'의 확립과 '자기교육'으로서 헌법교육, 연세 공공거버넌스와 법", 제4권 제2호, 2013.8, 3－20면. 헌법의 성패의 상당 부분이 '헌법적 정체성' 확립의 수준, 그리고 이를 뒷받침하는 동시에 그것에 의해서 적잖이 규정되는 헌법재판의 적실 및 부실성에 의해 결정된다고 보면, 그 결과에 따른 영향을 가장 오랫동안 누적된 무게로 받을 수밖에 없는 청소년들의 '헌법적 정체성'을 가다듬어 나가는 것은 우리나라와 사회의 '지속가능한 발전'의 관건이고, 따라서 청소년들에 대한 바른 헌법교육은 현재 국가운영과 사회발전을 주도하는 기성세대에게 주어진 필수적이고 당위적인 헌법적 의무이다. 이러한 맥락에서 보면 헌법재판소의 결정은 대부분 그 자체가 국가와 사회의 발전에 중차대한 의미를 갖는 것이기도 하지만, 더 나아가서는 민주시민정치교육, 특히 청소년들에 대한 헌법교육에서 가장 효과적인 교재이기도 하다. 헌법판례평석에 초점을 맞추고 있는 『헌법판례연구』에 이 글을 다시 담아내는 것이 지면낭비의 비난을 받을 정도로 그 의미와 효용이 없지는 않겠다고 생각한 것도 이 때문이다.

** 연세대학교 법학전문대학원 교수

교육의 목표는 헌법질서와 '헌법적 정체성'의 주체인 시민(citizen)으로서 헌법의 가치질서체계와 자유민주적 법치국가의 헌정체제에 대하여 적극적인 이해와 수용, 그리고 더 나아가서 참여와 수호의 의지까지 갖추는 태도를 확립하는 것이다. 그 핵심은 '창조하는 시민'(creating citizen), 즉 "상호의존의 현실 및 상호존중의 윤리적, 규범적 요청에 대한 인식과 믿음"을 공유하는 민주시민의 육성이다. 민주시민교육은 가치공감대, 즉 '헌법적 정체성'을 개인적, 집단적으로 확대하고 심화시켜 나가는 것이다. '헌법적 정체성'의 확립이라는 과제와 관련하여 '민족주의 없는 헌법적 정체성'이 이론적으로, 현실적으로 가능하고 또한 타당한 것인가의 문제가 관심의 대상이고, 이는 보편적인 시민정치교육, 특히 청소년을 대상으로 하는 헌법교육에서 더욱 중요한 의미를 갖는다. 이 문제의 관건은 민족주의와 유력한 대안담론의 하나인 '헌법적 애국심'의 정신적, 철학적 담론의 준거로서의 효용과 한계를 비교 검토하는 것이다. '헌법적 애국심'의 핵심은 애국심의 근거를 더 이상 혈연이나 언어 및 영토의 공유성, 기타 문화적 습속과 유산과 같은 감성적인 민족주의적 요소가 아니라, 보편성과 특수성이 교차되는 가운데 상호 이해와 포용, 그리고 타협을 요소로 하는 다원적 민주주의의 정치문화와 헌법의 기본이념, 즉 '헌법적 정체성'에 대한 합의와 공유에서 찾는 것이 가능하고 또 바람직하다는 믿음과 기대이다. 일종의 터부로 설정되어 특정한 도덕공동체를 고착시키는 절대화된 민족주의가 아니라면, '헌법적 애국심'은 오히려 다원적 민주주의의 틀 속에 민족주의를 수용하여 발전시켜 나갈 수 있는 이념적 토대가 될 수 있다.

[핵심어]
청소년 인권 및 준법교육, 민주시민교육, 헌법적 정체성, 민족주의, 헌법적 애국심

Ⅰ. 헌법과제로서 '헌법적 정체성'의 확립

헌법을 '이념과 원리 및 제도의 통일된 복합체'라고 한다면, '헌법적 정체성'(constitutional identity)의 핵심은 이 복합체를 관통하는 가치질서에 대한 공감이다. 이는 곧 우리 공동체의 가치적 항상성을 유지하고, 지속 가능하고 가치상향적인 발전을 위한 문화적 토대이고 자산이다. '헌법적 정체성'은 특정한 문화적, 역사적인 요소들로 구성되는 환경에 따른 산물이기도 하지만, 그 역동성에 초점을 맞추어 미래의 발전을 위한 소중한 자산으로 파악하는 관점에서 보면[1] 청소년들에 대한 인권 및 준법교육은 인간의 존엄성을 최고의 이념으로 하는 우리 헌법규범과, 역사적 경험이 '전적'(澱積)[2]되어 형성된 집단적인 문화적 기억과 그 속에 내재된 진보의 동인을 계속 발전시켜 나가는 데 가장 중요한 과제이다.

청소년에 대한 인권 및 준법교육은 우선 헌법교육이고, 정치교육이다. 이 교육의 목표는 헌법질서와 '헌법적 정체성'의 주체인 시민(citizen)으로서 헌법의 가치질서체계와 자유민주적 법치국가의 헌정체제에 대하여 소극적으로 용인하는 것이 아니라 적극적인 이해와 수용, 그리고 더 나아가서 참여와 수호의 의지까지 갖추는 태도를 확립하는 것이다.[3] 그 핵심은 W. F. Murphy가 제시하는 이른바 '창조하는 시민'(creating citizen), 즉 "상호의존의 현실 및 상호존중의 윤리적, 규범적 요청에 대한 인식과

---

1) G. J. Jacobsohn, Constitutional Identity, Harvard Univ. Press, 2010, 348면.

2) 이 개념에 관해서는 리쩌허우(李澤厚), 황희경(역), 역사본체론, 들녘, 2004, 162-163면.

3) 현행 「국적법」은 일반귀화의 요건으로 5년 이상 대한민국에 주소가 있을 것을 비롯하여 독자적인 생계능력과 함께 "국어능력과 대한민국의 풍습에 대한 이해 등 대한민국 국민으로서의 기본소양을 갖추고 있을 것"(제5조 제5호)을 규정하고 있는 바, 여기서 '대한민국의 국민으로서의 기본소양'의 핵심은 바로 대한민국 헌법의 가치질서에 대한 공감과 이해, 즉 '헌법적 정체성'을 확립하는 것으로 이해된다.

믿음"을 공유하는 민주시민의 육성이다.[4)]

교육내용의 본질과 성격의 측면에서 볼 때 헌법교육은 어린아이에 대한 언어교육과 유사하다. '헌법적 정체성'을 함양시키는 헌법교육은 정치, 역사 및 사회, 정신문화적 배경과 환경에 따라 접근의 관점과 방법이 다를 수밖에 없는 문제이기는 하지만, 그 본질은 언어교육이다. '헌법적 정체성'의 확립을 어린이가 말을 배워나가는 것에 비유하면서 부정과 비유, 그리고 환유를 헌법적 정체성을 확립해나가는 '헌법적 담론'(constitutional discourse)의 수단으로 제시하는 M. Rosenfeld[5)]의 해명은 예사롭지 아니하다. 청소년들이 자긍심과 비판정신, 그리고 개방성과 자유주의적인 관용의 태도를 갖춘 민주시민으로 커나가는 것은 처음으로 접하는 외국어를 배우는 것과 마찬가지로 '헌법의 언어'(constitutional langue), 즉 헌법텍스트 속에 담겨 있는 기호의 형식체계와 문법을 습득하고, 이를 공용어로 하여 기호와 문법체계를 활용하는 방식, 즉 '헌법적 술화'(constitutional parole)의 방식을 익히는 과정과 다를 것이 없다.[6)]

이러한 인식에 따르면, 어린아이가 인격적 정체성을 확립해가는 과정에서 자신이 욕망하는 대상에 합체되지 못하는 경우 스스로 일종의 결핍을 경험하게 되는데, 이 과정에서 주체로서 정체성을 획득하기 위해서 어린아이는 언어의 상징적 질서를 통해서 타인과 관계를 맺어야만 한다. 하지만 어린아이는 자신의 최초의 정체성을 타인, 말하자면 부모에 의해서 주어진 이름을 통해서 갖게 되는 것과 마찬가지로, 언어규칙은 '외부'로부터 부여되는 점에서 어린아이에게 이 관계맺음은 극도의 낯섦이 불가피한 일종의 소외이다.[7)] 이 소외를 극복하고, 오롯이 자신의 정체성을 확립하는

---

4) W. F. Murphy, Constitutional Democracy, 2007, 342면.

5) M. Rosenfeld, The Identity of the Constitutional Subject, Routledge, 2010, 37－69면.

6) 이에 관해서는 H. Schweber, The Language of Liberal Constitutionalism, Cambridge, 2007, 139면 이하. 'langue'와 'parole'의 관계를 '법적 규칙'(legal rules)과 '법적 주장'(legal arguments)의 관계로 대비하는 D. Kennedy의 해명도 같은 맥락에서 주목함직 하다. A Semiotics of Critique, 22 Cardozo Law Rev.(2002), 1178면.

것은 자신의 목적을 위해 타인의 언어를 '재전유'(再專有: reappro-priation) 함으로서만 가능하다.

그러나 이러한 언어의 '재전유'는 필요조건일 뿐 충분조건은 되지 못한다. 민주시민교육은 자유민주주의의 '사회어'(Sozialekt), 특히 "사랑과 법적 지위, 그리고 사회적 연대"[8]를 세 축으로 하는 개인 간의 '상호인정'의 태도와 연관되는 '인간의 존엄성', '자유'와 '평등', '상호존중'의 언어를 습득 또는 체화시키는 것이다. 우선 자기 자신에 대한 실천과 타인에 대한 존중의 명제를 제시하는 자유와 민주적 법치주의가 무엇을 의미하는지를 깨우치게 하는 민주시민교육, 특히 아동과 청소년들에 대한 헌법교육은 (헌)법언어공동체인 '우리' 속의 '나'에 대한 이해를 전제로 하는 '자기교육'이고 '자기도야'이다.[9] 그 요체는 개인적 또는 집단적인 경쟁과 협력 속에서 가치적 공감대로서 헌법의 의미를 함께 탐색하고 형성해나가는 '대화'이다.[10] 말하자면 헌법교육은 과거의 토양에서 수확한 과실을 나누어 주는 것이 아니라, 바로 이 '대화', 즉 다원적인 민주공동체의 시민으로서 사유하고, 동료 시민들과 대화를 나누는 '열린 마당'에 미래를 위해 "신선한 씨앗"[11]을 뿌리는 것이다. '헌법의 언어'를 먼저 체득한 기성세대의 시민이 상시적으로 자기반성을 계속해 나가면서, 과잉도, 과소도 아닌 적정한 교육과 함께 '자유의 언어'로 생각하고, 듣고, 말할 수 있는 담론의 기회를 최대한 제공하는 것이다. Gladstone의 말대로 "사람을 자유에

7) Rosenfeld, 앞의 책, 38면.

8) A. Honneth, 문성훈/이현재(역), 2011, 인정투쟁, 특히 313-327면.

9) H.G. Gadamer, 손승남(역), 교육은 자기교육이다, 동문선, 2004, 8-12면.

10) "타인에 대한 우월한 지위를 확보하기 위한 기술이 아니라 상호존중의 자격이 있는 개인인 우리 자신에 대한 좀 더 심층적인 긍정을 성취하기 위한 수단"으로서 '자유로운 대화'(liberal conversation)의 의의와 효용을 강조하는 B. A. Ackerman의 인식은 일반적인 민주시민교육에서도 그러하지만, 특히 청소년교육의 맥락에서 더욱 적확한 것으로 여겨진다. Social Justice in the Liberal State, Yale Univ. Press, 1980, 374면. 특히 "Why Dialogue?", The Journal of Philosophy, 86, 1989, 16면 이하 참조.

11) L. Wittgenstein, 이영철(역), 문화와 가치, 책세상, 2006. 29면.

익숙하게 만드는 것은 오로지 자유뿐이다."[12)]

Ⅱ. 민족주의에 대한 반성의 관점에서 본 민족(공동체)과 헌법공동체

민족공동체와 헌법공동체는 중첩될 수도 있고 또는 완전히 동일하거나 매우 친밀한 관계에 있는 구성원들로 형성될 수 있으나 그 정체성의 토대와 본질은 구별된다. 민족공동체가 혈연과 언어를 비롯하여 공통된 '과거의 집단적인 기억'과 그 속에 침적된 정신문화적 유산을 요소로 한다면, 민주시민교육은 '헌법의 언어' 속에 체화되어 있고 또한 그것을 준거로 하여 발전시켜 나가야 하는 가치공감대, 즉 '헌법적 정체성'을 개인적, 집단적으로 확대하고 심화시켜 나가는 것이다.

'헌법적 정체성'의 본질을 이른바 '가치변환적 가치'(transvaluate value)의 형성, 즉 새로운 이념과 가치로 기존의 가치관과 태도를 반성하고 갱신해나가는 과정 및 그 결과로 이해하는 Rosenfeld는 '동일성'(sameness) 또는 '자아'(selfhood)를 토대로 하여 구성되어 나가는 '헌법적 정체성'이 일면 미래를 향한 '동일성'의 기획과, 타면 과거의 기억을 토대로 하는 '자아'의 이미지 상호간의 역동적인 교차작용을 통해서 형성되는 것으로 파악한다.[13)] 이에 따르면 미래를 향한 소망의 기대와 기획, 그리고 과거의 기억과 이에 터잡은 '자아'는 경우에 따라서 상보적일 수도 있고, 상충될 수도 있다는 점을 강조한다.[14)] 후자의 맥락에서 '헌법적 정체성'의 확립이라는 과제와 관련하여 '민족' 또는 '민족적 정체성'의 함의와 양자 간의 역기능적 영향관계를 해명하는 것은, 우리 사회가 다문화사회로 본격

12) BVerfGE 33, 86에서 재인용.

13) M. Rosenfeld, Constitutional Identity, in; M. Rosenfeld/A. Sajo(ed.), The Oxford Handbook of Comparative Constitutional Law, 2012, 757면.

14) Rosenfeld, 위의 책, 757면.

적으로 진입하고 있는 점에서는 물론이되, 보편적인 시민정치교육, 특히 청소년을 대상으로 하는 헌법교육에서 더욱 중요한 의미를 갖는다.

E. H. Carr의 말을 빌려서 말하자면, '헌법적 정체성'은 '과거와 현재간의 대화' 속에서 형성되어 나간다. 말하자면, 개인적으로, 집단적으로, 또는 개인과 집단의 교차적인 관계 속에서 과거와 미래가 만나고 있는 현재 시점에서의 자아의 동일성을 매개로 하여 '미래의 기획'에 의해서 과거를 다시 기억 및 재구성하고, 이를 토대로 하여 현재의 자아를 구체적으로 반성 및 재평가하며, 그 결과가 다시 미래의 기획에 반영되는 상시적이고 통시적이며, 역동적인 환류(feed－back)의 과정 속에서 발전된다. 결국 이 환류과정을 얼마나 건강하고 역동적으로 이끌어 나가는가 하는 것이 '헌법적 정체성'의 미래기획과 구체적인 실행프로그램의 성과에 결정적인 요인이 된다고 보면 민족주의에 대한 구체적인 반성의 요청은 절실하다.

'민족이 민족주의를 낳은 것이 아니고, 민족주의가 민족을 낳았다'라는 서구적인 시각을 그대로 대입하기에는 우리 민족공동체의 역사문화적 조건과 환경, 특히 제국주의의 모태가 아니라 제국주의의 침탈에 대한 저항의 이데올로기, 즉 민족자결주의의 역할, 그리고 분단체제 하에서 민족공동체가 분열된 상태에서의 참혹한 전쟁경험, 권위주의적인 독재체제와 민주화의 경험 등의 역사적 이력은 독특하다. 하지만 민족을 '상상의 공동체'(imagined community)[15]로 보면서 근대 이후 극심한 실질적 불평등과 수탈에도 불구하고 어떻게 수평적인 동료의식이 유지될 수 있었는가 하는 의문과 함께 그 정신문화적 근원과 효용에 대하여 제기되는 문제들은 우리에게도 해당한다. 정치경제학적 관점에서 시대의 화두인 극단적인 '사회양극화'의 문제와 관련하여 달리 표현한다면, 이러한 극심한 소득불평등과 소외와 결핍의 상황에서도 어떻게 사회통합의 구심점으로서 연대의식이 유지될 수 있겠는가 또는 그 주된 토대가 바로 민족주의였다고

---

15) 윤형숙(역), 상상의 공동체, 나남출판, 2002(원저: Benedict Anderson, Imagined Communities: Reflection on the Origin and Spread of Nationalism, 1991).

한다면 앞으로도 그 역할의 수행이 가능하고 또 바람직한 것인가 하는 문제이다. 요컨대, 민족주의와 민족주의를 토대로 한 우리 정치공동체의 지속가능성의 문제이다.

이러한 맥락에서, 한국사회에서 민족주의의 상당한 정치사회 및 문화적 역할을 인정하면서도 "아직도 민족주의인가?"[16]라는 반어적 질문을 통해 제기하는 고민거리, 예컨대 "다양성이 거부되고, 일방적 교화를 반복하는 한국사회의 갈등"의 근원이 민족주의에 있는 것은 아닌가, 시민의 공화주의적 덕성, 즉 "시민적 자유와 책임을 통해 구성해온 도덕적, 시민적 품위"에 대한 관심과 반성에 민족주의가 오히려 장해가 되는 것은 아닌가 하는 등등의 문제제기는[17] 곱씹어봄직 하다. 요컨대, "민족주의 없는 애국심"[18]의 명제와 같은 맥락에서 '민족주의 없는 헌법적 정체성'이 이론적으로, 현실적으로 가능하고 또한 타당한 것인가의 문제가 관심의 대상이다.

Ⅲ. '일통지정'(一統之政)[19]의 준거 및 지향점으로서 '헌법적 애국심'

이러한 관점과 문제의 제기는, 유럽통합에 대한 정치적 기대와 유럽이라는 특수한 환경에 초점을 맞추고 있는 것이기는 하지만, J. Habermas

16) 곽준혁/조홍식(편), 아직도 민족주의인가, 한길사, 2012.

17) 위의 책, 프롤로그, 6면.

18) 위의 책, 프롤로그, 12면.

19) 위대한 사상가 혜강 최한기 선생은 「人政」(1860)에서 "나라를 다스리고 집안을 통솔함(爲邦御家)에 있어서 일관된 어떤 로직(logic)이 있어야 한다는 뜻"의 '일통지정'을 사람을 헤아리고(測人), 가르치고(教人), 뽑고(選人), 그리고 쓰는 데 있어서(用人) 기본지침으로 제시하고 있는 바, 이는 현시점에서 청소년에 대한 헌법교육의 맥락에서도 그대로 유용하다. 이에 관해서는 김용옥, 혜강 최한기와 유교, 통나무, 2004, 14-17면.

가 민족주의의 대안담론으로 제시한 이른바 '헌법적 애국심'(constitutional patriotism)과 적어도 문제인식의 구조, 특히 출발점과 지향점을 공유한다. 여전히 상당한 수준에서 민족이 개별 국가의 정체성의 기본단위로 지속되는 가운데 유럽연합 차원에서의 정체성과 정치적 충성심을 어떻게 확보할 수 있는지에 대한 이론적, 철학적 논의의 지평 속에서[20] 적어도 '우연을 운명으로 만들어 왔던 마술'[21]인 감성적이고 폐쇄적인 또한 배타적인 민족주의의 패러다임이 더 이상 유효한 통합의 토대와 축이 되기는 어렵다는 점을 인식하고, 탈민족(주의)의 새로운 연대의 근원을 모색하는 시도 속에서 제시된 것이 바로 '헌법적 애국심'의 명제이기 때문이다.[22] 그 핵심은 애국심의 근거를 더 이상 혈연이나 언어 및 영토의 공유성, 기타 문화적 습속과 유산과 같은 감성적인 민족주의적 요소가 아니라, 보편성과 특수성이 교차되는 가운데 상호 이해와 포용, 그리고 타협을 요소로 하는 다원적 민주주의의 정치문화와 헌법의 기본이념, 즉 '헌법적 정체성'에 대한 합의와 공유에서 찾는 것이 가능하고 또 바람직하다는 믿음과 기대이다.[23]

담론의 조건과 환경이 다른 Habermas의 '공론장이론'과 '헌법적 애국심'이 실질적인 가치적 준거에 대한 합의보다는 절차에 대한 합의를, 그 의미에 대한 투쟁의 과정이 아니라 보편성과 특수성 간의 긴장에서 비롯

---

20) 이에 관해 상세한 논의와 비판적 검토는 J.-W. Müller, Constitutional Patriotism, Princeton Univ. Press, 2007, 93-147면.

21) 윤형숙(역), 앞의 책, 32면.

22) 홍승헌, "하버마스의 헌정적 애국심", 곽준혁/조홍식(편), 앞의 책, 321면.

23) 이에 관해서는 위의 책, 303-305면. H.-U. Wehler가 사회의 내부적, 외교적 문제를 평화적으로 해결할 능력이 없는 것을 민족주의의 '근본적인 맹점'으로 지적하면서 점차적으로 사회통합과 정치적 정당화를 돕는 능력을 상실하게 될 것으로 전망하고, 민족주의를 대신하여 현대 국가의 정당성을 보장하는 새로운 프로그램으로 '민주주의적 입헌주의', '법치국가', '사회보장국가', 그리고 '생태학적으로 조절되는 경제성장능력'을 제시하는 것도 같음 맥락에서 이해되고, '헌정적 애국심'은 이 프로그램들의 집합개념에 다름이 아니다. 이용일(역), 허구의 민족주의, 푸른역사, 2009, 168-178면.

되는 의미형성의 과정[24]을 중시하고 있는 점에서 그것을 정치한 검토 없이 그대로 수용하는 것은 무리다. 하지만 민족주의 패러다임의 한계를 주목한 Habermas의 기본적인 문제인식, 그리고 민족문화들 간의 차이에 대한 상호인정을 토대로 하는 '탈민족적 민주주의'로 방향을 설정한 것은 우리에게도 매우 중요한 시사점을 제공해준다. 단일언어와 단일혈통을 중심축으로 하는 우리의 특유한 민족주의담론과, 민족의 명제가 무조건적인 충성을 요구하는 명분, 말하자면 비판을 허용하지 않는 "애국이념이 체화된 신성한 개념"[25]으로 여전히 유지되고 있는 우리 사회의 정치적 정체성에 대하여 구체적으로 반성하고, 대안을 모색할 수 있는 당위적 지침과 단서로 활용해야 한다.

권위주의시대에 국가와 민족에 대한 충성을 강요하는 조작된 정치적 이데올로기로 악용된 부분을 차치하더라도, 적어도 전체 또는 국가를 위해 개인의 자유와 권리에 대한 희생을 요구하는 신화화된 절대적인 명분으로서 민족주의는 그것이 향후 우리 공동체의 정체성의 토대로 지속되기는 어렵다. 그러나 관념적 차원에서 극복의 당위성을 말하는 것은 상대적으로 쉽다. 문제는 그것에 내재된 한계를 직시하고, 정치, 사회, 문화적 생활의 구체적인 모습 속에서 그것이 어떻게 표출되고 있는지 분석 및 평가하는 것이다. 여기에서 관심대상은 미래 우리 사회의 주역이 될 청소년들에게 기성세대가 기대하고, 또한 스스로 제시해야 하는 '헌법적 정체성'의 관점에서 작용되는 민족주의의 순기능과 역기능의 문제이다.

의견의 불일치를 해소하거나 또는 적어도 사회적 비용을 최소화하는 방향으로 문제를 완화하는 담론에서의 관건은 인식의 불일치가 아니라 인식의 상위에 대한 태도의 변화에 있다고 보는 Ch. L. Stevenson의 윤리학적 담론을 원용하여 말하자면,[26] 민족주의에 대한 반성은 의견불일치의

24) J.-W. Müller, 앞의 책, 143면.
25) 윤형숙, 앞의 책, 저자해설, 280면.
26) "The Nature of Ethical Disagreement". in; R. Schafer-Landau(ed.), Metaehtics, Vol. III, 2008, 304면.

근원을 탐색하는 작업인 동시에 의견의 불일치에 대한 태도를 바르게 정립하기 위해서 민족주의에 의해 선점 또는 포착되어 있는 담론체제를 해체하고, 민족주의와 유력한 대안담론의 하나인 '헌법적 애국심'의 정신적, 철학적 담론의 준거로서의 효용과 한계를 비교 검토하는 것이다.

상론을 생략한 채 예단하는 것은 성급하다는 비난을 피하기 어렵겠지만, 민족 또는 민족주의가 청소년에 대한 '계몽의 수사'로 여전히 유효한 것인지, 얼마나 유효한지 적어도 비판적인 성찰이 필요하다는 점은 부인할 수 없을 것으로 생각된다. '한 민족'이라는 이념주의(ideologism)적 논리로 '우리는 하나'임을 일방적으로 요구하는 것은 상대적으로 쉽고, 쉬운 만큼 매력적일 수 있다. 하지만 관건은 그 논리를 현실적인 문제의식 속에 체화하고, 구체적인 삶 속에서 지속가능한 태도로 유지 및 발전시켜 나가는 것이다. 대안모색의 관점에서 말하자면, 특히 공감의 토대로서 민족을 상상해내기를 기대하기 어려운 현재 그리고 미래의 젊은 세대들에게는 선택가능한 이념과 체제 및 제도의 대안들에 대한 실증적인 비용-편익분석의 결과를 제시하는 식의 방법으로 그에 수반되는 의무와 부담의 수인에 대하여 동의를 이끌어 내는 것이 더욱 효과적인 설득의 수사(修辭)가 될 수 있다. 이러한 관점에서 필요한 수사를 담아내고 뒷받침할 수 있는 더 효과적인 헌법공동체의 담론으로서 '민족주의 없는 애국심', 즉 '헌법적 애국심'의 효용을 가늠하는 것이다.

다만, 굳이 재확인을 생략할 수 없는 것은 이러한 민족주의에 대한 반성의 요청이 정치적, 역사문화적 수사로서 민족 개념을 전면적으로 부정하자는 것은 아니라는 점이다. 극심한 고통과 비애의 집단적 기억을 공유하고 있고, 그래서 '아픔을 같이 할 수 있는 능력'과 다르지 않은 것으로 생각되는 한(恨)과 정(情)의 감성이 특유한 우리 민족공동체의 역사적 기억의 본체는 부정과 극복의 대상이 아니라, 해방과 진보의 인자를 내포하고 있는 소중한 자산으로 보전해 나가야 한다. 비판적인 입장에서 주장하는 바와는 달리, '헌법적 애국심'의 관념도 공동체 구성원들에게 과거와 민족, 민족전통과의 단절과 결별을 요구하는 것은 아니다. 이른바 '애착'

(attachment)과 '변경'(revision) 그리고 '재애착'(re-attachment)의 계속되는 비판적 과정[27] 속에서 과거에 집착하는 어떤 특수한 주장이 아니라 주장 자체의 개방성과 다원성을 확보하는데 초점을 맞추는 '헌법적 애국심'의 관념이 비판적으로 극복하고자 하는 것은 민족주의를 비롯하여 그 어떤 것이든 특정한 '주의'가 공동체의 유일한 도덕적, 정신적 준거로 득세하는 세상이다. 일종의 터부로 설정되어 특정한 도덕공동체를 고착시키는 절대화된 민족주의가 아니라면, '헌법적 애국심'은 오히려 다원적 민주주의의 틀 속에 민족주의를 수용하여 발전시켜 나갈 수 있는 이념적 토대가 될 수 있다.

관건은 이 토대 위에서 제공되는 개방적이고 역동적인 담론의 공간과 지평을 확장해 나가는 것이고, 이를 위한 필수적인 요소로서 갱신의 기회를 지속적으로 제공하는 것이다. 민족주의에 대한 구체적인 반성과 극복의 당위성, 그리고 그 지향점은 바로 이러한 정신문화적 요청, 즉 민족주의의 정신과 열정이 응축된 역사문화적 토대 중에 살려나가야 할 순기능적 가능성의 부분과, 비판적으로 극복해나가야 할 역기능의 부분을 가려내는 자기성찰의 선결과제에 대한 숙고 속에서 찾아진다. '헌법적 애국심'은 바로 이 숙고의 당위성에 대한 인식과 실천에 매우 유용한 '일통지정'의 준거가 될 수 있다. J. Benda가 우려하는 바와 같이, '헌법적 애국심'도 그리고 '헌법적 애국심'에 의해 대체 또는 여과된 민족주의도 '이성'과는 전적으로 다른 감성적인 '이성의 열정'(passion of reason)일 수밖에 없다고 하더라도,[28] 이는 자기성찰과 갱신의 노력에 대하여 절망적인 포기를 선언한 것이 아니다. 오히려 "열정과 회의주의에 대하여 공간을 허용하는 '정치적 애착'(political attachment)의 한 형식"[29]을 제시하면서, 냉정한 이성과 열정적인 감성 간의 적정한 조화를 도모해야 하는, 고민스

27) J.-W. Müller, 앞의 책, 141-142면.
28) J. Benda, Discourse à la nation européenne, 20-21면. J.-W. Müller, 앞의 책, 144-145면에서 재인용.
29) J.-W. Müller, 앞의 책, 145면.

러운, 고민할 수밖에 없는 숙고 과정의 본질적인 개방무한성과 함께 당위적인 계속성의 요청을 확인한 것으로 이해된다. 이러한 문제인식은, 특히 본격적으로 다문화사회를 직면하고 있는 우리 사회의 현 상황에서는 물론이고 또한 언제 어떻게 맞게 될지 모르는 한국통일의 과정에서 또한 통일한국에서 남한 시민에게 큰 부담과 희생을 요구하게 될 낙후된 북한의 경제발전과 사회복지체제구축의 문제와 관련해서도 각별한 의미를 갖는다. 젊은 세대의 통일에 대한 관심과 열망이 급속하게 감소하는 경향이 뚜렷하고, 이 추세를 되돌리는 것이 어렵다고 본다면 이러한 희생과 부담의 당위성을 이끌어내는 데 필수적인 정신적, 사회심리적 준거, 즉 충분한 양적, 질적 크기가 담보되는 애국심의 토대로서 민족주의의 가능성과 한계가 면밀하게 검토되어야 한다.[30] 통일의 당위성과 필요성에 대한 기본의식과 관련해서도 마찬가지이지만, 북한이탈주민문제에 대한 기본인식, 특히 탈북민에 대한 정착지원의 수준과 내용 등에 대해서도 의견의 일치를 기대하기 어렵다면, 정치적 담론 및 정책론의 차원에서 관심은 '의견의 불일치' 자체보다는 '의견의 불일치에 대한 태도', 그리고 이 '태도에 대한 인식의 상위'에 모아져야 한다. 민족주의에 앞서서 또는 적어도 '절제된 민족주의'와 함께 '헌법적 애국심'을 정신적, 철학적 토대로 가다듬어나가는 인식의 전환과 그에 따른 정치한 민주시민 교육프로그램의 기획과 실행이 절실하게 요구되는 것은 바로 이 때문이다.

30) 이러한 점에서 서울대 통일평화연구원이 발표한 '2011 통일의식조사'(2012년 9월 26일)의 결과가 주목된다. 139-158면. 전체적으로 남한주민들의 통일에 대한 열망이 급속하게 식어가는 경향을 드러낸 동 조사결과에 따르면, '통일이 필요하다'는 답은 전체적으로 2008년 63.8%에서 올해 53.7%로 10% 포인트 이상 하락했다. 특히 20대 청년들의 경우 53.3%에서 40.8%로 급락한 점이 주목된다.

[참고문헌]

곽준혁/조홍식(편), 아직도 민족주의인가, 한길사, 2012.

김용옥, 혜강 최한기와 유교, 통나무, 2004.

2011 통일의식조사, 서울대 통일평화연구원, 2011.

이덕연, 「헌법적 정체성 확립의 과제와 북한이탈주민의 헌법적 지위」, 저스티스, 제136호, 2013.6.

리쩌허우(李澤厚), 황희경(역), 역사본체론, 들녘, 2004.

Benedict Anderson, 윤형숙(역), 상상의 공동체, 나남출판, 2002.

H.G. Gadamer, 손승남(역), 교육은 자기교육이다, 동문선, 2004.

A. Honneth, 문성훈/이현재(역), 인정투쟁, 사월의 책, 2011.

H.-U. Wehler, 이용일(역), 허구의 민족주의, 푸른역사, 2009.

L. Wittgenstein, 이영철(역), 문화와 가치, 책세상, 2006.

B. A. Ackerman, Social Justice in the Liberal State, Yale Univ. Press, 1980.

B. A. Ackerman, 『Why Dialogue?』, The Journal of Philosophy, 86, 1989.

G. J. Jacobsohn, Constitutional Identity, Harvard Univ. Press, 2010.

D. Kennedy, A Semiotics of Critique, 22 Cardozo Law Rev.(2002)

J.-W. Müller, Constitutional Patriotism, Princeton Univ. Press, 2007.

W. F. Murphy, Constitutional Democracy, Johns Hopkins Univ. Press, 2008.

M. Rosenfeld, The Identity of the Constitutional Subject, Routledge, 2010.

M. Rosenfeld, Constitutional Identity, in; M. Rosenfeld/A. Sajo(ed.), The Oxford Handbook of Comparative Constitutional Law, 2012.

H. Schweber, The Language of Liberal Constitutionalism, Cambridge, 2007.

Ch. L. Stevenson, 『The Nature of Ethical Disagreement』. in; R. Schafer-Landau(ed.), Metaehtics, Vol. III, 2008.

[Abstract]

The Establishment of 'constitutional identity' and constitutional education as 'Self-education'

Duk Yeon Lee*

Human rights and Compliance education to the teenagers is constitution education and politics education. Its point is upbringing of democratic citizen. Democratic citizen education expands and deepens out value consensus, or 'constitutional identity' individually and collectively. In relation to the establishment of 'constitutional identity', the matter whether 'constitutional identity without nationalism' is theoretically and realistically possible and reasonable has a important meaning. The key to this issue is to compare utility and limitation as reference of spiritual and philosophical discourse of nationalism with those of 'constitutional patriotism' to be one of the potent alternative discourse. The point of 'constitutional patriotism'is the belief and expectation to be possible and desirable that patriotism is based on consensus and share about 'constitutional identity'. 'constitutional patriotism' can be the ideological foundation to accommodate nationalism in the framework of a pluralistic democracy and develop it.

[Key word]
Human rights and Compliance education to the teenagers, Democratic citizen education, Constitutional identity, Nationalism, Constitutional patriotism

---

* profssor, Yonsei Las School

미국헌법상 평등이론의 전개와 적극적 차별시정조치*

이병규**

[국문 요약]

이 글은 미국헌법상 평등이론의 전개 과정을 평등의 개념에 대한 철학적 논의와 함께 미연방대법원의 적극적 차별시정조치에 대한 판례를 통하여 논의한다. 이러한 논의는 평등의 본질적 의미가 무엇인가에 대한 논의의 일환이며, 아울러 향후 평등에 대한 논의의 전개 방향을 설정하는 데도 일조하는 것이다.

미국에서 평등권 이론의 전개는 단순한 평등보호조항의 해석을 넘어서, 여기에는 미국 사회의 역사적·문화적 요소가 깊숙이 내재해 있다. 그리고 그 때마다 연방대법원은 중요한 이정표를 세워왔다. 예컨대, Grutter v. Bollinger 판결에서 연방대법원이 적극적 차별시정조치에도 엄격심사가 적용되며, 인종에 기초하는 적극적 차별시정조치의 합헌성을 명

* 이 논문은 Dong-A Law School Journal 제1권 제2호(동아대학교 법학전문대학원, 2011. 11)에 게재된 “미국 헌법상 평등이론의 전개와 적극적 차별시정조치”를 수정·보완한 것임을 밝힌다.

** 동의과학대학교 경찰경호행정계열 조교수, 법학박사.

시적으로 지지한 것은 큰 의미가 있다. Grutter 판결 후에 적극적 차별시정조치가 어디까지 허용될 것인가는 매우 중요한 부분이다. 또 이 판결이 고용, 정부계약, 선거구 분할 등 다른 영역에서 적극적 차별시정조치는 어떤 의미를 가지는가도 관심거리이다. Grutter 판결로부터 25년이 지나면 인종에 기초하는 우대조치는 연방대법원에 의해 승인된 이익의 달성으로 필요하지 않을 것이라는 의견도 있다. 그러나 Brown v. Board of Education 판결로부터 50년이 지난 뒤에도 적극적 차별시정조치의 필요성은 여전하고, 또 다시 25년이 흘러도 그것이 필요할지도 모른다는 점은 미국 사회에서 평등이라는 것이 얼마나 어려운 문제인지를 단적으로 보여주는 것이다.

이러한 평등에 대한 논의는 우리나라에서도 대단히 중요하다. 우리나라는 지난 1960~70년대 급속한 경제 성장과 함께 자본주의 경제질서의 폐해도 심각히 경험하고 있다. 경제적으로 지역 간 세대 간 격차와 빈부의 격차, 사회 전반에 있어서 심각한 남녀불평등의 문제, 그리고 정쟁의 산물이 되어버린 보편적 복지의 문제 등은 우리가 겪는 평등의 양상이다. 이와 함께 고용에 있어서 지역인재할당이나 여성우대정책, 그리고 국가유공자 가산점 제도, 다시금 논의되는 제대군인가산점 제도 등은 우리 사회에서 볼 수 있는 적극적 차별시정조치의 모습이다. 결국 우리나라의 경우에도 평등에 대한 고전적 논의를 넘어서 사회복지, 사회보험 등과 같은 사회국가원리와 연동된 평등의 논의는 필연적인 흐름이 되고 있다. 평등의 문제는 얼마만큼 분배할 것인지의 문제와 함께 무엇을 분배할 것인가가 중요한 문제가 된다. 이러한 문제 상황에 기초할 때 미국에서 적극적 차별시정조치를 포함하는 평등권에 관한 논의는 우리나라에서도 적지 않은 시사점을 제공해 줄 것으로 생각된다.

[핵심어]

평등, 평등이론, 적극적 차별시정조치, 평등보호조항, 엄격심사, Grutter v. Bollinger, Brown v. Board of Education of Topeka

Ⅰ. 서 론

이 글은 미연방대법원 판례에 기초하여 미국에서 평등권 이론이 어떻게 전개되어 왔는지 살펴보는데 그 목적이 있다. 또한 미국의 수정헌법 제14조의 '평등보호조항'에 의할 때 적극적 차별시정조치(affirmative action)는 어떻게 이해되고 있는지에 대하여도 논의하도록 한다.

미국에서의 평등권 이론의 전개에 대한 본격적인 논의에 앞서 우선 '평등' 내지는 '평등권'이 무엇인가에 대하여 생각해 볼 필요가 있다. 사실 '평등'이 무엇이라고 단적으로 말하기는 대단히 어렵다. '모든 인간의 가치가 같은 것'이라는 정의만으로 그 의미를 이해하기는 턱 없이 부족하다. 평등이 무엇인지 알기도 어렵지만 그 영역 또한 대단히 넓다. 만약 인간의 가치를 같게 해줄 때 평등하다고 한다면, 그 전제로서 인간의 가치라는 영역이 어디까지 미치는지 아는 것도 어렵다. 인간 그 자체는 물론이고, 도덕이나 윤리, 정치, 경제, 문화 등 인간이 가치 있다고 평가할 수 있는 영역은 실로 방대하다. 그런 모든 영역에서 모두가 동등하거나 동등하게 해준다는 것이 가능할 것인가라는 문제가 나오는 것이다. 인권의 보편성과 특수성이라는 문제도 평등의 개념 정의나 적용 영역을 확인하는데 어려움을 더한다.

그래서 우리는 평등이 무엇이고, 평등하다는 것이 무엇인지에 대한 적극적인 개념 정의나 설명보다는 구체적인 상황에서 '평등하다'고 하거나 '평등하지 않다'고 하는 소극적인 심사에 익숙해 있다. 이에 많은 국가에서 평등이나 평등권에 대한 논의는 그 심사기준을 중심으로 발전해 왔다. 우리 헌법재판소도 미연방대법원의 전통적인 2단계 심사기준, 즉 합리적 심사기준과 엄격한 심사기준을 원용하고 있다. 이러한 심사기준이 구체적인 사건이나 사례에서 헌법상 보장된 평등권에 반하는지 여부를 판단하는데 일조하는 것은 사실이지만, 평등권의 본질적 의미를 이해하는 데는 한계가 있다. 이러한 상황이 일반의 평등권 보장에 있어서 그다지 문제될 것은 없다고 생각할 수도 있지만 사실은 그렇지 않다. 헌법재판소를 비롯한 사법적 구제절차를 통하여 평등권 보장이 이루어질 때 헌법학은 다른 법학의 영역과는 약간 다르게 결정적인 순간, 즉 법관이 최종적인 결정을 할 때는 법관의 가치판단이 개입될 여지가 있다. 예컨대, 평등한지 평등하지 않은지, 양심의 자유에 반하는지 반하지 않은지 등과 같은 것은 가치중립적이고 법논리적인 판단으로 결정하기는 대단히 어렵다. 여기서 바로 법관의 철학적 사고의 필요성이 나오는 것이다. 드워킨(Ronald Dworkin)도 지적했듯이 법률가는 철학적 사고를 필수적으로 해야 한다.[1] 헌법학은 특히 더 그렇다. 헌법학의 기본권 영역에서 기본권 하나하나는 지난 오랜 시간 동안 고민을 거듭해온 철학자들의 이성적 사고의 결과물이기도 하다. 그렇다면 국민의 기본권을 보장하고 수호하는 법원과 법관이 법을 해석하고 판단하는 과정에서 최소한의 철학적 사고를 하는 것은 지극히 당연한일일지도 모른다. 왜냐하면 근대입헌주의 이래로 국민의 기본권을 보장하는 것은 철학자도 아니고 입법부도 아닌 사법부이기 때문이다.

이러한 생각에 기초하여 여기서는 먼저 평등이 무엇인가에 관한 철학적 논의들을 살펴본 다음, 헌법상 평등권에 대한 미국에서의 이론적 전개과정과 판례의 변화를 알아보기로 한다. 미국에서 평등의 문제는 미국사회의 다양한 영역에서 갈등의 씨앗이 되어왔다. 물론 그것은 인종차별, 특히 흑백인 차별, 노예제도, 소수자 집단 등과 관련하여 미국헌법의 변화의 중심에 있었다.[2] 따라서 미국에서 평등이론의 전개과정을 살펴보는 것은 평등의 본질을 이해하는데 도움이 될 것으로 생각된다. 주지하다시피 미합중국헌법이 제정될 당시에 헌법에 평등권을 보장하는 규정은 없

---

1) 김비환 외 공저, 자유주의의 가치들: 드워킨과의 대화, 아카넷, 2011. 19면 이하.
2) 엠 더글라스 벨리스, "미국헌법의 역사 : 헌정사의 형성에 노예제도가 미친 영향을 중심으로," 한국헌법과 미국헌법의 비교법적 고찰(국회 국제학술대회), 국회법제실, 2007. 16. 19면 이하.

었다. 이는 남북전쟁 후에 제정된 수정헌법 제14조에서 평등보호조항이 추가되어 비로소 헌법상 평등권이 보장되게 되었다. 미연방대법원은 평등조항 하에서 인종차별에 대하여는 다른 것과 달리 엄격한 심사의 적용을 확립해 왔다. 즉 인종에 따라 달리 취급하는 것은 부득이한 이익을 달성하기 위한 불가결한 조치가 아닌 한 허용되지 않는다는 것이다. 인종차별에 대하여 엄격한 심사가 적용되었다면 인종적 소수자를 우대하는 조치, 즉 적극적 차별시정조치는 어떻게 보아야 하는가? 적극적 차별시정조치에도 엄격심사가 적용되어야 하는가, 아니면 인종을 이유로 인종적 소수자에게 불이익을 주는 법률과 달리 인종을 이유로 인종적 소수자를 우대하는 조치의 경우에는 보다 완화된 심사를 적용해야 하는가? 그리고 그러한 엄격심사가 적용된 경우에는 어떤 경우에 어느 정도로 적극적 차별시정조치가 허용되어야 하는가? 이러한 물음을 중심으로 논지를 전개하고자 한다.

Ⅱ. 평등이란 무엇인가?

'平等'([英]equality, [獨]Gleichheit, [佛]égalité)은 광의로는 사회적 자원이나 부담의 분배 또는 포상, 제재, 배상의 결정에 있어서 관계없는 사정의 고려에 의한 차별을 배제하는 것을 말한다.[3] 예컨대, 병세가 보다 중한 환자에게 더 많은 의료자원을 분배하는 것은 평등에 반하지 않지만, 인물이 좋은 환자를 더 극진하게 간호하는 것은 평등에 반한다. 따라서 평등은 사람들 간에 일체의 차이를 무시하는 것이 아니라 '관계없는'(irrelevant) 차이에 의한 차별의 배제를 요청한다. 또한 협의로는 인종·성·계급·민족 등의 차이를 초월한 인격적 존재로서의 인간의 본질적 대등성을 의미한다.

3) 哲学・思想事典, 岩波書店, 1998, 1341頁; 憲法辭典, 三省堂, 2001, 409頁.

이러한 평등의 이념은 '본성에 의한 노예'라는 아리스토텔레스의 관념을 부정하고, 이성과 덕성의 능력에 있어서 인간의 보편적 평등을 주장한 스토아 철학이나 신 앞의 평등을 강조한 초기 기독교 사상에서도 찾을 수 있지만, 기본권의 향유 조건을 인간성 일반에서 찾는 근대 이후의 인권사상의 전통과 함께 발전해 왔다. 협의의 평등이념은 광의의 평등이념이 차별의 정당화 근거에서 배제하고자 하는 무관계한 차이의 구별기준을 나타내는 것이지만 대등한 인격으로서 승인되는 존재자의 범위, 대등한 권리의 내용, 그것들의 확정근거는 역사적으로 변화되고 현재에도 논쟁의 대상이 되고 있다.

그렇다면 평등은 자연적 소여인가 아니면 사회적 구성물인가? 이 문제도 오래전부터 그 논의의 대상이 되어 왔다. 고대 그리스의 소피스트(Sophist)였던 칼리클레스(Kallikles)는 우수한 자가 열등한 자를 지배하는 것이야말로 자연의 이치이고, 평등은 열등한 자가 연대하여 우수한 자를 속박하기 위하여 만들어 낸 인위적인 질서(nomos)라고 했지만, 이러한 발상은 주인의 도덕과 노예의 도덕을 구별하고 후자에게 일반의 르상티망(ressentiment)[4]을 본 니체(Friedrich Wilhelm Nietzsche)에게 이어졌다. 근대 사회계약설에서는 이 관계가 역전되었다. 특히 홉스(Thomas Hobbes)는 "가장 약한 자도 가장 강한 자를 살해한다"는 모든 인간의 취약성에 기초하는 '자연적 평등'을 자연상태에서 상정하고, 거기서부터 지배자와 피지배자가 계층 분화하는 국가를 사회계약에 의해 설립할 필요를 주장하였다.[5] 평등을 자연상태라고 하고, 국가는 그것을 제약하기 위하여 사회

---

4) 인간 본성의 비합리적 측면, 특히 激情의 구실을 중시한 니체는 권력의지에 의해 촉발된 강자의 공격욕에 대한 약자의 격정을 복수감이라고 말하였다. 그에 의하면, 그리스도교의 '사랑'도 사실은 증오감·복수감의 숨겨진 정신적 태도에 지나지 않으며 '원수를 사랑하라'는 것도 실천력이 부족하거나 결여된 것을 想像의 복수로 갚는 忍從과 寬容의 도덕에 지나지 않는다(프리드리히 니체 / 정동호 역, 차라투스타라는 이렇게 말했다, 책세상, 2003; 최종천, "니체와 형이상학," 니체연구 제17집, 한국니체학회, 2010, 217면 이하 참조).

5) 토머스 홉스 지음 / 진석용 옮김, 리바이어던 1, 나남, 2008, 168－175면.

계약에 의한 정당화를 필요로 한다는 발상이 로크(John Locke)나 루소(Jean-Jacques Rousseau)에게도 공유된다.[6] 존재(Sein)와 당위(Sollen)를 준별하는 방법이원론은 자연적 차이의 문제로부터 논리적으로 독립한 사회규범으로 평등을 파악했지만 현실의 차별실천은 격차별 집단에게 본질적 차이가 귀속되는 편견에 기초하기 때문에 사회적 차별의 극복운동은 자연적 차이의 부정과 결합하기도 한다. 성 차이의 관념은 성차별을 합리화하는 사회적 권력 장치로 파악하여 해체하고자 하는 경향은 페미니즘(feminism)의 일부로 볼 수 있다. 그러나 다문화주의(multiculturalism) 등의 차이에 대하여 권리를 주장하는 입장에서는 차이의 승인을 차별의 배제와 결합할 필요가 또 다시 강조된다.[7]

형식적 평등과 실질적 평등의 대립도 다양한 형태로 논의된다. 예컨대, '같은 것은 같게'라는 광의의 평등의 이념을 공허한 형식으로 보고, 같은 것이 도대체 무엇인지 그 실질적인 기준을 제시하는 것이야말로 결정적인 문제라는 비판은 이 기준의 선택을 자의적으로 보는 가치상대주의만이 아니라 평등이념을 구체적인 권리의 복합체로 보는 입장으로부터도 제기되었다. 그러나 광의의 평등이념의 실질을 보편주의적인 공평성에서 찾는 입장도 있다. 기회의 평등과 결과의 평등도 '형식 대 실질'이라는 도식으로 대치시켜왔지만 사회주의 경제체제의 붕괴는 결과평등주의의 신용을 실추시키는 결과를 낳았고, 기회의 평등의 형식적 해석과 실질적 해석의 대립으로 그 문제가 이행되었다. 즉 시장의 경쟁을 중시하는 점에서는 같지만 일정한 재분배를 부정하는 형식적 기회평등주의와 초기 분배를 평등화하고 출발점의 평등을 도모하는 입장이나 선천적인 능력의 차이나 본인의 선택과 무관한 불행과 같은 경쟁 조건에서 발생하는 차이의 보정을 도모하는 입장과 같은 실질적인 기회평등주의가 있다. 결과평등주의도 최하층의 경우를 최선화하는 수단으로 하고 분배의 불평등을 시인하는 롤즈

---

6) 존 로크 / 강정인·문지영 옮김, 통치론, 까치, 1996, 77면 이하; 장 자크 루소 / 이환 옮김, 사회계약론, 서울대학교출판부, 1999, 19면 이하 참조.

7) 윌 킴리카 / 장동진 외 공역, 다문화주의의 시민권, 동명사, 2010. 222면 이하.

(John Rawls)의 격차원리[8]와 같은 희박화한 형태에서는 영향력을 가진다. 또한 '역차별'이나 '적극적 차별시정조치'(affirmative action)[9]의 문제도 평등의 형식과 실질의 대립의 현대적 형태라고 할 수 있다.

종래의 평등에 대한 논의는 '누구에게' '얼마나' 분배할 것인가와 같은 분배 기준의 문제에 집중되었다. 그러나 최근에는 센(Amartya Kumar Sen), 드워킨 등에 의해 무엇을 평등하게 할 것인가라는 분배대상의 문제가 논의된다. 센은 '잠재적 능력'이라는 개념을 기초로 파악하고, 잠재적 능력과 기회의 균등에 대하여 설명한다. 즉 기회균등이라는 것은 정책론

---

8) 롤즈의 '격차원리'는 사람들의 생래적인 재능은 '우연'이라는 이유로 개인의 재능 등을 사회적 공동자산으로 본다. 이러한 이해에 따라서 가장 불리한 상황에 있는 사람들에게 국가에 의한 기본재의 평등한 분배에 길이 열린다. '基本財'란 권리와 자유, 기회와 권력, 부와 소득, 자존심 등이다. 격차원리는 미국에서 행해진 적극적 차별시정조치와 같은 평등주의적 사회개혁의 정당화에도 활용될 수 있다. 다만 롤즈 자신은 그러한 조치에 대하여 아무런 말도 하지 않았다. 그러나 그의 격차원리가 그의 정의론 이후의 평등주의적 자유주의의 선구를 이룬 것은 틀림없다(존 롤즈 지음 / 황경식 옮김, 정의론, 이학사, 2003 참조).

9) 역사상 뿌리 깊이 존재한 인종이나 성 등에 기초하는 차별을 해소하기 위하여 미국에서 채용한 특별한 조치로 우리나라에서는 '적극적 차별시정조치' '적극적 우대조치' '적극적 평등조치' 등으로 불린다. 1954년 Brown v. Board Education 판결에 의해 공립학교에서의 흑·백인 분리교육이 위헌이 된 것을 계기로 인종통합 정책이 실시되었다. 그 대표적인 정책인 강제버스통학(busing)은 학교에서 인종의 비율이 균등하도록 아동을 버스로 교외에서부터 통학시키는 것. 또한 로스쿨이나 메디컬스쿨을 비롯한 고등교육기관에서 입학정원의 일정비율을 인종상 소수자 집단에게 배당하는 시책도 있다. 고용면에서는 1964년 시민적 권리에 관한 법률(Civil Rights Act) Title Ⅶ 하에서 추진된다. 이 법은 연방정부의 관할 하에 있는 노동관계에서 사용자, 노동조합 또는 직업소개기관에 의한 인종, 피부색, 종교, 성별, 출신국적이나 민족을 이유로 한 차별적 취급을 금지하고 그 금지 위반에 대한 경계기관으로 평등고용기회위원회(Equal Employment Opportunity Commission)를 설치했다. 그리고 금지 위반의 기업 등은 연방정부로부터 불이익이나 제재가 가해진다. 이들 적극적 시책에도 불구하고 인종차별이나 성차별은 여전히 큰 사회적 문제이고 또한 그 시책이 인종상 다수자인 백인에 대한 새로운 차별(逆差別)을 초래한다고 하고, 시책에 대한 반대론도 강하게 주장된다.

중에서는 특정한 수단이 동일하게 이용가능하거나 특정한 장벽이나 제약이 동일하게 이용될 수 있도록 제한적으로 이용되는 경우가 많다. 이러한 기회균등은 전반적인 자유를 나타낼 수 없다. 그 근거는 인간의 기본적인 다양성이고, 표준적으로 정의된 기회균등의 시야에는 들어오지 않는다는 다양한 수단의 존재와 그 중요성에 있다. 진정한 기회균등을 위한 적절한 방법은 잠재적 능력의 평등이어야 한다는 것이다. 그는 단순한 기회의 평등도 결과의 평등도 아닌 바로 평등의 주체적 조건을 고려해야 한다고 주장한다.[10] 드워킨은 평등을 '복지의 평등'과 '자원의 평등'으로 나눈다. 예컨대, 자식들 중에 장애인이 있을 때, 이 자녀가 다른 자녀들만큼 행복하게 살 수 있도록 하기 위하여 더 많은 재산을 물려준다면 복지의 평등이다. 자식들이 이미 대체로 비슷한 수준의 재산을 보유하고 있다면 장애 유무와 상관없이 재산을 똑같이 나눠 주는 것이 자원의 평등이다. 그는 복지의 평등은 현실적 측면에서 받아들이기 힘들다고 지적하고 자원의 평등을 지지한다. 복지의 평등을 지지하는 롤스와 드워킨이 구별되는 지점이다. 그렇다면 자원의 평등한 분배는 어떻게 가능한가? 드워킨은 이를 위하여 시장 개념을 적극적으로 수용한다. 모든 사람에게 동일한 양의 화폐를 주고 경매를 통하여 필요한 자원을 구입하도록 하자는 것이다. 이를 통하여 각자가 갖게 되는 자원 전체의 기회비용의 총합이 동일해지고, 시초 자원의 평등한 분배가 가능해진다. 자원이 정말 평등하게 분배됐는가를 살피는 방법은 바로 '선망검사'다. 자원이 분배된 뒤 어떤 사람도 다른 사람의 자원을 자신의 것보다 좋아하지 않아야 그 분배가 평등하다는 의미이다. 기회비용을 통해 자원의 가치를 평가하는 이 이론은 대체로 상반된다고 생각하는 두 개의 가치인 자유와 평등을 융합한다. 참된 기회비용을 측정하기 위해서는 경매에서의 자유가 보장되어야 한다. 동시에 특정 자원이 다른 사람들의 것이었을 경우 그 사람이 그 자원을 원하는 대로

---

10) 아마티아 센 지음 / 이상호·이덕재 옮김, 불평등의 재검토, 한울아카데미, 1999, 228면 이하.

자유롭게 사용했을 거라고 인정해야만 참된 기회비용을 서로 비교할 수 있기 때문이다. 최초에 자원을 평등하게 분배했다고 하더라도 시간이 지나면서 자원의 양이 서로 달라질 수 있다. 그는 사람들 간의 자원의 차이가 개인의 선택 때문이라고 하면 그 차이가 불평등을 의미하지는 않는다고 본다. 그러나 장애와 질병, 혹은 재능에 의해서도 자원의 차이가 생길 수 있다. 그는 주식투자 실패와 같은 선택적 운 외에 천재지변과 같은 눈먼 운 때문에 차이가 생길 경우 이를 일종의 보험과 같은 형태로 보장해 주어야 한다고 말한다. 눈먼 운에 해당하는 것이 바로 장애나 질병, 혹은 선천적인 재능의 부족이다.[11)]

이에 대하여는 자원의 평등, 후생(선호충족도)의 평등, 능력의 평등 등의 입장이 경합한다. 같은 분배 기준을 가지고도 분배 대상이 다르면 분배 결과는 달라진다. 또한 왈쩌(Michael Walzer)의 복합적 평등론[12)]도 분배되어야 하는 재화의 사회적 의미에 따라 분배기준이 달라지고 다양한 분배적 정의의 영역의 공존에 평등의 핵심을 찾는 관념에서 분배 대상의 문제를 제기하고 있다.

이러한 철학적 논의의 양상을 띠는 평등은 법의 지배 내지는 법치주의가 지배하는 현대 국가에서 법에 의해 보호되고 있다. 이른바 헌법상

---

11) 드워킨의 복지의 평등과 자원의 평등에 대하여는 로널드 드워킨 / 염수균 옮김, 자유주의적 평등, 한길사, 2005, 60－200면 참조. 그의 평등론에 대하여는 염수균, 로널드 드워킨의 평등론, 자유주의의 가치들, 아카넷, 266면 이하 참조. 알렉스 캘리니코스 지음 / 선우현 옮김, 평등, 울력, 2006, 81－84면 참조.

12) 왈쩌의 복합적 평등론(complex equality theory) 내지 다원적 평등론은 상이한 가치를 상이한 이유에 따라서 분배하고, 분배되는 가치들의 사회적 의미가 독특하게 구별될 때 정의로운 분배는 사회적 가치들과 그 고유한 분배 기준이 적용되는 영역의 자율성을 보장하는 것이다. 복합적 평등론은 상이한 사회적 가치들이 단일한 방식에 의해서가 아니라 그러한 사회적 가치들의 다양성과 그것들에 부착되어 있는 의미들을 반영하는 다원적 영역들의 기준들에 의해서 분배되도록 요구한다. 왈쩌는 모두 11가지의 분배 영역을 제시하고, 각 분배 영역은 분배대상이 되는 가치에 대한 공유된 의미 이해에 의거한 내재적 원칙에 따라 분배가 결정되어야 한다고 한다(마이클 왈쩌 지음 / 정원섭 외 옮김, 정의와 다원적 평등 － 정의의 영역들 － , 철학과현실사, 1999, 52－57면 참조).

평등권으로 보장된다. 이에 우리 헌법은 제11조에서 "모든 국민은 법 앞에 평등하다. 누구든지 성별·종교 또는 사회적 신분에 의하여 정치적·경제적·사회적·문화적 생활의 모든 영역에서 차별을 받지 아니한다."고 규정함으로써 평등을 명문화하고 있다. 미국의 수정헌법 제14조도 "어떤 주도 … 그 관할권 내에 있는 어떤 사람에 대해서도 법률에 의한 평등한 보호를 거부하지 못한다."고 규정하고 있다. 평등원칙은 정의를 지향하는 헌법국가의 핵심적 행위원칙이자 전체 법질서의 지도적 원칙으로 평등의 실현은 정의의 요청으로 간주되고 있으며 평등은 '正義의 精神'이기도 하다.[13] 자유주의와 함께 평등원칙은 근대입헌주의의 중핵을 차지해왔고, 특히 서구 자본주의가 양산한 경제적 남북문제나 빈부의 격차와 같은 폐해 등은 평등원리에 의한 공정성의 강조로 향하게 하는 계기가 되었다. 이에 헌법상 평등권 규정은 법 앞에서의 평등에 의한 법 적용의 평등이나 형식적 기회의 평등을 넘어서 실질적 기회의 균등이나 사실상의 평등을 의미하는 실질적 평등을 추구하는 적극적인 국가적 조치를 필요하게 되었다.[14] 그래서 입법부가 제정한 법의 평등한 적용뿐만 아니라 입법부의 법 제정에 있어서의 평등을 요구하게 되는 것이다. 평등에 대한 철학적 논의들은 바로 헌법상 보장된 결과물로서의 평등에 대한 근원적 고찰인 셈이다. 결과적으로 볼 때 평등에 대한 논의는 아리스토텔레스의 니코마스 윤리학 제5권에서 다루고 있는 '정의'의 문제에서 오늘날 크게 나아가지 못하고 있다. 다만 얼마나 배분할 것인가의 문제에서 무엇을 배분할 것인가의 문제로 그 논의가 향하고 있다는 점은 눈여겨 볼 부분이고, 결국 이것은 헌법상의 평등권 보장의 문제는 결코 평등권 조항 그 자체의 문제가 아니라 사회적 기본권을 비롯한 사회국가의 원리로 귀결되는 것이고,[15] 이것은 권력구조에 있어서도 행정부의 역할 증대를 의미하는 것이다.

13) 한수웅, 헌법학, 법문사, 2011, 542면.
14) 한수웅, 위의 책, 560면 참조.
15) 한수웅, 위의 책, 543면 참조.

Ⅲ. 평등이론의 전개

평등이 무엇인가에 대한 철학적 논의의 양상을 염두에 두고 미국헌법상 평등권 이론의 전개 과정을 살펴보도록 하자. 제퍼슨(Thomas Jefferson)은 '독립선언서'(The Declaration of Independence, 1776)에서 "모든 인간은 평등하게 창조되었다."고 선언하였지만, 연방헌법은 제정 당시에 법의 평등한 보호에 대하여 아무런 말도 하지 않았다.[16] 당시 연방헌법은 노예제도의 존속에도 눈감고 있었다. 독립선언서에서 말하는 평등이 사회적·경제적 평등을 의미하는 것은 아니었다. 제퍼슨을 비롯한 미국 건국의 아버지들(Founding Fathers)은 인간의 능력과 미덕은 서로 다르기 때문에 사회는 본질적으로 모든 영역에서 획일화 될 수 없다고 믿었다. 그들은 사회를 평등하게 만들고 싶어 했던 것이 아니라 오히려 각 개인에게 능력을 최고로 발휘할 수 있는 기회를 주고 싶어 했던 것이다. 이러한 '기회의 평등'이 가능하려면 모든 인간[17]은 동일한 기준에 의해 법 앞에 설 수 있어야 한다. 건국의 아버지들은 비록 백인에 대한 법과 노예에 대한 법이 따로 있다는 사실을 간과했지만, 부자를 위한 법과 빈자를 위한 법이 따로 존재해야 한다고 생각하지는 않았다. 100여년이 지난 후 앤드류 잭슨(Andrew Jackson) 등 민주당원들이 평등을 얘기할 때 그들 역시 법률에 의한 동등한 대우에 기초한 기회의 평등을 의미했다.

원래 연방헌법이나 권리장전(bill of rights)에는 동등한 기회에 대한 언급이 없었고, 남북전쟁 후에도 모든 사람이 기회의 평등이 필요하다고 생각했던 것은 아니다. 남북전쟁에서 패한 남부의 주가 해방된 노예들을

---

16) 미국 '독립선언서'의 주요 내용과 그 사상에 대하여는 안경환, 미국 독립선언서 주석, 국제지역연구 제10권 제2호, 서울대학교 국제지역원, 2001; 이병규, 토마스 제퍼슨의 헌법사상, 동아대학교 박사학위논문, 2009 참조.

17) 당시에 '모든 인간'은 '모든 남성'을 의미했다.

동등하게 대우하려는 움직임을 보이지 않자 연방의회는 수정헌법 제14조를 제정하여 통과시켰다. 즉 남북전쟁 후 노예제를 폐지하는 수정헌법 제13조[18]에 이어서 "어떤 주도 그 관할권 내에 있는 어떤 사람에 대하여도 법의 평등한 보호를 거부해서는 안 된다."고 규정하는 수정헌법 제14조가 재건기의 연방의회에 의해 발의되고 주에 의해 채택되었다. 수정헌법 제14조는 주정부가 시민들에 대하여 정당한 법적 절차뿐만 아니라 법률에 의한 평등한 보호를 거부하지 못하도록 규정하고 있다. 오늘날 평등보호는 미연방헌법의 중심을 이루는 것으로, 이것만큼이나 국가의 이념이 깊이 반영된 조항도 없을 것이다. 그러나 헌법상 보장된 다른 권리와 같이 평등보호조항의 현대적 법리도 그 제정 당시의 이해보다도 오늘날의 역사적·문화적 전개에 상당 부분 의존하지 않을 수 없다.

문화적인 영향이 뚜렷이 보이는 것은 오늘날 미국의 연방대법원이 '어떤 주도' 부정할 수 없다고 평등보호조항이 규정하고 있지만 그것을 주뿐만 아니라 연방의 입법에도 요청하는 점일 것이다. 이러한 관행은 연방헌법이 주에 의한 인종차별을 금지하면서 연방정부에 의한 차별을 허용하는 것은 "생각할 수 없다"고 한 연방대법원의 1954 Bolling v. Sharpe 판결[19]에서 기원한다. 이 결론을 정당화하기 위하여 연방대법원은 수정헌법 제5조의 적법절차조항은 인종차별을 금지하는 정부의 기본적인 공정성의 보장을 포함한다고 판시하였다. 이러한 판단은 역사적으로 볼 때 어떤 근거도 없을 뿐더러 연방대법원도 역사적인 근거가 있는 것처럼 꾸미지도 않았다. 수정헌법 제5조가 채택한 것은 연방헌법이 노예제도를 규정한 시기로서 당시 누구도 이 조항이 인종차별을 금지한다고 생각하지 않았다.

문화적인 영향은 평등보호조항의 법리를 형성하는데도 큰 역할을 하

---

18) 수정헌법 제13조 제1절 : 노예제도 또는 강제노역제도는 당사자가 정당하게 유죄판결을 받은 범죄에 대한 처벌이 아니면 미국 또는 그 관할 하에 속하는 어느 장소에서도 존재할 수 없다. 제2절 : 연방의회는 적당한 입법에 의하여 본 조의 규정을 시행할 권한을 가진다.

19) Bolling v. Sharpe, 347 U.S. 497 (1954).

였다. 평등보호조항이 포함하는 수정헌법 제14조의 주된 목적은 예전에 노예로 있던 자와 그 후손을 주에 의한 가장 불쾌한 형태의 차별로부터 보호하는 것이다. 그런데 이 조항의 기초자나 채택자는 인종차별이 상존하는 곳에서 살아온 사람들이었기 때문에 대부분의 인종차별에 대하여 당장에 이의를 제기할 생각은 없었다. 일례로 연방의회는 수정헌법 제14조에 대한 심의 중에 방청석을 인종별로 나누었다. 덧붙이자면, 누구도 수정헌법 제14조나 지방정부에 의해 인종적으로 격리된 공립학교의 운영을 막는 것은 상상할 수 없는 일이었다. 당시 인종별로 학교를 운영한 주가 수정헌법 제14조의 채택에 의해 그 관행을 고친 것은 아니다.

수정헌법 제14조의 제정 당시의 의미를 설명할 때 미국의 역사가들은 주된 헌법기초자가 “어떤 주도 미국 시민의 특권 혹은 면제를 제한하는 법률을 제정하거나 집행해서는 안 된다.”고 규정하는 특권 혹은 면제조항을 중심적인 규정으로 의도하였다는 것을 강조한다. 일반적으로 헌법기초자는 적어도 두 가지 범주의 권리를 인식했다고 한다. 즉 하나는 기본적 권리이고, 또 하나는 사회적 권리를 포함하는 이보다 못한 권리이다. 헌법기초자는 특권 혹은 면제조항이 아프리카계 미국인도 포함하는 모든 사람의 기본적 권리를 보호할 것이라고 기대했지만 정부행위의 모든 측면에서 평등을 필연적으로 요청할 것이라고 기대하지는 않았다. 헌법기초자는 평등보호조항을 기본적 권리에 대한 평등의 요청을 촉진하는 것이지만 공립미술관에 바로 들어갈 권리나 공립학교에 통학할 권리를 포함하는 모든 권리가 평등하게 배분되어야 한다는 것을 보장하는 것으로 이해하지는 않았다.

이러한 견해가 일반적이지만 그렇다고 지나치게 도그마틱(dogmatic)하게 강조되어서는 안 된다. 다른 헌법 규정과 같이 수정헌법 제14조에 대하여도 그 기초자나 채택자는 자신들의 기대에 대한 합의에 도달하지 못했고, 그 기대를 헌법에 반영하지도 못했다고 한다. 많은 부분에서 그들 내부적으로 이견이 있었던 것은 의심할 여지가 없다. 또한 그들은 노예제도에 저항하는 도덕적 전통이나 모든 인간이 공유하는 자연권의 이념을 기리는 도덕적 전통을 그 배경으로 지니고 있었다. 그래서 평등보호조항은 도덕적 이념을 구체화한 것이고, 헌법소송에서 궁극적으로 문제가 되는 것은 기초자의 구체적인 기대가 아니라 평등의 도덕적 이념이라고도 한다. 그러나 결국 기초자와 채택자의 다수는 수정헌법 제14조가 모든 형태의 인종에 기초하는 차별을 금지하는 것이라는 구체적인 기대나 의도를 가지고 있었다고 주장하는 자는 거의 없었다.

연방헌법은 1872년 Slaughter-House Cases[20]에서 기초자의 특권 혹은 면제조항에 대한 기대를 저버렸다. 이 판결은 특권 혹은 면제조항을 거의 무의미하게 할 정도로 좁게 해석했다. 하지만 그 후 이 조항을 인종차별에 한정하지 않고 다른 차별을 배제하는 것으로 해석하게 된다. 인종차별에 국한하지 않고 어떤 불합리한 차별도 이 조항 하에서 허용될 수 없다는 것이다. 연방대법원은 이러한 역사적 배경과 함께 인종차별과 그 외의 차별과의 사이에서 다른 평등보호이론을 형성해 왔다. 즉 연방대법원은 인종차별에 대하여는 일찍부터 엄격한 자세를 보였다. 예컨대, 흑인을 배심원에서 배제한 주법 하에서 흑인 피고인을 유죄라고 한 것이 문제된 1880년 Strauder v. West Virginia[21]에서는 흑인을 배심원에서 배제한 것은 평등보호조항의 위반이라고 했다.

인종차별에 대하여는 다른 경우보다도 엄격한 심사가 적용된다는 것을 시사한 것은 1944년 Korematsu v. United States[22]로 본다. 제2차 세계대전 중에 일본계 미국인의 강제수용정책의 합헌성이 문제된 사건에서 연방대법원은 민족적 출신을 인종과 같이 파악하면서 민족적 출신에 따라 다르게 파악한 것에 대하여 "단일의 인종적 집단의 시민적 권리를 제한하는 모든 법적 제약은 바로 의심스럽고, 이것은 그러한 제약이 모두 위헌이라는 것이 아니라 법원은 이것을 가장 엄격하게 심사해야 한다는 것이다. 공적인 필요성이 압도적일 경우에는 때때로 그러한 제약의 존재가 정

---

20) Slaughter-House Cases, 16 Wall. (83 U.S.) 36 (1873).
21) Strauder v. West Virginia, 100 U.S. 303 (1880).
22) Korematsu v. United States, 323 U.S. 214 (1944).

당화될지도 모른다. 그러나 인종적인 반감에서 그것은 결코 허용되지 않는다."고 했다. 연방대법원은 결과적으로 일본계 미국인의 강제수용정책은 이러한 기준 하에서도 정당화된다고 했다. 이 사건은 엄격한 심사를 적용하면서도 인종적 차별을 허용할 수 있다고 판단한 대단히 이례적이었다.

그러나 남북전쟁 후에도 흑인들은 많은 부분에서 불이익을 받았다. 그 중에서도 큰 의미를 가지는 것은 인종을 이유로 달리 취급하는 이른바 인종분리정책이었다. 특히 남부를 중심으로 흑인은 백인과 구별되기 때문에 흑인 아이는 백인 아이와 같은 학교에 다닐 수 없고, 레스토랑도 흑인을 위한 곳과 백인을 위한 곳이 있어서 흑인은 그들만을 위한 레스토랑밖에 이용할 수 없고, 철도에도 흑인을 위한 객차와 백인을 위한 객차가 있고, 버스에도 백인을 위한 좌석과 흑인을 위한 좌석이 있는 등 생활 전반에서 흑인은 백인과 다른 장소나 시설이 할당되어 백인을 위한 장소나 시설을 이용하는 것이 허용되지 않았다. 이러한 인종에 기초하는 분리 내지는 격리는 주법에 의해 인정되었다. 1896년 Plessy v. Ferguson[23]에서 연방대법원은 이러한 인종분리정책을 긍정했다. 철도 승객의 좌석을 인종으로 구별하는 법률의 합헌성이 문제된 이 사건에서 연방대법원은 '분리하지만 평등'(separate but equal)이라고 했다. 그 결과 인종분리정책은 오랜 기간 흑인을 차별하게 되었다.

그런데 연방대법원은 1954년 Brown v. Board of Education of Topeka[24]에서 공립학교에서 인종분리제도를 위헌으로 판단했다.[25] 이 사건의 난점은 수정헌법 제14조가 채택될 때 인종별 분리교육이 있었기 때

23) Plessy v. Ferguson, 163 U.S. 537 (1896).

24) Brown v. Board of Education of Topeka, 347 U.S. 483 (1954).

25) James T. Peterson, Brown v. Board of Education: A Civil Rights Milestone and Its Troubled Legacy, Oxford University Press, 2002; Michael J. Klarman, Brown v. Board of Education and the Civil Rights Movement, Oxford University Press, 2007; Robert J. Cottrol, Raymond Diamond, Leland B. Ware, Brown V. Board of Education: Caste, Culture, and the Constitution, University Press of Kansas, 2003.

문에 수정헌법 제14조의 기초자들이 인종별 분리제도를 폐지하는 것을 고려했다고 하기는 어렵다는 것이다.[26] 그러나 연방대법원은 이 사건에서 인종별 분리교육이 흑인 아이에게 열등감을 심어준다는 사회과학적 자료에 기초하여 교육을 받을 중요한 기회를 박탈하고 있다고 판단하고, 이것을 불평등하다고 결론 내렸다.[27]

> "공립학교에서 인종에 기초하여 학생들을 분리하는 것은 물리적인 시설이나 다른 유형적 요소들이 동등하다고 할지라도 소수집단의 아이들에게서 평등한 교육의 기회를 박탈하는 것일까요? 우리는 그렇다고 믿습니다. … 우리는 공교육의 부문에서 '분리평등정책'의 원칙이 발붙일 수 없다는 결론을 내렸습니다. 분리된 교육 시설은 내재적으로 평등하지 못한 시설입니다. … 이것은 법률에 의한 평등한 보호를 거부하는 것입니다."[28]

결과적으로 인종별 분리교육은 위헌이라고 한 점에서 대체로 이 판결을 높이 평가하지만, 사회과학적 자료에 근거한 판단이 과연 옳은 것인지, 헌법해석적으로 타당한지 등에 대한 논의가 있었다. 이 점은 50여년이 지난 오늘날에도 변함없다. 그러나 이 판단의 정당성에 어떤 문제가 있었다고 하더라도 오늘날 이 판결이 인종차별의 정당성에 대한 의문을 던졌다는 점은 높이 평가받아야 할 것이다.[29]

---

26) Alexander M. Bickel, "The Original Understanding and the Segregation Decision," 69 HARV. L. REV. 1, (1955); Michael J. Klarman, "Brown, Originalism, and Constitutional Theory: A Response to Professor McConnell," 81 VA. L. REV. 1881 (1995).

27) Brown 판결은 중립적 원칙에 합치하지 않는다는 비판을 받았다. Herbert Wechsler, "Toward Neutral Principles of Constitutional Law," 73 Harv. L. Rev. 1 (1959).

28) 멜빈 I. 우프로스키 지음 / 박강순 옮김, 국민의 권리 : 개인의 자유와 권리장전, 주한미국대사관 공보과, 2004, 269면.

29) 최대권, "법사회학적 법학방법론," 동아법학 제33호, 동아대학교 법학연구소, 2003. 12. 18－19면.

사법심사(judicial review)라는 점에서 볼 때 이 판결은 인종에 기초하여 달리 취급하는데 대하여 엄격한 심사가 적용된다고 판단한 것은 아니다. 그러나 그 후 연방대법원은 인종차별에 엄격심사가 적용되는 것을 확립한다. 연방대법원은 1967년 Loving v. Virginia[30]에서 다른 인종과의 결혼을 금지한 주법에 대하여, 주는 이러한 인종차별을 정당화하는데 필요한 '대단히 무거운 입증책임'을 지지 않고 있다고 하여 위헌이라고 했다. 최소한 인종에 기초하는 구분은 '가장 엄격한 심사'에 의하고 "설사 정당성을 갖추었다고 하더라도 그것은 수정헌법 제14조가 금지하는 인종차별과는 독립하여 무언가 허용할 수 있는 목적 달성을 위하여 필요하다는 것이 증명되어야 한다. 본건의 구분을 정당화하는 불합리한 인종차별 이외의 정당한 압도적 목적은 분명히 존재하지 않는다."고 했다.

이리하여 사회·경제입법이 평등조항 위반으로 문제되는 경우에는 합리적 근거심사가 이용되고, 법률이 합리적 목적을 달성하기 위한 합리적 수단일 것이 요구되지만 이 경우에 법원은 법률의 합헌성을 추정하고, 입법자의 판단을 존중하는 결과 법률이 현저히 불합리하다는 것이 명백한 경우를 제외하고는 평등보호조항에 반하지 않는다[31]고 하면서도 인종차별의 경우에는 별도라는 것이 확립되었다. 인종에 기초하는 다른 취급은 '의심스러운' 구분으로 파악되고, 위헌성이 추정되며, 주에서 부득이한 이익을 달성하는데 필수적인 수단(narrowly drawn)이라는 것을 증명하지 않는 한 평등보호조항에 반하게 된다. 이와 같이 두 가지 경우에서 다른 심사기준의 적용은 1970년대까지 매우 대조적으로 전자의 경우에는 위헌이 되는 경우가 거의 없는데 반하여, 후자의 경우에는 합헌이 되는 경우가 거의 없다. '엄격한 심사'라고 하지만 '치명적인 심사'라고 해도 좋을 때가 있다.[32] 그 후 연방대법원은 그 사이에 성차별 사례를 두고, 이에

---

30) Loving v. Virginia, 388 U.S. 1 (1967).

31) Railway Express Agency, Inc. v. New York, 336 U.S. 106 (1949); Williamson v. Lee Optical Co., 348 U.S. 483 (1955).

32) Gerald Gunther, "The Supreme Court, 1971 Term – Foreword: In Search of

대하여는 중요한 목적을 달성하는데 실질적인 관련성이 있을 것을 필요로 한다는 법리를 전개하고, 또한 합리적 근거심사 하에서도 장애인에 대한 편견에 기초하는 다른 취급을 위헌이라고 하는 등 엄격한 이분론과 엄격한 사용 구분은 수정되었지만 연방대법원은 여전히 인종차별에 대하여는 엄격한 심사를 적용하고, 인종에 기초하는 다른 구분을 하는 경우는 거의 없다고 할 수 있다.33)

요컨대, 수정헌법 제14조는 지난 수십 년간 그 자신의 활로를 찾고 제정 당시의 세대가 결코 예상하지 못한 중요성을 발견하는데 이르렀다. 오늘날의 법리에 의하면, 정부에 의한 대부분의 구분은 '합리적 근거'의 기준에 의한 사법심사에 따른다. 이것은 Lochner vs. New York34) 이후 적법절차조항 하에서 경제규제입법에 적용되는 기준과 거의 마찬가지이다. 그러나 연방대법원은 인종과 같은 일부 구분의 근거를 헌법상 '의심스럽게' 본다. 의심스러운 구분에는 '엄격한' 심사가 적용되고, '부득이한 정부이익을 촉진하는데 불가결한' 경우에만 허용된다.

Ⅳ. 적극적 차별시정조치

이와 같은 평등이론이 전개되는 과정에서 특히 어려운 문제가 인종 등을 이유로 지금까지 차별받아 온 인종적 소수자를 우대하는 조치가 허

Evolving Doctrine on a Changing Court: A Model for a Newer Equal Protection," 86 HARV. L. REV. 1 (1972).

33) 최근의 사례로 Johnson v. California, 543 U.S. 499 (2005)가 있다. 이 사례에서는 교도소의 상층에 수용하는데 있어서 인종에 기초하는 격리정책을 취한 캘리포니아 주의 방침이 평등보호조항에 반한다고 하여, 하급심에서는 엄격심사가 아닌 합리성의 기준에 따라 지지되었지만 연방대법원은 인종에 의한 구분인 이상 엄격심사가 필요하다고 판단했다. 주의 입장에서는 이 정책은 인종과 관련 없이 평등에 적용된다고 주장했지만 인종에 기초하는 격리정책은 이미 50년 전에 부정되었고 현시점에서도 부정되어야 한다는 것이다.

34) Lochner vs. New York, 198 U.S. 45 (1905).

용되는가이다. 이른바 '적극적 차별시정조치'(Affirmative Action)의 문제이다.

이것은 공립학교에서 인종별 분리교육을 해소하는 과정에서 문제되었다. 연방대법원은 공립학교에서 인종별 분리교육은 허용되지 않는 것으로 판단했지만, 인종에 의해 다른 학교에 통학하는 제도를 폐지하고, 예컨대, 주거지구의 학교에 다니게 하더라도 많은 도시에서 아프리카계 미국인은 도시 중심부에 거주하는 반면 많은 백인은 교외에 거주하는 상황에서는 아이들이 다니는 학교는 압도적으로 아프리카계 미국인이 많은지 아니면 백인이 많은지 라는 문제로 귀결된다. 그렇다면 아이들이 같은 학교에서 배운다는 생각은 실현될 수 없는 것이다. 그래서 인종이 다른 아이들을 교외의 학교로 수송하고, 역으로 교외의 백인 아이들을 도시 중심부로 수송하여 각 학교를 인종적으로 통합하는 것이 필요했다. 그러기 위해서는 아이들의 인종에 기초하여 학교를 분리해야 한다. 즉 강제적 버스통학을 도입할 수밖에 없다. 결국 이것은 헌법이 인종에 기초하여 달리 취급하는 것을 금지한다는 입장과 모순된다. 과연 헌법은 인종을 무시할 것을 명령하는 것인가 아니면 인종 간의 평등을 위해서라면 인종을 기초로 학교를 분리하는 것도 허용되는가?

연방대법원은 1971년 Swann v. Charlotte-Mecklenburg Board of Education[35]에서 인종을 이유로 강제적 버스통학제도를 금지하는 것은 수정헌법 제14조에 반한다고 판시하고, 인종별 분리교육을 해소할 목적으로 인종을 고려하여 아이들의 학교를 분리하는 것을 인정했다. 헌법은 인종을 무시하는 것을 명령하지 않는다는 것이다. 그래서 인종별 분리교육을 해소하고, 인종의 통합을 도모하기 위하여 강제적 버스통합이 불가피한 경우에 그것을 금지하는 것은 허용되지 않는다는 것이다.

그렇다면 인종을 고려하여 차별을 받아온 인종적 소수자를 우대하는 적극적 차별시정조치는 허용되는 것인가? 미국에서는 1961년 '대통령령 10925호'(executive order 10925)에서 고용에서 인종을 이유로 하는 차별이

---

35) Swann v. Charlotte-Mecklenburg Board of Education, 402 U.S. 1 (1971).

행해지지 않도록 하기 위하여 연방정부의 보조금을 받는 모든 기관이 적극적 차별시정조치를 의무화 하도록 한 것을 대체로 적극적 차별시정조치의 출발로 본다. 이후 대학 등 고등교육기관이나 정부나 연방의 보조금을 받는 기관의 고용, 정부계약 등에서 차별받아온 인종적 소수자를 우대하는 조치가 도입되었다. 또한 흑인에게 평등한 선거권을 보장할 목적으로 제정된 수정헌법 제15조 하에서 투표권법은 흑인에게 평등한 선거권이 확보되도록 주의 선거구 분할 등에 연방의 제약을 인정하고, 연방정부는 차제에 선거구 분할에 있어서 인종적 소수자가 다수가 되도록 선거구 분할을 하도록 적극적으로 개입하였다.

이러한 적극적 차별시정조치가 도입된 배경에는 Brown 판결에 이르기까지 흑인 아이들은 충분한 교육을 받을 기회가 없는 상황에서 성장했기 때문에 성적만으로 대학 입학을 판단하거나 고용을 결정한다면 흑인의 입학은 미미할 수밖에 없고, 사회지도층이나 전문직, 유수의 기업 등의 고용에서도 흑인은 불이익을 받는 상황에 놓이게 된다. 사실 Brown 판결 후에도 이러한 상황은 크게 개선되지 않았다. 왜냐하면 흑인 아이들에게 충분한 교육의 기회를 주기 위해서는 인종 간의 통합이 필요하고, 그래서 거주지를 벗어난 학교 간 강제적 버스통학이 필요했지만 연방대법원은 인종적 분리교육을 하지 않은 지구를 포함한 강제적 버스통학은 허용되지 않는다고 판단하고[36] 인종 통합에 제동을 걸었기 때문이다. 그 결과 흑인이 많이 거주하는 지역의 학교에는 압도적으로 흑인 아이들의 비율이 높은 상태가 지속되었고, 인종적 분리교육은 사실상 잔존하는 상태였다. 또한 미국의 학교교육은 학교구역 내의 자산에 대한 과세에 따라 운영되기 때문에 부유한 백인이 많이 거주하는 학교구역과 가난한 흑인이 많이 거주하는 학교구역 간에는 경제적으로 큰 격차가 있지만, 연방대법원은 이러한 격차도 평등보호조항에 반하지 않는다고 했다.[37] 따라서 Brown 판결에도 불구하고 초·중등학교의 교육에는 여전히 인종적 분리

36) Milliken v. Bradley, 418 U.S. 717 (1974).
37) San Antonio Independent School District v. Rodriguez, 411 U.S. 1 (1973).

교육이 사실상 계속되었기 때문에 가난한 흑인이 많이 거주하는 학교구역의 공립학교에 다니는 다수의 흑인 아이들에게는 여전히 충분한 교육의 기회가 주어지지 않았다. 이리하여 적극적 차별시정조치를 실시하지 않는 한 흑인 아이들이 대학에서 교육을 받을 기회는 대단히 적고, 그 결과 변호사나 의사와 같은 전문직이나 이른바 유수의 취업하기는 어려웠다. 적극적 차별시정조치의 필요성이 주장된 배경도 바로 여기에 있다.

적극적 차별시정조치는 백인의 입장에서 보면 인종을 이유로 불이익을 받는 것이 된다. 지난 시절 흑인에 대한 차별은 분명히 있었기 때문에 흑인 아이들은 불이익을 받아왔을지도 모른다. 그러나 현재의 백인에게는 그것에 대한 책임이 없다. 그런데 적극적 차별시정조치는 그 책임이 없는 현재 백인의 희생 위에서 흑인을 우대하고자 한다. 그래서 적극적 차별시정조치는 '역차별'(reverse discrimination)이라는 비판을 받는 것이다. 그리고 헌법은 인종을 무시할 것을 명령하기 때문에 적극적 차별시정조치는 수정헌법 제14조에 반한다는 것이다.

또한 적극적 차별시정조치는 '능력주의'(merit system)에도 반하는 것으로 본다. 적극적 차별시정조치가 능력주의에 반한다는 비판은 이 조치의 온전한 시행을 위태롭게 하는 강력한 비판 중의 하나이다. 적극적 차별시정조치의 성질로 기존의 평가기준으로는 지위를 얻지 못하는 자가 다수집단에 속하는 자에 대하여 기존의 평가기준에서 높은 평가를 얻지 못하는 원인으로 생각되는 인종이나 성별과 같은 특성을 고려하여 지위를 부여하는 것을 들 수 있다. 적극적 차별시정조치가 없었다면 대상자는 그 지위를 얻지 못했다는 것을 의미하고, 그 대상자는 능력이 떨어진다는 의미가 된다. 그래서 적극적 차별시정조치에는 많은 경우 기존의 기준에서 평가가 낮은 자가 평가가 높은 자에 우선하여 지위를 얻는 경우가 있다.

이러한 적극적 차별시정조치가 연방대법원에서 본격적으로 다루어진 것은 Bakke 사건이다.[38] 문제가 된 것은 캘리포니아 대학 데이비스校 메

38) 처음으로 적극적 차별시정조치의 합헌성 문제가 제기된 것은 DeFunis v.

디컬스쿨(University of California, Davis School of Medicine) 입학에 있어서 인종에 기초하는 우대조치였다. 이 학교는 불이익을 받아온 인종적 소수자를 별도의 기준으로 합격·불합격을 판단하고, 100명의 정원 중에 16명이 그 기준으로 할당받았다. 원고 Allan Bakke는 백인 남성이라는 이유로 적극적 차별시정조치를 받지 못하고 흑인 학생보다도 높은 성적을 받았지만 불합격되었다. 그래서 Bakke는 적극적 차별시정조치의 위헌성을 주장하고, 대학에 입학을 인정할 것을 요구하고 법원에 제소했다. 그리고 주대법원이 원고의 주장을 지지했기 때문에 대학은 연방대법원에 상고수리를 요구했다. 연방대법원은 Regents of the University of California v. Bakke[39]에서 결과적으로 이 조치를 인정하지 않았다.[40] 논점은 이러한 조치가 교육에 있어서 차별을 금지한 시민권법 제6편(Title VI of the 1964 Civil Rights Act)에 반하지 않는지, 주립대학의 우대조치가 수정헌법 제14조에 반하지 않는가라는 것이었다. 재판관 4명은 시민권법은 연방 보조금을 받는 대학이 인종에 기초하여 다르게 취급하는 것을 일절 금지한다고 하고, 이러한 조치를 인정하지 않으며, 따라서 헌법문제로 다루기를 거부했다. 다른 4명의 재판관은 적극적 차별시정조치에 대한 엄격심사의 적용을 거부하고 인종을 고려하기 때문에 위험성이 잔존한다고 하고 중간적 기준의 적용을 주장했다. 그리고 본건의 조치도 허용되는 것으로 판단했다. 이런 중에 파월(Lewis F. Powell, Jr.) 재판관은 인종에 기초하는 적극적 차별시정조치에도 엄격한 기준을 적용하고, 과거의 차별에 대한 보상으로 적극적 차별시정조치를 정당화하는 사고방식을 부정하면서 다양한 학생을 확보하는 이익을 부득이한 이익으로 보고, 대학이 다양성을 확보하기

Odegaard, 416 U.S. 312 (1974) 였다. 워싱턴 대학 로스쿨의 적극적 차별시정조치의 합헌성이 문제되었지만 원고 학생은 입학이 인정되어 판결의 결론과 관계없이 졸업이 예정되었다. 그래서 연방대법원은 사건은 소의 이익이 없다고 판단하고 본안에 대하여 판단하지 하지 않았다.

39) Regents of the University of California v. Bakke, 438 U.S. 265 (1978).

40) Howard Ball, The Bakke Case: Race, Education, and Affirmative Action, University Press of Kansas, 2000.

위하여 적극적 차별시정조치를 실시할 가능성을 인정했다. 그래서 파월 재판관은 실시 가능한 조치에 대한 헌법적 요구를 충족시키기 위해서는 하버드 대학(예컨대, Harvard College Admissions Program)과 같이 다양성을 확보하기 위하여 인종을 다른 고려 사항의 하나로 보아야 하고, 쿼터와 같은 별도의 기준으로 합격·불합격 판정을 하는 것은 허용되지 않는다고 했다.

이 사건에서 적극적 차별시정조치의 합헌성에 대한 완전한 결말은 보지 못했다. 다만 파월 재판관의 의견은 적극적 차별시정조치에 대한 일정한 지침을 제공하였다. 특히 캘리포니아 대학 데이비스校 메디컬스쿨에서 행해진 쿼터제는 허용되지 않지만 하버드 대학과 같이 인종을 다양성의 확보를 위한 다양한 고려 사항의 하나로 보는 것은 허용된다는 시사점은 많은 대학 관계자들에게 중요한 가이드라인으로 인식되었다.

그러나 연방대법원은 그 후에도 적극적 차별시정조치의 합헌성에 대하여 분명한 입장을 보이지 않았다. 적극적 차별시정조치에 엄격심사가 적용되는지, 중간적 심사가 적용되는지 아니면 그보다 훨씬 완화된 심사가 적용되는지에 대한 연방대법원의 태도는 분명하지 않았다. 그러던 중에 연방대법원은 주에 의한 적극적 차별시정조치에 엄격심사가 적용된다는 것을 확립했다. 市의 계약에 관한 우대조치의 합헌성이 문제된 City of Richmond v. J. A. Croson Co.[41]에서 연방대법원은 주에 의한 적극적 차별시정조치에는 인종에 기초하여 인종적 소수자에 대하여 불이익을 주는 경우와 같이 엄격심사가 적용된다고 하고, 본건의 적극적 차별시정조치는 정당화되지 않는다고 했다.

연방정부에 의한 적극적 차별시정조치에 대하여 연방대법원은 보다 개방적인 자세를 보였다. 연방대법원은 Metro Broadcasting Inc. v. FCC[42]에서 연방통신위원회에 의해 방송국의 면허를 부여하는데 있어서 인종적 우대조치의 합헌성이 문제된 이 사건에서 연방의회에 의해 인정된 적극

41) City of Richmond v. J.A. Croson Co., 488 U.S. 469 (1989).
42) Metro Broadcasting, Inc. v. FCC, 497 U.S. 547 (1990).

적 차별시정조치에는 엄격심사가 적용되지 않고 중간적 기준을 적용하는 것이 좋다고 판단했다. 그리고 문제가 된 우대조치에 대하여 과거의 차별을 보상하는 것이 아니라 다양한 조직을 확보하기 위한 수단으로 파악하고, 중요한 이익을 달성하기 위한 실질적인 관련성을 가진다고 결론을 내렸다. 그러나 연방대법원은 연방정부에 의한 적극적 차별시정조치에도 주에 의한 적극적 차별시정조치와 같은 엄격심사가 적용되는 것을 확립한다. 정부계약에 관한 우대조치의 합헌성이 문제된 Adarand Constructors, Inc. v. Peña[43]에서 연방대법원은 인종에 기초하는 적극적 차별시정조치에는 연방정부에 의한 것이었다고 하더라도 엄격심사가 적용된다고 했다.

이와 같이 연방정부에 의한 것이든 주에 의한 것이든 적극적 차별시정조치에 엄격심사를 적용한다면 과연 허용되는 적극적 차별시정조치가 있을 것인지가 문제이다. 실제로 연방대법원은 Wygant v. Jackson Board of Education[44]에서 이것을 위헌이라고 판단하고, 정부계약에 대하여 앞서 언급한 Croson 판결의 위헌 판단을 나타낸다. 또한 선거구 분할에 있어서 인종적 우대조치에 대하여는 Shaw v. Reno[45]에서 다른 형태의 선거구에서 인종만을 이유로 인종적 소수자가 다수가 되도록 조직한 선거구 분할은 위헌이라고 한다. 또한 문제는 다른 형태의 선거구만이 아니라는 것, 인종만을 기준으로 한 결정은 의심스럽고, 엄격심사를 적용하지 않는 한 허용되지 않는다는 것은 Miller v. Johnson[46]에서도 확인된다.

이러한 중에 주립대학에 의한 적극적 차별시정조치의 문제가 가장 결정적인 의미를 가지게 되었다. 그리고 이 문제는 결국 미시건 대학(University of Michigan)에 관한 두 가지 사건에서 완전한 결말을 보게 된다.[47] Grutter v. Bollinger[48]는 미시건 대학 로스쿨의 적극적 차별시정조

43) Adarand Constructors, Inc. v. Peña, 515 U.S. 200 (1995).
44) Wygant v. Jackson Board of Education, 476 U.S. 267 (1986).
45) Shaw v. Reno, 509 U.S. 630 (1993).
46) Miller v. Johnson, 515 U.S. 900 (1995).
47) Barbara A. Perry, The Michigan Affirmative Action Cases, University Press of Kansas, 2007(First Edition).

치의 합헌성이 문제된 사례이다. 이 로스쿨에서는 다양한 학생을 확보하기 위한 수단으로 인종을 고려하고, 인종적 소수자를 '필요 최소한'(critical mass)으로 입학시키도록 했다. 백인 학생 Grutter가 그 합헌성을 문제 삼고 소를 제기했다. 연방대법원은 오코너(Sandra Day O'Connor) 재판관의 법정의견으로 이 제도를 지지했다. 오코너 재판관은 Bakke 사건의 파월 재판관의 입장을 답습하고, 적극적 차별시정조치에 엄격심사가 적용되는 것을 확인했다. 그리고 다양한 학생의 확보라는 대학의 이익을 부득이 한 이익으로 인정하고, 그 수단으로 인종을 고려 사항의 하나로 보는 것은 허용된다고 결론 내렸다. 다만 그 과정에서 오코너 재판관은 향후 25년이 지나게 되면 적극적 차별시정조치는 정당화되지 못할 것이라고 하여, 적극적 차별시정조치가 정당화될 수 있는 기한을 한정하는 태도를 보였다. 그리고 4명의 재판관은 반대의견을 나타냈다. 이에 대하여 Gratz v. Bollinger의 경우는 미시건 대학 학부생을 선발하는데 있어서 적극적 차별시정조치가 문제되었다. 미시건 대학은 입학을 150점으로 결정하고, 입학에는 최저 100점이 필요하다고 했다. 그리고 차별을 받아온 인종적 소수자는 자동적으로 20점을 가산하도록 했다. 연방대법원은 렌퀴스트(William Rehnquist) 대법원장의 법정의견에 의해 이것을 위헌이라고 판단했다. 이러한 기준은 부득이 한 이익을 달성하기 위하여 제한적으로 마련한 수단이라고 할 수 없다는 것이다.

이리하여 대학에서 적극적 차별시정조치가 합헌으로 될 가능성이 마련된 것은 큰 의미를 가진다.[49] 지금까지 Bakke 판결의 파월 재판관의 의견이 하나의 지침이 되는 것을 인정했지만 적극적 차별시정조치에 엄격심사를 적용하는 최근의 연방대법원의 태도에 비추어 볼 때 파월 재판관의 의견은 법이라고 할 수 없는 것이 아닌가라는 얘기가 나오는 바이다. 이에 대하여 Grutter 판결은 엄격심사를 적용하면서도 일정한 적극적

48) Grutter v. Bollinger, 539 U.S. 306 (2003).

49) Joel K. Goldstein, "Beyond Bakke: Grutter–Gratz and the Promise of Brown," 48 ST. LOUIS U. L.J. 899, 901 (2004).

차별시정조치가 지지될 가능성을 인정한 것이 된다.

이 두 판결이 고등교육기관에서 적극적 차별시정조치의 의미를 넘어서 초·중등학교 교육에 있어서 어떤 의미를 가지는가는 알 수 없다. 실제 연방대법원은 Parents Involved in Community Schools v. Seattle School District No. 1[50]에서 시애틀의 학교구가 학생을 어느 학교로 분할하는가를 결정하는데 있어서 인종을 타이브레이크(tie break)로 고려한 것이 평등보호조항을 위반하지 않는가가 문제되고, 당해 학교구에서는 인종별 분리교육은 실시되지 않았다는 것을 지적하고 당해 조치가 부득이한 이익을 달성하기 위한 불가피한 조치라는 것의 증명이 되지 않는다고 판단한다. 본건의 경우 인종은 다양한 학생의 확보라는 목적을 위한 하나의 고려 사항으로 생각되는 것이 아니라 경우에 따라서는 인종이 결정적인 의미를 가지는 점이 문제가 된 것으로 생각된다. 본건을 적극적 차별시정조치의 사례로 볼 수 있는가는 의문이지만, 연방대법원이 인정한 교육에서 다양성을 확보하기 위해 인종 통합이 불가피하다면 초·중등학교 교육기관에서도 인종에 기초하는 분할은 정당화될 수 있을지도 모른다.[51] 연방대법원이 이러한 인종에 기초하는 분할에 대하여는 현저히 부정적인 태도를 취한 것이 가지는 의미는 결코 적지 않다고 생각된다.

V. 적극적 차별시정조치와 평등보호조항

앞에서 살펴본 바와 같이, 적극적 차별시정조치에 대한 심사기준을 적용하는 데는 이견이 있었다. 인종차별에 대하여 엄격심사를 적용하는 이유가 인종적 다수자가 인종적 소수자에 대하여 인종을 이유로 불이익을 주었기 때문이라고 한다면, 적극적 차별시정조치는 인종적 다수자가

50) Parents Involved in Community Schools v. Seattle School District No. 1, 551 U.S. 701 (2007).

51) Goodwin Lui, "Brown, Bollinger, and Beyond," 47 How. L. Rev. 705 (2004).

인종적 다수자에게 불이익을 주기 때문에 이제는 엄격심사를 적용해야 할 이유는 없을 것이다. 그렇다면 적극적 차별시정조치를 의심스러운 차별로 볼 것이 아니라 불합리한 차별이라는 것이 확실하지 않는 한 허용되어야 할 것이다.52) 다른 한편, 만약 인종적 소수자에게 이익을 주기 위하여 인종을 이유로 사람들을 구별하는 것을 불합리하다고 생각하기 때문이라면 적극적 차별시정조치에 대하여도 엄격심사를 적용해야 할 것이다. Bakke 판결에서의 파월 재판관과 Grutter 및 Cratz 판결의 오코너 재판관의 법정의견의 입장은 이러한 입장이다. 또한 Grutter 판결에서 오코너 재판관은 엄격심사를 적용하면서도 적극적 차별시정조치를 지지했지만 토마스(Clarence Thomas) 재판관은 보다 엄격한 입장을 나타낸다. 다만 헌법은 인종적 다수자가 인종적 다수자에게 불이익을 주고 인종적 소수자를 우대하는 조치를 금지하는 것은 아니지만, 인종적 소수자에게 이익을 주기 위해서 인종에 기초하여 사람들을 구별하는 경우에는 그만큼 위험도 따르기 때문에 최소한 중간심사를 적용해야 한다면 적극적 차별시정조치가 중요한 이익의 달성을 위한 실질적 관련성을 가지는가를 심사해야 할 것이다. 이것이 바로 Bakke 판결의 반대의견의 입장이다.

이리하여 연방대법원은 적극적 차별시정조치에도 엄격심사가 적용되는 것을 확립시켰다. Grutter 판결에서 보는 한 그 엄격심사의 실제 적용은 말 그대로 엄격하다고 하기 어렵다. 오코너 재판관은 다양성이 교육상 반드시 필요하다는 대학의 입장을 존중하고 이것을 부득이한 이익으로 보았다.53) 또한 렌퀴스트 대법원장은 아프리카계 미국인과 원 미국인 간의 큰 격차로부터 '필요한 최소한'의 사람 수를 확보한다는 미시건 대학 로스쿨의 정책에 의문을 제기하고, 또한 케네디(Anthony Kennedy) 재판관도 이것을 은폐된 할당제가 아닌가라는 의문을 던졌지만, 오코너 재판관은 이 점을 중시하지 않고 필요·최소한의 인원을 확보하는 것까지도 인정한다.

52) Ely, John Hart. "The Constitutionality of Reverse Racial Discrimination." 41 U. CHI. L. Rev. 723, 727, (1974).

53) Goldstein, supra note 46, at 924.

이러한 태도는 종래의 엄격한 심사의 적용으로부터 일탈한 것이라고 할 수 있다.[54] 또한 Grutter 판결의 4명의 재판관의 반대의견은 엄격심사를 적용하고 위헌의 결론을 나타내지만, 오코너 재판관의 법정의견에 찬동한 다른 4명의 재판관은 오코너 재판관의 엄격심사의 적용에 동조하지만 정말로 그것을 지지했는지는 의문이다.[55] 따라서 적극적 차별시정조치를 어떻게 심사해야 하는가의 문제는 앞으로도 그 논의가 계속될 것이다.

적극적 차별시정조치의 합헌성을 논하는데 있어서 중요한 것은 적극적 차별시정조치를 어떻게 정당화할 것인가 하는 문제이다. 적극적 차별시정조치가 도입되었을 때 적극적 차별시정조치는 과거에 사회적 차별로 불이익을 받은 인종적 소수자에 대한 보상으로 간주했다.[56] 그러나 Bakke 사건에서 파월 재판관은 적극적 차별시정조치를 과거의 사회적 차별의 보상으로 정당화하는 사고방식을 부정했다. 파월 재판관도 과거에 실제로 차별을 한 집단이 그 차별의 현실에 희생되어 온 사람에 대하여 그 희생을 시정한다는 의미에서 적극적 차별시정조치를 도입하는 것까지는 부득이한 이익으로 본다. 그러나 직접 차별을 하지 않은 집단이 사회적으로 널리 존재하는 차별의 희생이 되어온 인종적 소수자 전체에 대한 보상으로 적극적 차별시정조치를 정당화할 수는 없다는 것이다. 그래서 파월 재판관은 대학의 입학에 있어서 적극적 차별시정조치를 다양한 학생의 확보라는 이익에 비추어 볼 때만이 정당화될 수 있다고 판단했다. Grutter 판결에서 오코너 재판관은 결국 이러한 파월 재판관의 입장을 지지할 수밖에 없었던 것이 아닌가 생각된다. 그래서 적극적 차별시정조치의 정당화는 과거의 차별에 대한 보상이 아니라 다양성이 장래에 대하여 가지는 의미에 비추어 정당화되는 것이라고 할 수 있다.[57]

---

54) Id. at 930.

55) Id. at 922.

56) Id. at 933. Kenneth L. Karst and Harold W. Horowitz, "Affirmative Action and Equal Protection," VA. L. REV. 60 (1974); Terrance Sandalow, "Racial Preferences in Higher Education," 42 U. CHI. L. REV. 653 (1975).

57) Kenneth L. Karst, "The Revival of Forward-looking Affirmative Action," 104

사회적 차별에 대한 보상이라는 관점에서 적극적 차별시정조치를 정당화하는 사고방식은 평등권을 개인의 권리로 파악하는 것이 아니라 집단의 권리로 파악하는 사고방식에 보다 근접해 있다고 할 수 있다. 수정헌법 제14조에 의해 보장되는 평등권이 집단의 권리로 이해된다면, 어느 집단이 과거에 사회적으로 차별을 받아온 경우에 그 집단에 속하는 개인 전체에 대한 차별을 보상하고 우대조치를 할 수 있을지도 모른다. 그러나 연방대법원은 평등보호조항을 집단의 권리로 보는 관점을 배척하기 위하여 적극적 차별시정조치를 다양성의 확보를 위한 조치로서 정당화할 수밖에 없었다고 할 것이다.

그러나 Grutter 판결에서의 오코너 재판관의 다양성의 개념은 Bakke 판결에서의 파월 재판관의 다양성의 개념보다도 넓은 의미를 가질 것이다. 파월 재판관의 다양성은 오로지 대학교육에 국한된 것을 의미하지만, 오코너 재판관의 경우 다양성은 교육이나 직업전문가 혹은 지도자가 가지는 의미에도 해당하는 것으로, 그러한 의미에서 오코너 재판관은 대학교육을 넘어서 사회에 대한 의미도 포함하는 다양성의 의미를 인정한다.

다양성을 확보한다는 것이 교육에 있어서 대단히 중요하다는 것은 분명하다. 그러나 과연 대학의 적극적 차별시정조치가 정말로 다양성을 확보하는 수단이 될 수 있는가는 의문이고, 또한 적극적 차별시정조치가 다양성을 확보하는데 기여하고, 그 다양성이 교육적으로도 유익한 효과를 가지는가에 대한 사회과학적 자료가 있는지도 의문이다.[58] 또한 로스쿨의

COLUM. L. REV. 60 (2004). 그 의미에서는 적극적 차별시정조치는 그것이 인종적 다수자인 백인에 대하여 이익을 가져오기 때문에 허용되었다고도 할 수 있다.

58) Peter H. Schuck, “Affirmative Action: Past, Present, and Future,” 20 YALE L. & POL'Y REV. 1, 34 (2002). 이와 관련하여 보웬(W. G. Bowen)과 보크(Derk Bok)는 『The Shape of the River』에서 대학에서의 다양성의 확보가 사회적으로 대단히 유익하다는 것을 통계학적으로 증명한 바 있다. William G. Bowen / Derek Curtis Bok, The Shape of the River: Long－Term Consequences of Considering Race in College and University Admissions, Princeton University Press, 1998. ‘적극적 우대 조치는 효과가 있는가,’ 『자유주의적 평등』(로널드

학생 선발기준이 학부에서 사용한 것과 본질적으로 다른 것인지도 의문이다.[59] 다만 헌법상 적극적 차별시정조치가 허용되었다고 해도 수정헌법 제14조가 정부나 주에 대하여 적극적 차별시정조치를 의무화하는 것은 아니다. 그래서 일부 주에서는 주헌법을 개정하고 주의 기관에서 적극적 차별시정조치를 금지하고 이들 주에서는 설사 연방헌법상 가능하더라도 주헌법상 적극적 차별시정조치는 실시할 수 없게 된다.

이러한 동기부여로 적극적 차별시정조치가 정당화될 수 있는가는 의문이다. 연방대법원은 정부계약에 있어서 인종에 기초하는 적극적 차별시정조치에 대하여는 주에 의한 것이든 연방정부에 의한 것이든 엄격심사를 적용하고, 이것을 위헌으로 결론 내린다. 적극적 차별시정조치는 결국 대학에서만 정당화될 수 있는가? 고용과 선거구 분할에서도 동일하게 접근해야 하는가? 또한 사립대학이나 민간기업에 의한 적극적 차별시정조치는 어떻게 파악될 것인가? 수정헌법 제14조의 평등보호조항은 어디까지나 주에 대한 것이다. 그래서 연방대법원은 Civil Rights Cases[60]에서 판단하는 바와 같이 주의 행위(state action)가 없으면 수정헌법 제14조의 평등보호조항 위반은 불가능하다. 주의 행위라고 할 수 없는 私人의 행위나 민간 기업의 적극적 차별시정조치는 수정헌법 제14조 위반의 문제를 가져오지 않는다. 다만 민권법 제6편은 연방 보조금을 받는 교육기관에서 차별을 금지하고, 연방대법원은 수정헌법 제14조 하에서 허용되는 적극적 차별시정조치라면 동조에 반하지 않는다고 한다. 그래서 연방의 보조를 받는 사립대학은 희망한다면 Grutter 판결에서 인정된 적극적 차별시정조치를 시행하더라도 이에 위반하지 않을 것이다. 또한 민간기업에서 고용에 대하여는 민권법 제7편이 과거의 차별을 받아온 기업이 적극적 차별

드워킨 / 염수균 옮김), 한길사, 2005, 584-619면 참조. 실제 대학의 적극적 차별시정조치는 과거에 차별을 받아온 인종적 소수자만을 위한 것이다. 설사 다양성 확보가 진정한 목적이라면 그렇게 한정할 필요가 없을지도 모른다.

59) Robert P. George, "Gratz and Grutter: Some Hard Questions," 103 COLUM. L. REV. 1634 (2003).

60) The Civil Rights Cases, 109 U.S. 3 (1883).

시정조치를 시행할 가능성을 인정한다. 그래서 민간기업의 적극적 차별시정조치는 이 법의 문제로 될 수 있다.

Ⅵ. 결 론

(1) 미국헌법상 평등이론의 전개과정을 적극적 차별시정조치와 함께 미연방대법원 판례를 중심으로 살펴보았다. 그리고 그에 앞서 평등의 의미에 대한 철학적 논의를 살펴보았다. 이러한 논의가 미국헌법상 평등이론을 살펴보는데 있어서 다소 이질적으로 보일 수도 있겠지만, 모두에서도 주장한 바와 같이 많은 개별 기본권과 마찬가지로 평등권을 이해하는데 있어서 전제되어야 할 것은 바로 평등 개념 그 자체이다. 많은 철학자들에 의한 평등에 대한 논의는 최근 그 기준에 있어서 "무엇을 평등하게 할 것인가"라는 관점에서 그 논의가 진행되는 것을 보았다.

(2) 미국에서 평등권 이론의 전개는 단순한 평등보호조항의 해석을 넘는 것으로, 여기에는 미국 사회의 역사적·문화적 요소가 깊숙이 내재된 양상을 띤다. 그리고 그 때마다 연방대법원 판례는 중요한 이정표를 세워왔다. 그러한 의미에서 여전한 철학적 난제인 평등의 본질적 의미를 이해하는데 미국에서의 논의를 살펴보는 것은 의미 있는 일이다. Grutter 판결에서 연방대법원이 적극적 차별시정조치에도 엄격심사가 적용된다고 하고 인종에 기초하는 적극적 차별시정조치의 합헌성을 명시적으로 지지한 것은 큰 의미가 있다. 과연 이 판결 후에 적극적 차별시정조치가 어디까지 허용될 것인지는 대단히 중요한 부분일 것이다. 또한 이 판결이 고용, 정부계약, 선거구 분할 등 다른 영역에서 적극적 차별시정조치는 어떤 의미를 가지는가도 주목을 요하는 바이다. 오코너 재판관이 Grutter 판결로부터 25년이 지나면 인종에 기초하는 우대조치는 연방대법원에 의해 승인된 이익의 달성으로 필요하지 않을 것이라고 한 바 있다. 또한

토머스 재판관은 25년이 지나면 적극적 차별시정조치는 위법하게 될 것이라고 하였다. 그러나 긴스버그(Ruth Bader Ginsburg) 재판관은 그것은 희망에 불과하다고 하면서 그것은 분명한 예측이 아니라고 하는 등 25년이 지나더라도 또다시 적극적 차별시정조치는 정당화될 여지가 있다는 점을 시사한다. Brown 판결로부터 50년이 지난 뒤 적극적 차별시정조치의 필요성이 논해지고, 그리고 또 다시 25년이 흘러도 그것이 필요할지도 모른다는 점은 미국 사회에서 평등이라는 것은 대단히 어려운 문제라는 것을 의미한다.

(3) 우리나라에서도 평등은 대단히 중요한 문제이다. 단적으로 헌법재판소의 많은 판례들이 평등권조항과 관련되는 점에서도 알 수 있다. 그러나 우리나라에서 평등의 문제는 미국과 그 양상을 달리한다. 다민족 국가 미국이 가진 역사적·문화적 배경 속에서 평등 문제가 나오는 것과 달리 우리의 경우는 앙드레 오류(André Hauriou)의 이른바 '네 개의 큰 물결'(quatre grandes vaques)에 있어서 그 네 번째 단계에 해당하는 신생국가의 헌법을 의미하는 것이고,[61] 평등 문제도 바로 거기서 출발하는 것이다. 즉 우리 헌법은 신생 독립국가의 헌법으로 정치제도상으로는 조선시대의 왕정국가와 단절하고 근대입헌주의 헌법을 받아들였기 때문에 신분적 질서에 의한 불평등의 문제는 논할 여지가 없었다. 그러나 우리나라에서는 지난 1960~1970년대 경제발전의 결과로 서구 자본주의 국가가 겪은 자본주의 경제 질서가 낳은 폐해를 겪게 되었다. 경제적으로 지역 간 세대 간 격차와 빈부의 격차, 사회 전반에 있어서 심각한 남녀불평등의 문제, 그리고 최근 정쟁의 산물이 되어버린 보편적 복지의 문제 등은 우리가 겪는 평등의 양상이다. 이와 함께 고용에 있어서 지역인재할당이나 여성우대정책, 그리고 국가유공자 가산점 제도,[62] 다시금 논의되는 제대

---

61) 한태연, "제헌헌법의 신화 : 이상과 타협과 착각의 심포니," 동아법학 제6호, 동아대학교 법학연구소, 1988, 33면; 이병규, "헌법의 본질과 다양성 그리고 그 가치," 법학논고 제33집, 경북대학교 법학연구원, 2010. 6. 337–338면.

62) 헌재 2001. 2. 22. 2000헌마25.

군인가산점 제도[63] 등은 우리 사회에서 볼 수 있는 적극적 차별시정조치의 모습이다. 결국 우리나라의 경우에도 평등에 대한 고전적 논의를 넘어서 사회복지, 사회보험 등과 같은 사회국가원리와 연동된 평등의 논의는 필연적인 흐름이 되고 있다. 따라서 평등의 문제는 얼마만큼 분배할 것인지의 문제와 함께 무엇을 분배할 것인가가 중요한 문제가 된다. 따라서 미국에서 적극적 차별시정조치를 포함하는 평등권에 관한 논의는 우리나라에서 차별적 논의를 필요로 하는 것이 아닌가 생각된다.

[참고문헌]

김비환 외 공저, 자유주의의 가치들 : 드워킨과의 대화, 아카넷, 2011.

김영환, "적극적 평등실현조치(Affirmative Action)에 관한 연구," 영남대학교 박사학위논문, 1991.

김철수, "평등권에 관한 연구: 권리중심적 재구성 시도," 대한민국학술원 논문집(인문사회·과학편), 대한민국학술원, 2005.

김현철, "미국 헌법상 평등보호와 엄격심사기준에 관한 연구," 연세대학교 박사학위논문, 2001.

멜빈 I. 우프로스키 지음 / 박강순 옮김, 국민의 권리 : 개인의 자유와 권리장전, 주한미국대사관 공보과, 2004.

아리스토텔레스 지음 / 이창우 외 옮김, 니코마스 윤리학, 이제이북스, 2006.

알렉스 캘리니코스 지음 / 선우현 옮김, 평등, 울력, 2006.

엠 더글라스 벨리스, "미국헌법의 역사 : 헌정사의 형성에 노예제도가 미친 영향을 중심으로," 한국헌법과 미국헌법의 비교법적 고찰(국회 국제학술대회), 국회법제실, 2007. 7.

63) 헌재 1999. 12. 23. 98헌마363.

오트프리트 회페 지음 / 이상헌 옮김, 임마누엘 칸트, 문예출판사, 1997.

이병규, "토마스 제퍼슨의 헌법사상," 동아대학교 박사학위논문, 2009.

______, "헌법의 본질과 다양성 그리고 그 가치," 법학논고 제33집, 경북대학교 법학연구원, 2010. 6.

이종근, "적극적 평등화조치의 합헌성 요건: 미연방대법원 교육관련 판례를 중심으로," 공법학연구 제8권 제3호, 한국비교공법학회, 2007. 8.

장 자크 루소 / 이환 옮김, 사회계약론, 서울대학교출판부, 1999.

존 로크 / 강정인·문지영 옮김, 통치론, 까치, 1996.

최경호, 미국 대학입시에 있어 인종적 다양성 고려를 위한 적극적 평등실현조치– 미연방대법원 최근판례 Fisher v. University of Texas(2013)를 중심으로 – , 법학논집 제19권 제1호, 이화여자대학교 법학연구소, 2014. 9.

최대권, 법사회학적 법학방법론, 동아법학 제33호, 동아대학교 법학연구소, 2003. 12.

토머스 홉스 지음 / 진석용 옮김, 리바이어던 1, 나남, 2008.

한스 켈젠 / 박길준 역, 정의란 무엇인가?, 전망사, 1984.

한수웅, 헌법학, 법문사, 2013.

한태연, 헌법학: 근대헌법의 일반이론, 법문사, 1983.

______, "제헌헌법의 신화 : 이상과 타협과 착각의 심포니," 동아법학 제6호, 동아대학교 법학연구소, 1988.

Ball, Howard. The Bakke Case: Race, Education, and Affirmative Action. University Press of Kansas, 2000.

Bickel, Alexander M. "The Original Understanding and the Segregation Decision." 69 HARV. L. REV. 1 (1955).

Bowen, William G. Bok, Derek Curtis. The Shape of the River: Long–Term Consequences of Considering Race in College and University Admissions. Princeton University Press, 1998.

Cottrol, Robert J. Diamond, Raymond and Leland B. Ware. Brown V.

Board of Education: Caste, Culture, and the Constitution. University Press of Kansas, 2003.

Dworkin, Ronald. Justice for Hedgehogs. Belknap Press of Harvard University Press, 2011.

________. Sovereign Virtue: The Theory and Practice of Equality. Harvard University Press, 2002. 염수균 옮김, 자유주의적 평등, 한길사, 2005.

________. Taking Rights Seriously. Harvard University Press, 1978. 법과 권리, 한길사, 2010.

Ely, John Hart. "The Constitutionality of Reverse Racial Discrimination." 41 U. CHI. L. Rev. 723 (1974).

Fallon, Richard H. The Dynamic Constitution. Cambridge University Press, 2004.

Joel K. Goldstein. "Beyond Bakke: Grutter-Gratz and the Promise of Brown." 48 ST. LOUIS U. L.J. 899 (2004).

Klarman, Michael J. Brown v. Board of Education and the Civil Rights Movement. Oxford University Press, 2007.

Michael J. Klarman, Brown. "Originalism, and Constitutional Theory: A Response to Professor McConnell." 81 VA. L. REV. 1881 (1995).

________. "The Revival of Forward-looking Affirmative Action." 104 COLUM. L. REV. 60 (2004).

Karst, Kenneth L. and Horowitz, Harold W. "Affirmative Action and Equal Protection." VA. L. REV 60 (1974).

Kurland, Philip and Lerner, Ralph ed. The Founders' Constitution : Major Themes. Liberty Fund Inc. 2000.

Kymlika, Will, Multicultural Citizenship: A Liberal Theory of Minority Rights, Oxford University Press, 1996. 장동진 외 공역, 다문화주의의 시민권, 동명사, 2010.

Perry, Barbara A. The Michigan Affirmative Action Cases, University Press of Kansas. 2007(First Edition).

Peterson, James T. Brown v. Board of Education: A Civil Rights Milestone and Its Troubled Legacy. Oxford University Press, 2002.

Rawls, John. A Theory of Justice. Belknap Press of Harvard University Press, 1971. 황경식 옮김, 이학사, 2003.

Sen, Amartya. Inequality Reexamined. Oxford University Press, 1992. 이상호·이덕재 옮김, 불평등의 재검토, 한울아카데미, 1999.

Schuck, Peter H. "Affirmative Action: Past, Present, and Future." 20 YALE L. & POL'Y REV. 1, 34 (2002).

Walzer, Michael. Spheres of Justice. Basic Books, 1983. 정원섭 외 옮김, 정의와 다원적 평등 : 정의의 영역들, 철학과현실사, 1999.

Wechsler, Herbert. "Toward Neutral Principles of Constitutional Law." 73 HARV. L. REV. 1 (1959).

[Abstract]

The Development of Equality Theories and Affirmative Action under the U.S. Constitution

Lee, Byeong Gyu*

This study discusses the development of equality theories under the United States Constitution in terms of the Supreme Court's precedents related to affirmative action as well as philosophical approaches to the concept of equality. The discussion is part of argument over the nature of equality, which is assumed to contribute to setting direction of further debate on equality.

The development of equality theories in the United States is beyond simply analyzing the Equal Protection Clause, and the history and culture of the American society deeply underlies in the development. Moreover, the Supreme Court has provided important milestones whenever needed. For example, it is crucial that the Supreme Court applied strict scrutiny to the ruling of the Grutter v. Bollinger case despite affirmative action, overtly supporting the constitutionality of affirmative action according to race. After the Grutter case ruling, it has been questioned to what extent affirmative action should be permitted. The ruling also has created interest in the significance affirmative action would have to other fields such as employment, government contracts and division of constituency. There is an opinion that the preferential measure according to race will be no more necessary in twenty five years after the Grutter ruling because of the

* Assistant Professor, Dong-Eui Institute of Technology

achievement of benefits approved by the Supreme Court. However, affirmative action is still required even though fifty years have passed since the ruling of the Brown v. Board of Education case and therefore, the action might be needed again twenty five years later, which clearly shows that equality is a tough issue to tackle in the American society.

The issue of equality also has important consequences for Korea which has experienced hardship of the economic system of capitalism along with the rapid economic growth in the 1960s and 1970s. Regional and generational disparities and gaps between the poor and the rich in economy, serious inequality among men and women in the overall Korean society, problems with universal welfare embroiled in political dispute, and so on are other aspects of equality that the Korean society is undergoing. Futhermore, in employment, the local quota system or women's empowerment policy, benefits as a person of national merit, and veterans' preference revisited these days are all related to affirmative action enforced in our society. After all, beyond the classical approach to equality, it is inevitable to discuss equality connected to principles of social states, such as social welfare and social insurance. In light of equality, the major issues are what should be distributed and how much distribution should be achieved. Considering these problematic situations, it is suggested that the discussion on equal rights including affirmative action of the United States will provide considerable implications for Korea.

[Key words]
Equality, Equality theories, Affirmative action, Equal Protection Clause, Strict scrutiny, Grutter v. Bollinger, Brown v. Board of Education of Topeka

교원지위 법정주의의 헌법적 의미

- 헌재결 2013. 11. 28. 2011헌마282 · 763에 대한 비판적 검토 -

조소영*

[국문 요약]

이명박 정부의 교과부 정책 중 국립대 선진화 방안으로 수립된 전국 국공립대학에 대한 개혁적 내용 중 교원에 대한 성과연봉제 도입방침은 행정입법의 형태로 도입되었을 뿐만 아니라 교원의 보수 그 자체에 관한 내용이라는 점에서 법률유보원칙과 교원지위 법정주의 위배 여부가 쟁점이 되어 헌법소원심판이 청구된 바 있다. 법률유보에 있어서 가장 중심적 기준은 본질성이론에 따르는 판단이며, 의회가 입법해야 하는 본질적인 요소에 해당하는 한 위임입법의 대상이 될 수 없다. 교원은 그 자체가 헌법적 의미를 갖는 존재이다. 왜냐하면 헌법상의 국민의 교육을 받을 권리가 헌법의 이상대로 실현되기 위한 가장 전제적 존재이기 때문이다. 또한 그렇기 때문에 이러한 교원의 지위는 다시 의회입법사항으로 헌법에 규정된 것이다. 따라서 이 헌법소원심판의 가장 중요한 헌법적 쟁점은 교

* 부산대학교 법학전문대학원 교수, 법학박사.

원지위 법정주의의 헌법적 의미와 판단기준에 관한 것이고, 이 글에서는 당해 헌법재판소의 결정내용과 청구인의 주장을 살펴보고 이어서 헌법재판소 결정 내용에 관한 비판적 검토(법률유보원칙과 교원지위 법정주의의 관계, 교원지위 법정주의의 헌법적 의미, 본질성이론과 교원지위 법정주의 위배 여부에 대한 판단)를 전개하였다. 교육제도의 법률주의는 이른바 본질성이론을 구체화한 것으로서 교육에 관한 기본방침의 결정은 그것이 원칙적으로 입법기관의 형성권에 속한다는 점을 헌법이 분명히 밝힌 것이다. 따라서 교육제도에 관한 행정입법내용이 문제된 경우에는 가장 먼저 이른바 본질성이론에 입각한 판단이 수행되어야만 하고, 위임입법이 허용되는 경우일지라도 그 위임의 근거에 관한 개별적 판단이 수행되어야 한다. 하지만 헌법재판소는 교원지위 법정주의의 헌법적 의미에 관한 종래의 재판부의 판시가 있었음에도 불구하고 교원의 보수가 교원지위의 본질적 요소인가에 대한 판단을 간과하였고, 그 보수결정기준의 하위법령에의 위임근거를 판단함에 있어서도 '관련 규정들의 전체적인 위임'이라는 "새로운" 판단기준으로 그 합헌성을 인정하였다. 때문에 위임입법의 한계에 관한 새로운 기준의 제시라고 받아들여야 하는 것인지의 문제를 남기고 있어서, 그 판단의 배경과 근거가 궁금한 결정내용이기에 그에 대하여 비판적으로 검토하였다.

[핵심어]
교원지위 법정주의, 본질성이론, 법률유보원칙, 위임입법의 한계, 성과급제

Ⅰ. 들어가는 말

이명박 정부의 교과부 정책 중 국립대 선진화 방안으로 수립된 전국 국공립대학에 대한 개혁적 내용은 크게 세가지로 요약될 수 있었다. 하나

는 국립대 법인화 문제였고, 둘째는 총장직선제 폐지 및 단과대학장 직선제 폐지였으며, 셋째는 교원에 대한 성과연봉제 도입이었다. 세가지의 교과부 개혁방안에 대해서 전국국공립대학교수회연합회는 모두 반대의 입장을 피력하면서 헌법소원심판을 청구하는 한편 국회에 나아가 반대의 의사표시를 하기도 하였다.[1] 하지만 교과부의 개혁목표 그 자체는 일견 수용될 만한 이상을 담고 있을 뿐만 아니라 국공립대 교원들에 대한 '무풍지대 또는 철갑밥통군단'이라는 식의 사회의 인식은 국공립대 교원들의 주장을 그 당부 여부와 상관 없이 일부 이익집단의 목소리로 치부함으로써 결국 제대로 주목받지도 평가받지도 못하는 소리에 그치고 말았다고 하겠다. 사회 운영 속에서 개혁해야 할 부분이 보였을 때, 개혁의 필요성은 인정된다. 하지만 모든 개혁적 조치들이 항상 정당할 수 있었던가를 생각해 보면, 개혁의 필요성이 개혁의 보든 방법들을 항상 정당화할 수 없다는 점이 관건이었다고 하겠다.

헌법은 의회법률주의를 대원칙으로 선언하고 있다. 다만 그럼에도 불구하고 기본권을 제한하는 법률이건 기본권을 구체화하는 법률이건 간에 일정한 경우에 한하여 위임입법이 가능함을 인정하고 있다. 즉 법률유보에 있어서 가장 중심적 기준은 본질성이론에 따르는 판단이며, 의회가 입법해야 하는 본질적인 요소에 해당하는 한 위임입법의 대상이 될 수 없는 것이다. 교원은 그 자체가 헌법적 의미를 갖는 존재이다. 왜냐하면 헌법상의 국민의 교육을 받을 권리가 헌법의 이상대로 실현되기 위한 가장 전제적 존재이기 때문이다. 또한 그렇기 때문에 이러한 교원의 지위는 다시 의회입법사항으로 헌법에 규정된 것이다. 상술하였듯이 전국국공립대학교수협의회가 교원의 보수에 관한 성과연봉제 도입내용에 대한 헌법소원심판청구서를 제출한 바 있고, 이에 대해 헌법재판소가 판단한 바 있다. 그리고 이 헌법소원심판의 가장 중요한 헌법적 쟁점은 교원지위 법정주의의 헌법적 의미와 판단기준에 관한 것이었기 때문에, 이하에서는 당

1) 한국대학신문 2011. 5. 27자 기사 참조.

해 헌법재판소의 결정내용과 청구인의 주장을 살펴보고 이어서 헌법재판소 결정 내용에 관한 비판적 검토(법률유보원칙과 교원지위 법정주의의 관계, 교원지위 법정주의의 헌법적 의미, 본질성이론과 교원지위 법정주의 위배 여부에 대한 판단)를 전개해 보기로 하겠다.

Ⅱ. 공무원보수규정 제39조의2 위헌확인 사건[2)]

1. 사건개요

이 사건은 두 개의 사건[3)]이 병합된 것이었는데, 청구인들은 모두 현재 국내 국립대학 교원으로 재직 중인 자들로서, 2011. 1. 10. 이전부터 국립대학 교원으로 재직하고 있던 자들과 2011. 3. 1. 신규로 교원에 임용된 자들이었다. 이 사건에서 청구인들은 공무원보수규정의 개정에 따른 국립대학 교원의 보수체계 변동에 대하여 그 위헌 여부를 다투었다. 당시 교육과학기술부장관이 2010. 9. 28. '국립대학 선진화 방안'을 발표하였는데, 이 방안에 따라 2011. 1. 10. 공무원보수규정 제39조의2가 신설되었다. 그리고 이 규정에 의거하여 국립대학 교원의 보수체계가 기존의 호봉제에서 교육·연구·봉사 등의 성과에 연동하는 성과급적 연봉제로 전환되게 되었다. 이에 청구인들은 위 규정의 조항이 기본권제한의 법률유보원칙, 교원지위 법정주의 및 과잉금지원칙에 반하여 청구인들의 학문의 자유 및 대학의 자율성 등을 침해한다고 주장하며 그 위헌확인을 구하는 헌법소원심판을 청구하였던 것이다. 즉 이 사건에서의 주된 쟁점은 국립대학 교원의 성과연봉 지급에 대하여 규정한 공무원보수규정(2011. 1. 10. 대통령령 제22617호로 개정된 것) 제39조의2 제1항, 제3항, 제4항이 교원

---

2) 헌재 2013. 11. 28. 2011헌마282 · 763, 공보 제206호, 1711.
3) 2011헌마282 사건과 2011헌마763 사건.

지위 법정주의에 반하여 청구인들의 학문의 자유를 침해하는지 여부에 관한 것이었다.

2. 심판대상조문

청구인들은 국립대학 교원의 성과연봉 지급 규정인 공무원보수규정 제39조의2 전체[4]에 대하여 헌법소원을 청구하였다. 그러나 헌법재판소는 공무원보수규정 제39조의2 전체 규정 중 제2항과 제5항은 업적평가를 위하여 필요한 사항을 교육부장관이 정할 수 있도록 위임하거나 성과연봉의 지급에 필요한 사항(성과연봉 기준액, 지급방법 등)을 교육부장관이 기획

4) 공무원보수규정(2011. 1. 10. 대통령령 제22617호로 개정된 것)
제39조의2(국립대학 교원의 성과연봉 지급)
① 연봉제 적용대상인 국립대학 교원의 성과연봉은 국립대학의 장이 정하는 바에 따라 일정 기간 동안의 교육ㆍ연구ㆍ봉사 등의 업적을 평가하여 그 결과에 따라 차등 지급한다.
② 제1항의 업적평가를 위하여 필요한 사항은 교육부장관이 따로 정할 수 있다.
③ 성과연봉은 대학별로 실시하는 성과평가 결과 평가 대상인원의 20퍼센트에 해당하는 최상위의 교원에게는 성과연봉 기준액의 1.5배 이상에서 2배 미만, 평가 대상인원의 30퍼센트에 해당하는 그 다음 상위의 교원에게는 성과연봉 기준액의 1.2배 이상에서 1.5배 미만, 평가 대상인원의 40퍼센트에 해당하는 그 다음다음 상위의 교원에게는 성과연봉 기준액 이하로 하여 각각 국립대학의 장이 정하는 금액을 지급하고, 그 밖의 교원에게는 지급하지 아니한다. 다만, 국립대학의 장은 필요한 경우 최상위 교원은 평가 대상인원의 15퍼센트에서 25퍼센트까지, 그 다음 상위의 교원은 평가 대상인원의 25퍼센트에서 35퍼센트까지, 그 다음다음 상위의 교원은 평가 대상인원의 35퍼센트에서 45퍼센트까지, 그 밖의 교원은 평가 대상인원의 5퍼센트에서 15퍼센트의 범위에서 각각 조정할 수 있다.
④ 국립대학의 장은 성과연봉 기준액의 1.5배 이상에서 2배 미만의 금액을 지급받는 교원 중 해당 국립대학을 대표할 만한 탁월한 업적을 나타낸 교원을 선정하여 성과연봉 기준액의 2배 이상에 해당하는 금액을 지급할 수 있다.
⑤ 국립대학의 교원에 대한 성과연봉 기준액, 지급방법, 지급절차 및 그 밖에 성과연봉의 지급에 필요한 사항은 교육부장관이 기획재정부장관 및 안전행정부장관과 협의하여 정한다.

재정부장관 및 안전행정부장관과 협의하여 정하도록 위임하고 있는 조항들로서 청구인들이 위 조항들 자체의 위헌성에 대하여는 별다른 주장을 하고 있지 않다는 것과, 청구인들이 이 사건에서 실질적으로 다투고자 하는 것도 성과급적 연봉제의 시행 및 상대평가 등의 평가 방식이 청구인들의 기본권을 침해하는지 여부라는 것을 이유로 하여, 위 제2항과 제5항을 심판대상에서 제외함으로써 심판대상범위를 축소하였다. 따라서 이 사건에서 헌법재판소의 심판 대상은 국립대학 교원에게 성과급적 연봉제로 보수를 지급하도록 규정한 공무원보수규정 제39조의2 제1항, 제3항, 제4항이 청구인들의 기본권을 침해하는지 여부가 되었다.

3. 청구인들의 주장요지

청구인들은 당해 공무원보수규정 상의 국립대학 교원에 대한 성과급적 연봉제는 교원지위 법정주의, 학문의 자유 및 대학의 자율성, 평등권을 침해하는 것임을 주장하였다. 즉 당해 규정은 국립대학 교원의 보수에 관한 사항을 아무런 법적 근거나 위임 없이 대통령령에 규정함으로써 기본권제한의 법률유보원칙에 반하고 궁극적으로 교원지위 법정주의에 위반된다고 주장하였다. 또한 해당 공무원 보수규정은 본질적으로 계량적인 측정과 평가가 불가능한 영역인 학문연구 분야에서 교수들의 업적을 평가하고 그 평가결과에 따라 성과연봉을 차등지급하도록 함으로써 과잉금지원칙에 반하여 청구인들의 학문의 자유 및 대학의 자율성을 침해한다고 주장하였다. 게다가 해당 성과급적 연봉제는 전년도 성과연봉에 따라 다음연도 기본연봉이 달라지는 구조를 취하고 있기 때문에, 초기에 높은 등급을 받은 교원과 나중에 높은 등급을 받은 교원 간의 평등권도 침해된다고 하였다.

4. 헌법재판소의 판단

(1) 제한되는 기본권

하지만 청구인들의 주장에 관하여 헌법재판소는 심판대상인 규정이 청구인들의 어떠한 기본권을 제한하고 있는가를 먼저 결정함에 있어서, 다시 기본권 경쟁이론과 헌법재판소의 기존의 입장에 근거하여 가장 밀접하고 주된 기본권으로 정리하여 파악하였다.

먼저 이 사건 조항은 국립대학 교원에 대하여 국립대학의 장이 정하는 바에 따라 일정기간 동안의 교육·연구·봉사 등의 업적을 평가하고 그 평가 결과에 따라 성과연봉을 차등지급하도록 하면서, 평가 방식에 있어서 일정 비율의 교원은 반드시 최하위평가를 받을 수밖에 없는 상대평가 방식을 채택하고 있는바, 이로 인하여 청구인들이 자유롭게 학문 활동을 할 수 있는 자유가 제한된다는 것을 인정하였다.

그러나 첫째 이 사건 조항이 청구인들의 대학의 자율성(대학의 자치)을 제한한다는 주장에 대해서는, 국립대학 교원에 대한 보수를 산정할 때 해당 교원에게 그 과정에 참여할 권리가 있다고 보기 어렵고, 공무원의 보수에 관한 사항이 대학의 자율성의 범위에 속하는 사항이라고 보기 어려울 뿐만 아니라, 이 사건 조항으로 인하여 청구인들의 학문의 자유가 제한된다고 보는 이상 학문의 자유를 확실히 보장하기 위한 수단으로서의 기본권인 대학의 자율성이 별도로 제한된다고 볼 실익이 없다고 하여 배제하였다.

둘째 전년도 성과연봉의 일부가 성과가산금으로서 다음연도의 기본연봉에 산입되는 방식으로 누적되므로, 전체적으로 동일한 평가를 받더라도 평가시점에 따라 그리고 처음 시작하는 기본연봉의 수준에 따라 교원간에 연봉 차가 크게 벌어져서 초반에 높은 등급을 받은 교원과 후반에 높은 등급을 받은 교원 간에 평등권을 침해한다는 청구인들의 주장에 대해서는, 이 사건 조항 자체는 성과연봉의 일부를 다음연도에 산입하도록 하고 있지 않으며 이는 이 사건 조항이 아니라 그에 따른 구체적인 운영 지침[5]에 의한 것이므로 이 사건 조항에 의하여 청구인들의 평등권이 침해될 여지는 없다고 판단하였다.

결론적으로 헌법재판소는 이 사건에서 당해 조항이 청구인들의 학문의 자유를 침해하는지 여부에 대하여만 그 위헌성 여부를 판단하였다.

(2) 교원지위 법정주의 위반 여부

헌법재판소는 이 사건 조항이 교원의 보수에 관한 사항을 법률의 위임 없이 대통령령에 규정하였기 때문에 헌법 제37조 제2항의 법률유보원칙과 헌법 제31조 제6항의 교육제도(교원지위) 법정주의에 반한다는 청구인의 주장에 대해 먼저 판단하였다.

헌법재판소는 "학교교육 및 평생교육을 포함한 교육제도와 그 운영, 교육재정 및 교원의 지위에 관한 기본적인 사항은 법률로 정한다."고 하여 교육제도 법정주의를 규정한 헌법 제31조 제6항은, 교육 특히 학교교육의 중요성에 비추어 교육에 관한 기본정책 또는 기본방침 등 교육에 관한 기본적 사항을 국민의 대표기관인 국회가 직접 입법절차를 거쳐 제정한 형식적 의미의 법률로 규정하게 함으로써 국민의 교육을 받을 권리가 행정기관에 의하여 자의적으로 무시되거나 침해당하지 않도록 하고 교육의 자주성과 중립성을 유지하고자 하는 데에 그 의의가 있다고 하였다.[6] 그러므로 교육제도 법정주의는 교육 영역에 있어서의 의회유보원칙이라 할 것[7]이므로, 교원의 보수에 관한 이 조항은 교육제도 중 교원의 지위와 밀접한 관련이 있다고 할 것이어서 이 조항이 교원지위 법정주의

---

5) 공무원보수규정(2013. 3. 23. 대통령령 제24425호로 개정된 것) 제50조, 공무원 보수 등의 업무지침(2013. 3. 25. 안전행정부예규 제1호로 개정된 것) 제4장 공무원 연봉업무 처리기준 Ⅶ. 연봉의 조정 3. 2013년 연봉의 정기조정 및 2013년도 운영지침 참조.

6) 헌재 2001. 4. 26. 2000헌가4, 판례집 13-1, 783, 793-794 등 참조.

7) 헌재 2012. 11. 29. 2011헌마827, 판례집 24-2하, 250, 262 참조.

를 위반한 것인지에 대하여 판단할 필요가 있다고 보았다.

헌법재판소는 헌법 제31조 제6항 소정의 교육제도 법정주의가 교육에 관한 기본정책 또는 기본방침을 최소한 국회가 입법절차를 거쳐 제정한 형식적 의미의 법률로 규정함으로써 국민의 교육을 받을 권리가 행정기관에 의하여 자의적으로 무시되거나 침해당하지 않도록 하고, 교육의 자주성과 중립성도 유지하려는 것으로서, 교육제도에 관한 기본방침을 제외한 나머지 세부적인 사항까지 반드시 형식적 의미의 법률만으로 정하여야 하는 것은 아니기 때문에, 입법자가 정한 기본방침을 구체화하거나 이를 집행하기 위한 세부시행 사항은 여기서의 기본적인 사항에는 해당하지 않는다는 종래의 원칙[8]을 확인하였다. 그런 후에 헌법재판소는 교원의 보수 자체와 교원의 보수에 관한 구체적인 내용에 관한 규정형식의 문제를 구분하는 판단을 하였다. 즉 교원의 경제적 지위에 관한 '기본적인 사항'이지만, 국립대학 교원의 보수에 관한 구체적인 내용(보수 체계, 보수 내용, 지급 방법 등)까지 반드시 법률의 형식으로만 정해야 하는 '기본적인 사항'이라고 보기는 어렵다고 하였다. 구체적으로 말해서 교원의 보수는 본질적으로 급부적 성격이 강한 국가행정의 영역에 속하는 것으로서 해마다 국가의 재정상황 등에 따라 그 액수가 수시로 변화하고, 교원의 보수체계 역시 국가의 정치·사회·경제적 상황, 시대 변화에 따른 교원의 지위 및 역할의 변화, 민간 영역의 보수 체계의 변화 등 사회적·경제적 여건에 따라 적절히 대처할 필요성이 있기 때문에 이에 관한 모든 사항을 법률에 규정하는 것은 입법기술상 매우 어렵다고 할 것이어서 이를 행정부의 하위법령에 위임하는 것은 불가피하다 인정한 것이다. 이러한 논리를 바탕으로 헌법재판소는 교육공무원법 제34조 제2항, 제35조나 국가공무원법 제46조 제1항, 제47조 제1항 등에서 교육공무원의 '보수' 자체의 특수성으로 인하여 부득이하게 그에 관한 구체적인 내용을 대통령령으로 정하도록 위임하면서도 보수 결정의 원칙 등 기본적인 사항에

8) 헌재 1991. 2. 11. 90헌가27, 판례집 3, 11, 27.

대하여는 법에서 직접 정하고 있으므로, 공무원의 보수에 대한 구체적인 사항들을 대통령령인 공무원보수규정에 규정한 것 자체가 교원지위 법정주의에 반한다고 보기는 어렵다고 설시하였다.

다음으로 성과급적 연봉제 규정 조항이 국가공무원법 제46조 제1항이나 교육공무원법 제34조 제2항의 위임에 의한 것인지 여부, 그리고 그 위임의 범위 내인지 여부에 대하여 살폈는데, 교육공무원법 제34조 제2항 소정의 '자격 및 경력'에 관하여 보건대, 교원의 '자격'과 관련하여 교육공무원법 제8조에서는 교수·부교수·조교수 및 조교의 자격을 고등교육법 제16조에 따른 자격이 있는 사람으로 규정하고 있고, 고등교육법 제16조에서는 이를 대통령령에 위임하고 있는데, 이러한 위임에 의하여 제정된 '대학교원 자격기준 등에 관한 규정' 제2조 제1호 별표에서는 교원의 자격을 '연구실적과 교육경력'을 기준으로 정하고 있고, 같은 규정 제11조에서도 위 제2조 제1호 이외에 제2조 제2호에 따라 교수가 될 수 있는 자를 '연구실적과 교육경력, 연구업적' 등을 기준으로 정하고 있는 등 교원의 자격기준을 연구와 교육 등의 실적에 바탕을 두고 있으므로, 교원의 '자격 및 경력'과 '연구실적 및 교육경력'이 서로 밀접하게 관련 있다고 보았다. 그리고 국가공무원법 제46조 제1항이나 교육공무원법 제34조 제2항에서 '직무의 곤란성 및 책임의 정도에 따라 보수가 정해진다'는 것도, 교원 각자가 담당한 구체적인 업무의 난이도나 업무수행의 정도를 보수 책정에 반영하겠다는 의미로 볼 수 있고, 이에 이 조항에서 논문、저서、학술대회 발표 실적 등의 연구업적, 교내외 각종 보직 담당 여부 등의 봉사업적, 학생들의 강의평가결과나 교육방법 개발 등의 교육업적에 따라 보수를 차등지급하도록 한 것으로 인정하였다. 그리고 연구, 교육, 봉사 동의 활동은 국립대학 교원 업무의 본질이라고 볼 수 있으므로, 교원의 보수를 결정할 때의 기준인 '자격, 경력, 직무의 곤란성, 책임의 정도'에는 당연히 '연구, 교육, 봉사'의 유무나 정도가 포함된다고도 볼 수 있다고 하였다. 이러한 판단 하에 비록 국가공무원법이나 교육공무원법에서 직접적으로 성과급적 연봉제의 내용에 대하여 규정하지 않았다 하더라도, 관련 규정을 체계적·유기적으로 종합하여 볼 때, 국가공무원법 제46조 제1항이나 교육공무원법 제34조 제2항에서는 '연구 및 교육, 봉사의 업적에 바탕을 둔 자격, 경력, 직무의 곤란성 및 책임의 정도'를 기준으로 하여 교원의 보수를 정하도록 교원의 보수에 관한 기본적인 사항 내지 원칙을 규정하고 그 구체적인 내용을 대통령령으로 정하도록 위임한 것으로 볼 수 있으므로, 교육 · 연구 · 봉사 등의 평가를 본질로 하는 성과급적 연봉제에 관한 사항도 충분히 위 위임 범위에 포함될 수 있다고 판시하였다.

그러므로 청구인들의 주장과 달리, 헌법재판소는 이 사건 조항이 교육공무원법 제34조 및 제35조, 국가공무원법 제46조, 제47조 등의 전체적인 위임에 따라서 교원 보수의 결정 기준이 되는 '자격, 경력, 직무의 곤란성 및 책임의 정도'를 보다 구체화하여 정한 것이므로, 교원지위 법정주의에 반하여 청구인들의 학문의 자유를 침해한다고 볼 수 없다고 결론 내렸다.

(3) 과잉금지원칙 위반 여부

1) 목적의 정당성 및 수단의 적합성

헌법재판소는 이 조항에 따라 교원의 보수에 관하여 성과급적 연봉제를 도입한 목적은 '국립대학 교원의 연구의욕 고취 및 교육의 수월성 제고를 통한 대학경쟁력의 강화'라고 할 것이므로 목적의 정당성을 인정하였고, 교원들의 교육 · 연구 · 봉사 업적을 평가하고 그 결과에 따라 성과연봉을 차등지급하는 성과급적 연봉제 자체는 우수한 교원을 유치하고 교원들의 동기 유발을 통한 대학 경쟁력 강화에 적합한 수단이 될 수 있다고 하였다.

2) 침해의 최소성

성과급적 연봉제의 치매최소성에 대한 판단에서 헌법재판소는 기존의 호봉제 · 수당제와 비교하여 판단하였는데, 그에 의하면 기존의 호봉제는 근무기간에 따라 일률적으로 높은 호봉의 급여를 받도록 함으로써 국립대학 교원으로 하여금 학문연구 및 기타 교수로서의 임무를 성실히 수행하도록 하는 유인이 약하여 국립대학의 경쟁력을 저해할 우려가 있고, 근무기간에 관계없이 열심히 학문연구 등을 하는 교원을 오히려 홀대하게 되어 형평에 어긋나는 제도였으며, 기존의 수당제 역시 그동안 전체 교원의 급여를 높이는 수단으로 이용되어 온 측면이 있기 때문에 대학의 경쟁력 강화를 위한 효과적인 수단이 되지 못한다고 하였다. 이러한 판단하에 교원들 간의 경쟁을 촉진하여 보다 많은 교원들이 학문연구 및 교육 등에 매진할 수 있도록 하기 위해서는 그들이 이루어낸 연구 등의 업적 평가에 따라 성과연봉을 차등지급하여 적절한 동기를 부여하는 것은 효과적인 방안이 될 수 있음을 인정하였다. 그리고 다시 성과급적 연봉제도에 대하여 구체적으로 판단하였다.

먼저 성과급이 형평의 원칙에 더 부합한다는 것인데, 성과급은 맡은 직무의 실천을 대상으로 하는 보수이고 조직에 대한 공헌의 가능성보다 실제적 공헌 내지 실현된 공헌을 기준으로 하는 보수이기 때문에 연공서열에 따라 획일적으로 보상하는 것에 비교할 때 형평성 구현을 보다 실질화하는 것이며, 교원의 본분이 학문연구와 교육에 있다는 점을 고려할 때 객관적이고 공평한 방법이라고 보았다.

더욱이 국가공무원법 제51조, 교육공무원법 제42조 및 ‘공무원수당 등에 관한 규정’ 제7조의2에서는 각 기관의 장으로 하여금 정기 또는 수시로 소속 공무원의 근무성적을 객관적이고 엄정하게 평정하여 인사관리에 반영하도록 하면서, 근무성적평정 결과 근무성적이 우수한 자에 대하여는 상여금을 지급하도록 규정하고 있고, ‘국공립대학연구보조비 지급규정’에서도 교원의 교육、연구 및 봉사활동 등의 실적 등에 따라 연구보조비를 차등지급할 수 있도록 규정하고 있기 때문에, 당해 조항과 무관하게 이미 공무원의 업적에 대한 평가가 이루어지고 그 결과가 보수 등의 인사관리에 반영되고 있다 할 것이어서 업적평가결과에 따른 보수의 차등지급이 성과급적 연봉제만의 특성이라고 보기도 어렵다는 것을 지적하였다.

그리고 성과급적 연봉제에서의 연구업적평가와 관련하여서도, 일반적으로 논문과 저서, 학술발표 등의 실적마다 점수가 배정되는데, 비록 연구내용이나 난이도 등 연구의 '질'에 대하여 직접적으로 평가하지는 않더라도 연구실적(연구의 '양')이 많아지면 연구의 '질'에 대한 대내외적인 평가가 가능해지고, 결과적으로 양질의 연구가 이루어지는 토대가 마련된다고 할 수 있다는 점, 등재지 수준에 따라 가중치를 다르게 부여한다면, 높은 수준의 학술지에 등재된다는 것은 그만큼 논문의 내용 등의 '질'이 우수하다는 반증이 될 수 있다는 점, 그리고 각 대학에서 합리적이고 공정한 평가기준을 설정하여 이를 투명하게 운영한다면, 연구의 '질' 자체에 대한 평가도 충분히 가능하다는 점을 들어 학문 분야도 평가 자체가 불가능하거나 부적당한 것은 아니라고 보았다.

그리고 이어 그 평가방식에 대해서도, 당해 조항에서의 상대평가 방식이 아니라 절대평가 방식에 의한 평가도 가능하나, 절대평가 방식에 의할 경우 평가의 객관성에 의문이 제기될 수 있고, 결과적으로 소위 나눠먹기식으로 보수가 배분되거나 종래의 호봉제로 회귀할 가능성이 높기 때문에 성과급적 연봉제의 실효성을 높이고 객관적인 업적평가를 하기 위해서는 상대평가를 따르는 것이 불가피하고, 상대평가의 본질상 최하위 등급을 받는 집단은 발생할 수밖에 없다는 점과, 이 사건 조항이 실질적으로 평가등급의 설정 및 평가등급에 따른 성과연봉의 차등지급, 평가등급별 인원할당비율, 각 등급에서 지급되는 성과연봉의 범위 등을 미리 정하고는 있으나, 대학의 장의 재량으로 최고등급을 배정하여 성과연봉기준액의 2배 이상의 연봉을 지급할 수 있고, 각 등급 간 평가대상 인원을 5퍼센트의 범위 내에서 자율적으로 조정할 수 있으며, 지급되는 성과연봉액의 비율도 고정되어 있는 것이 아니고 1.5배 이상에서 2배 미만, 1.2배 이상에서 1.5배 미만 등으로 그 한계만 정하고 있을 뿐이라는 점을 들어, 구체적인 성과연봉액이나 등급별 인원비율 등은 각 대학이 대학별 특수성과 학문분야별 특수성을 고려하여 합리적으로 정할 수 있으므로 교원지위 법정주의에 반하지 않는다고 판단하였다.

성과급적 연봉제의 제한이 최소성에 대하여 헌법재판소는 결론적으로 성과급적 연봉제는 평가결과 낮은 등급을 받은 교원에 대하여 직접적으로 어떤 제재를 가하는 것이 아니라 단지 상대적인 차등을 두어서 자발적으로 분발을 촉구하는 제도일 뿐인 데다가, 성과연봉의 차이로 인하여 각 교원마다 전체 연봉이 달라지는 결과가 발생한다 하더라도 성과연봉이나 다음해 기본연봉에 가산되는 성과가산금 등이 전체 연봉에서 차지하는 비중이 아주 큰 것도 아닌 제도라는 점, 설령 성과급적 연봉제의 도입으로 인하여 초기에 교원들이 단기간의 연구에 치중하거나 공동연구를 기피하게 되고 평가자의 눈치를 보게 되는 등의 부작용이 발생한다 하더라도, 이는 각 대학이 업적 평가를 할 때 장기연구나 공동연구에 가중치를 부여하거나 중간평가를 하는 등 평가기준이나 평가방법을 객관적이고 합리적으로 운영하고, 평가기준의 설정이나 평가 자체를 독립성과 공정성을 가진 위원회 등에서 하게 하는 방법 등을 통하여 얼마든지 개선할 수 있다는 점, 이에 교육부에서도 성과급적 연봉제에 대한 운영지침에서, 대학의 자율성, 다양성과 교원 보수의 안정성 확보를 위해 중요사항의 최소 기준만 제시하고, 세부사항은 각 대학이 최소 기준 내에서 대학 및 학문 분야별 특수성을 반영하여 자율적으로 결정하도록 하고 있다는 점을 이유로 하여, 당해 조항들은 입법목적의 달성을 위하여 필요한 범위 안에서 성과급적 연봉제에 대하여 규정한 것이고, 업적 평가 방식 등 구체적인 세부사항은 각 대학이 자율적으로 정하도록 한 점 등을 고려하면 침해의 최소성도 충족한다고 보았다.

3) 법익의 균형성

헌법재판소는 성과급적 연봉제의 시행으로 인하여 청구인들이 받게 되는 불이익은 낮은 등급을 받게 될 경우의 '상대적 박탈감 및 사기저하'인 반면에 그로 인하여 달성되는 공익은 (i) 연구 및 교육 수행 정도에 따른 보수지급의 형평성 확립, (ii) 국립대학이 유능한 인재를 확보할 수 있는 기회 확대, (iii) 우수한 교원 확보를 통한 학생들의 학업 수준 향상, (iv) 교원들의 경쟁력 강화를 통한 국립대학의 선진화 등이므로 이 사건 조항이 공익에 비하여 사익을 현저하게 침해하고 있다고 볼 수 없다고 하였다.

(4) 결 론

헌법재판소는 문제가 된 당해 조항은 과잉금지원칙에 반하지 않는 바 청구인들의 학문의 자유를 침해하지 아니하는 규정이라고 결론짓고, 이 사건 심판청구를 이유 없는 사안으로서 관여 재판관 전원의 일치된 의견으로 기각결정을 하였다.

Ⅲ. 헌법재판소 결정에 대한 비판적 검토

1. 판례에서의 제한된 기본권 확정의 정합성

상술한 바와 같이 헌법재판소는 당해 사건에서 청구인이 주장하는 침해된 기본권 주장내용에 대해서 위헌성 여부를 판단하기 위해 가장 먼저 제한된 기본권을 확정한 바 있다. 그런데 헌법재판소는 이 사건에서 성과급적 연봉제를 규정한 것이 궁극적으로 교원의 보수문제이고 보수 그 자체는 교원의 지위와 관련된 것이라는 점에서 교육제도 법정주의 원칙을 기준으로 판단하였다. 하지만 헌법재판소는 교육제도 법정주의 원칙을 학문의 자유의 구체적 실현원칙으로 판단하는 구조로 판시하고 있기 때문에 검토의 여지를 남겼다.

헌법 제31조 제6항은 교육제도의 법률주의를 규정하고 있다. 그런데 헌법 제31조는 교육을 받을 권리를 보장한 총체적 규정임은 이미 주지의 사실이다. 그리고 바로 이러한 교육을 받을 권리의 한 내용으로 규정된 것이 교육제도 법률주의인 것이다. 헌법이 보장하는 교육을 받을 권리는 교육의 기회균등을 그 내용으로 하지만 교육의 기회균등을 실현시키는 것은 기본권 주체 스스로의 노력만으로는 불가능하기 때문에 우리 헌법은 교육을 받을 권리의 실효성을 높이기 위해서 가정과 국가의 교육책임을 강조하고, 교육의 자주성·전문성 및 중립성 및 대학의 자율성을 보장하며, 교육제도의 법률주의를 채택하는 등 합리적인 교육환경의 조성에 눈을 돌리고 있다고 할 것이다[9]. 교육제도 법률주의의 이와 같은 구조적 성격에 대해서는 헌법재판소도 1992년의 국정교과서제도에 관한 헌법소원 사건에서 유사한 내용으로 판시한 바 있는데, "헌법 제31조 제1항에 의한 수학권의 보장은 국민이 인간으로서 존엄과 가치를 가지며 행복을 추구하고 인간다운 생활을 영위하는데 필수적인 조건이자 대전제이며, 헌법 제31조 제2항 내지 제6항에서 규정하고 있는 교육을 받게 할 의무, 의무교육의 무상, 교육의 자주성·전문성 및 중립성 보장, 평생교육진흥, 교육제도 및 교육재정, 교원지위 법률주의 등은 국민의 수학권의 효율적인 보장을 위한 규정이라고 해도 과언은 아니다."[10]라고 하였다.

즉 교원지위 법정주의를 그 한 내용으로 하는 교육제도 법률주의는 학문의 자유의 한 내용인 대학의 자유 또는 대학의 자치의 한 부분으로 설명되는 것이 아니라 교육을 받을 권리의 실효성을 높이기 위한 수단적이고 제도보장적인 권리로 설명되어야만 하는 것이다. 따라서 이 사건에서 청구인의 주장내용과는 상관 없이, 그리고 헌법재판소가 제한된 기본권으로 확정한 대학의 자치나 학문의 자유에 대한 제한 및 침해 여부의 논의가 아니라, 교육제도 법률주의의 위배 여부에 대한 판단으로 논의되었어야 했던 것이다.

따라서 이하에서의 기본권 제한 여부의 중심적인 기본권은 교육제도 법률주의의 한 내용인 교원지위 법정주의와 관련하여 논의하기로 한다.

---

9) 허 영, 한국헌법론, 박영사, 2013, 446－447면.
10) 헌재 1992. 11. 12. 89헌마88, 판례집 4, 739, 750.

2. 국립대학 교원에 대한 성과급적 연봉제 개요

(1) 성과급적 연봉제의 의의

국립대학 교원에 대한 성과급적 연봉제란, 교원의 교육·연구·봉사 등의 업적을 일정 주기로 평가하여 연간 보수총액을 결정하는 제도로서, 업적에 대한 보상의 일부가 가산, 누적되어 업적에 따라 교원 간에 일정한 보수의 격차가 발생하며, 책정된 연봉을 12개월로 균분하여 지급하는 제도이다. 이러한 성과급적 연봉제는 높은 보상체계를 통한 우수 인재의 유치와 기존 교원에 대한 동기 부여를 통하여 대학의 경쟁력을 강화하기 위하여 도입되었다. 즉 우리나라 고등 교육의 발전을 선도한 국립대학의 지속적인 발전을 도모하기 위해 획일적인 공무원 보수체계의 경직성을 탈피하여야 한다는 필요성에 따라, 2011. 1. 10. 공무원보수규정을 개정하여 국립대학 교원의 보수체계를 연공서열에 기초하여 보수를 지급하던 기존 호봉제에서 교육·연구·봉사 등의 성과에 따라 연봉이 결정되고 누적되는 성과급적 연봉제로 전환한 것이다(공무원보수규정 제33조).

(2) 적용대상 및 적용시기

교육부에서는 48개 국립대학 소속 교원에 대해 성과급적 연봉제를 단계적으로 확대 시행할 계획인데, 2011년에 신임교원부터 우선 시행하고, 2013년에는 재직교원 중 비정년 교원에 대하여 성과급적 연봉제를 시행하며, 2015년에는 재직교원 중 2012. 12. 31. 현재 정년을 보장받은 정년보장 교원 등 모든 교원에 대하여 성과급적 연봉제를 시행하되, 한국예술종합학교와 한국전통문화학교는신임교원·비정년교원·정년보장 교원 모두 2015. 1. 1.부터 일괄하여 성과급적 연봉제를 시행할 예정이다.[11)]

---

11) 공무원보수규정(2011. 1. 10. 대통령령 제22617호) 부칙 제1조, 제8조 참조

(3) 내 용

국립대학 교원의 성과급적 연봉제는 (i) 기본연봉과 (ii) 성과연봉 그리고 (iii) 기본연봉에 포함되지 아니하는 수당과 실비변상 등으로서 보수 관련 법령에 따라 별도로 지급되는 급여인 연봉 외 급여[12]로 구성된다. 그 중 기본연봉이란 개인의 경력, 누적성과와 계급 또는 직무의 곤란성 및 책임의 정도를 반영하여 지급되는 기본급여의 연간 금액을 말하고,[13] 성과연봉이란 전년도 업무실적의 평가 결과를 반영하여 지급되는 급여의 연간 금액을 말한다.[14]

성과연봉은, 국립대학의 장이 정하는 바에 따라 교원의 교육·연구·봉사 등의 업적을 평가한 다음 그 평가결과에 따라 성과연봉 기준액에 업적평가등급별 지급비율을 곱한 금액이 차등 지급되는데, 성과연봉금액의 기준이 되는 '성과연봉 기준액'은 한국예술종합학교 및 한국전통문화학교를 제외한 국립대학 전체 성과연봉재원을 국립대학 전체 교원 배정정원으로 나눈 금액으로서 매년 교육부장관이 기획재정부장관 및 안전행정부장관과 협의하여 정한다.[15]

성과평가에 따른 성과등급 및 성과등급별 인원비율과 성과연봉 지급비율에 대하여 구체적으로 살펴보면, 성과평가 결과 평가 대상인원의 20퍼센트에 해당하는 최상위의 교원(S등급)에게는 성과연봉 기준액의 1.5배 이상에서 2배 미만, 평가 대상인원의 30퍼센트에 해당하는 그 다음 상위의 교원(A등급)에게는 성과연봉 기준액의 1.2배 이상에서 1.5배 미만, 평가 대상인원의 40퍼센트에 해당하는 그 다음다음 상위의 교원(B등급)에게는 성과연봉 기준액 이하로 하여 각각 국립대학의 장이 정하는 금액을 지급하고, 그 밖의 교원(C등급)에게는 성과연봉을 지급하지 않는다. 다만,

---

12) 예를 들어 가족수당, 자녀학비보조수당, 직급보조비, 정액급식비, 특수업무수당, 관리업무수당 등이 있다.
13) 공무원보수규정 제4조 제7호 가.목.
14) 공무원보수규정 제4조 제7호 나.목.
15) 공무원보수규정 제39조의2 제5항.

국립대학의 장은 필요한 경우 각 등급의 인원 비율을 5퍼센트 이내의 범위에서 조정할 수 있고, 성과연봉 기준액의 1.5배 이상에서 2배 미만의 금액을 지급받는 교원(S등급) 중 해당 국립대학을 대표할 만한 탁월한 업적을 나타낸 교원을 선정하여 성과연봉 기준액의 2배 이상에 해당하는 금액을 지급할 수도 있다. 한편, 성과연봉의 일부는 '성과가산금'이라는 명목으로 다음해 기본연봉에 산입되어, 해마다 성과연봉의 일부가 기본연봉에 누적되게 된다. 가장 주목할 점은 전체 교원에게 지급될 보수총액은 고정적으로 정해져 있다는 점과 그 고정액수 내에서의 차등지급제도라는 점이다.

(4) 성과급적 연봉제에 대한 비판적 분석

공무원의 보수체계 중 하나인 성과급은 직무수행의 실적을 결정기준으로 삼는 보수이다.[16] 따라서 성과급 제도 하에서는 공무원의 직무수행 성과의 결과치와 그의 보수 사이에 직접적인 관계가 설정되는 것이기 때문에, 직무수행의 결과가 측정가능한 것이어야만 하고 측정가능한 직무수행 결과를 보수와 직접적으로 연결하는 보수체계로 만들어져야 하는 것이다.

실상 성과급제의 비중을 확대하고 도입했던 것은 직업공무원의 보수체계에서부터 시작된 바 있다. 즉 기존의 연공서열식 보수체계를 타파하고 공무원의 동기를 유발시킴으로써 공직사회의 경쟁력과 생산성을 제고시키려는 의도에서 도입된 제도였던 것이다.[17] 또한 성과급제도의 보수체계 개혁으로서의 이상은 처우의 형평성 구현과 동기유발효과이다.[18]

그러나 이미 성과급제를 보수체계로 도입하고 시행해 온 공무원의 행정현실에서 목도할 수 있는 바와 같이, 교육공무원의 보수체계로 도입

---

16) 손상식, 공무원의 성과급제에 관한 고찰, 법학연구 제19권 제1호(2009. 3), 389면.
17) 박천오, 중앙인사위원회 주도의 인사개혁, 인사행정 제19호(2004. 여름), 50면.
18) 오석홍, 성과급제도의 이상과 좌절, 행정논총 38권 1호(2000. 6), 200면.

되는 성과급제 역시 제도의 문제점이 본질적인 문제가 된다는 점에서 제도에 대한 비판은 치명적이라고 할 수 있다. 가장 큰 문제점은 성과급제의 구조적 전제가 결과의 측정이 가능해야 한다는 점이라는 것에서 비롯된다. 교원의 업무수행결과를 측정할 수 있는 것인지에 대한 문제점을 고민해 보아야 하는 것이다. 교원의 업무를 연구와 강의로 대별하고 각각의 분야를 결과치로 계량화하여 평가하는 것이 가능한 것인가. 설사 교육부의 의도대로 이것이 가능하다고 할지라도 그 측정의 방법이 타당한 것인가. 객관적으로 강의시수를 계산하고 논문의 수를 계산하는 것이 교원의 연구와 강의에 대한 제대로 된 평가라고 할 수 있을 것인가의 문제는 교원들이 수행하는 직무의 고유한 특성을 무시하고 획일화해버린 제도도입이라고 할 수 있다. 단순히 많은 시간의 강의를 하고, 숫적인 수치가 많기만 하면 훌륭한 교육과 연구로 평가될 수 있는 것인지에 대해서는 교육을 하는 자도 교육을 받는 자도 수긍하기 어려운 평가방법이자 결과이기 때문이다.

또한 교육방법과 연구방법의 다양성과 개별성이 보장되어야 하는 교원공무원들에게, 단순한 수치상의 경쟁을 강요하는 것은 자칫 교원 개인의 연구결과에만 치중하게 함으로써 교육 현장을 형해화할 위험성이 있을 뿐만 아니라 자유롭고 개성적인 연구와 강의를 수행해야 하는 교원들간의 경쟁으로 인한 소외나 위화감 조성 등의 부정적 영향을 증폭시킬 수 있다. 즉 일반 기업의 직원이나 자영업자들의 직업적 목표와 교원의 직업적 목표는 분명히 달라야만 하는 것이고, 각자가 다름에도 불구하고 같은 목표를 설정케 하고 그러한 교육현장을 만들게 하는 것은 다른 것을 같게 다룬 결과가 되는 것이다. 교육자로서의 본연의 임무와 소신을 뒤로 하고 계량화된 측정치만을 달성하고자 하는 교원의 모습을 더 볼 수 있게 되는 왜곡된 교육현실을 초래하게 될 우려가 크다. 개혁하고자 하는 필요성이 모든 개혁의 방법을 정당화해 줄 수는 없는 것이고, 개혁의 구체적인 내용은 그 필요성만큼이나 타당성과 적실성을 바탕으로 하는 제도여야만 할 것이다.

3. 교원지위 법정주의 위배 여부에 대한 검토

(1) 법률유보원칙과 교원지위 법정주의의 관계

헌법은 법치주의를 그 기본원리의 하나로 하고 있고, 법치주의는 법률유보원칙, 즉 행정작용에는 국회가 제정한 형식적 법률의 근거가 요청된다는 원칙을 그 핵심적 내용으로 하고 있다. 나아가 오늘날의 법률유보원칙은 단순히 행정작용이 법률에 근거를 두기만 하면 충분한 것이 아니라, 국가공동체와 그 구성원에게 기본적이고도 중요한 의미를 갖는 영역, 특히 국민의 기본권 실현에 관련된 영역에 있어서는 행정에 맡길 것이 아니라 국민의 대표자인 입법자 스스로 그 본질적 사항에 대하여 결정하여야 한다는 요구, 즉 의회유보원칙까지 내포하는 것으로 이해되고 있다.[19]

그런데 헌법 제31조 제6항은 "국민의 수학권의 차질 없는 실현을 위하여 교육제도와 교육재정 및 교원제도 등 기본적인 사항이 법률에 의하여 시행되어야 할 것을 규정하는 한편 교육의 자주성 · 전문성 및 중립성(및 대학의 자율성)도 법률이 정하는 바에 의하여 보장되어야 할 것을 규정하고 있는데, 위와 같은 넓은 의미의 "교육제도 법률주의"는 국가의 백년대계인 교육이 일시적인 특정 정치세력에 의하여 영향을 받거나 집권자의 통치상의 의도에 따라 수시로 변경되는 것을 예방하고 장래를 전망한 일관성 있는 교육체계를 유지 · 발전시키기 위한 것이며 그러한 관점에서 국민의 대표기관인 국회의 통제 하에 두는 것이 가장 온당하다는 의회 민주주의 내지 법치주의 이념에서 비롯된 것"[20]이라고 보아야 한다. 따라서 헌법상 법률유보원칙의 원칙적 내용에 의할 때, 교원지위 법정주의는 "단순히 교원의 권익을 보장하기 위한 규정이라거나 교원의 지위를 행정권력에 의한 부당한 침해로부터 보호하는 것만을 목적으로 한 규정

---

19) 헌재 2009. 10. 29. 2007헌바63, 판례집 21-2하, 103, 116-117; 헌재 2012. 11. 29. 2011헌마827, 판례집 24-2하, 250, 261-262 등 참조.

20) 헌재 1992. 11. 12. 89헌마88, 판례집 4, 739, 750.

이 아니고, 국민의 교육을 받을 기본권을 실효성 있게 보장하기 위한 것까지 포함하여 교원의 지위를 법률로 정하도록 한 것"[21]으로 해석되어야 할 것이다.

(2) 교원지위 법정주의의 의미

헌법 제31조 제6항은 "학교교육 및 평생교육을 포함한 교육제도와 그 운영, 교육재정 및 교원의 지위에 관한 기본적인 사항은 법률로 정한다"라고 규정함으로써 교육의 물적 기반이 되는 교육제도와 아울러 교육의 인적 기반으로서 가장 중요한 교원의 모든 지위에 관한 기본적인 사항을 정하는 것은 국민의 대표기관인 입법부의 권한으로 규정하고 있다. 헌법재판소도 이 헌법조항의 뜻에 대하여 "교원의 지위를 포함한 교육제도는 한 시대와 국가·사회공동체의 이념 및 윤리와 조화되는 가운데 형성·발전되어야 할 성격을 지닌 것이기 때문에 그러한 제도의 구체적 형성과 변경은 국민의 대표기관인 입법부가 그 시대의 구체적인 사회적 여건과 교육의 특수성을 고려하여 민주적인 방법에 의하여 합리적으로 이루어 나가도록 하는 것이 적합하다는 데 그 근거를 두고 있는 것으로 해석된다."고 판시하였다.[22] 또한 여기서 말하는 "교원의 지위"란 교원의 직무의 중요성 및 그 직무수행능력에 대한 인식의 정도에 따라서 그들에게 주어지는 사회적 대우 또는 존경과 교원의 근무조건 · 보수 및 그밖의 물적 급부 등을 모두 포함하는 의미로 보았다.[23] 그러므로 헌법 제31조 제6항은 단순히 교원의 권익을 보장하기 위한 규정이라거나 교원의 지위를 행정권력에 의한 부당한 침해로부터 보호하는 것만을 목적으로 한 규정이 아니고, 국민의 교육을 받을 기본권을 실효성있게 보장하기 위한 것까지 포함하여 교원의 지위를 법률로 정하도록 한 것으로 해석되어야 하는 것이다.

---

21) 헌재 1998. 7. 16. 96헌바33, 판례집 10－2, 116, 143.
22) 헌재 1998. 7. 16. 96헌바33, 판례집 10－2, 116, 143.
23) 헌재 1998. 7. 16. 96헌바33, 판례집 10－2, 116, 143.

(3) 교원지위 법정주의 위배 여부에 대한 검토

판단의 가장 중요한 쟁점은 교원의 보수가 법률사항인가에 대한 것이라고 할 수 있다. 때문에 교원의 보수에 관한 근거규정을 살펴 보아야 하고, 위임규정이 존재하는 것인지와 더불어 과연 위임할 수 있는 내용인 것인가에 대하여 판단해 보아야 한다.

먼저 공무원의 보수에 관한 기본적인 규정은 국가공무원법에 규정[24] 되어 있고, 이 규정은 교육공무원인 교원들에 대해서도 기본적으로 동일하게 적용되는 규정이다. 그런데 당해 국가공무원법상의 공무원의 보수결정 규정을 살펴보면 국가공무원법은 공무원의 보수에 관한 사항 중 대통령령으로 정할 수 있는 사항들을 열거적으로 규정하고 있음을 알 수 있으며, 공무원의 보수결정기준은 법률사항인 반면 결정기준에 따른 보수의

---

24) 제46조(보수 결정의 원칙) ① 공무원의 보수는 직무의 곤란성과 책임의 정도에 맞도록 계급별·직위별 또는 직무등급별로 정한다. 다만, 다음 각 호의 어느 하나에 해당하는 공무원의 보수는 따로 정할 수 있다. <개정 2012.12.11.>
1. 직무의 곤란성과 책임도가 매우 특수하거나 결원을 보충하는 것이 곤란한 직무에 종사하는 공무원
2. 제4조제2항에 따라 같은 조 제1항의 계급 구분이나 직군 및 직렬의 분류를 적용하지 아니하는 공무원
3. 임기제공무원
② 공무원의 보수는 일반의 표준 생계비, 물가 수준, 그 밖의 사정을 고려하여 정하되, 민간 부문의 임금 수준과 적절한 균형을 유지하도록 노력하여야 한다.
③ 경력직공무원 간의 보수 및 경력직공무원과 특수경력직공무원 간의 보수는 균형을 도모하여야 한다.
④ 공무원의 보수 중 봉급에 관하여는 법률로 정한 것 외에는 대통령령으로 정한다.
⑤ 이 법이나 그 밖의 법률에 따른 보수에 관한 규정에 따르지 아니하고는 어떠한 금전이나 유가물(有價物)도 공무원의 보수로 지급할 수 없다.
제47조(보수에 관한 규정) ① 공무원의 보수에 관한 다음 각 호의 사항은 대통령령으로 정한다.
1. 봉급·호봉 및 승급에 관한 사항.
2. 수당에 관한 사항.
3. 보수 지급 방법, 보수의 계산, 그 밖에 보수 지급에 관한 사항.

지급방법 등이 위임의 범위라는 것을 알 수 있다.

한편 교원의 경우에는 국가공무원법의 특별법으로 교육공무원법이 있다. 교육공무원법은 교육을 통하여 국민 전체에게 봉사하는 교육공무원의 직무와 책임의 특수성에 비추어 그 자격·임용·보수·연수 및 신분보장 등에 관하여 교육공무원에게 적용할 「국가공무원법」 및 「지방공무원법」에 대한 특례를 규정함을 목적으로 하는 법이다.[25] 그러므로 당해 법률상의 보수 관련 규정도 살펴보아야 하는데, 교육공무원의 보수결정 원칙을 내용으로 하는 규정[26]과 대통령령에 위임할 수 있는 사항을 내용으로 하는 규정[27]이 있다. 관련 규정들을 종합해서 판단해 보면, 교육공무원법상의 보수결정 기준에 의한 교육공무원의 보수는 "자격 및 경력, 직무의 곤란성 및 책임의정도"에 따라야 하며, 동 기준에 의해 결정된 보수를 지급하는 방법이나 수당 등에 대해서만 대통령령에 위임하는 것임을 규정하고 있을 뿐임을 알 수 있다. 즉 교육공무원의 보수결정기준은 법률에 규정된 사항이며, 보수결정기준은 위임사항이 아님을 알 수 있다. 이는 적어도 교원지위 법정주의를 선언한 우리 헌법상의 의미에서 볼 때 교원에게 지급되는 보수는 교원지위의 본질적 사항임을 확인해 주는 것임을 말한다고 하겠다. 따라서 교육공무원의 보수결정기준으로 '교육·연구·봉사 등의 업적'을 도입하고 더군다나 그 도입의 형태가 법률이 아닌

25) 교육공무원법 제1조.

26) 제34조(보수결정의 원칙) ① 교육공무원의 보수는 우대되어야 한다.
② 교육공무원의 보수는 자격, 경력, 직무의 곤란성 및 책임의 정도에 따라 대통령령으로 정한다.

27) 제35조(보수에 관한 규정) 제34조제2항의 대통령령에는 「국가공무원법」 제47조 및 「지방공무원법」 제45조에 규정된 사항 외에 다음 각 호의 사항을 규정하여야 한다.
1. 대통령령으로 정하는 학교의 교원이나 학과를 담당하는 교원에 대한 특별수당에 관한 사항.
2. 기간제교원의 보수에 관한 사항.
3. 연구수당에 관한 사항.
4. 교직수당에 관한 사항.

행정입법의 형태로 도입하여 실행하는 것은 교원지위 법정주의에 대한 위반이며, 교원의 보수가 교원지위의 본질적 요소라는 점에서 법률유보원칙에 대한 위반이기도 한 것이다.[28)]

그런데 헌법재판소는 이 사건 조항이 교육공무원법 제34조 및 제35조, 국가공무원법 제46조, 제47조 등의 전체적인 위임에 따라서 교원 보수의 결정 기준이 되는 '자격, 경력, 직무의 곤란성 및 책임의 정도'를 보다 구체화하여 정한 것이므로 교원지위 법정주의에 반하지 않는다고 판시하였다. 헌법재판소의 당해결정은 교원의 보수가 교원지위의 본질적 요소라는 점에 대해서는 판단하지 않음으로써 법률유보에 있어서의 본질성이론을 간과하였을 뿐만 아니라, 위임의 유무에 대한 판단에 있어서 관련규정의 "전체적인 위임"에 따라 당해 위임입법의 합법성을 판단했다는 점에서 위임입법의 근거에 관한 판단의 광범위한 재량을 행정입법에 대해 인정하는 과감함을 보여주었다. 특정한 기본권을 구체화하는 입법의 경우에, 더군다나 그 구체화의 내용을 행정입법에 위임하는 경우에, 행정입법으로 위임할 수 있는 사항인가를 판단하는 원칙이 본질성이론이다. 그럼에도 불구하고 헌법재판소는 교원의 보수가 교원지위 법정주의라는 헌법의 원칙에서 볼 때 본질적인 사항인가를 판단하지 않았고, 이러한 교원의 보수를 결정하는 기준을 행정입법으로 위임할 수 있는 것으로 볼 수 있는 것인가에 대한 판단에서도 적확한 위임근거규정을 파악하지 않고 관련규정 전체의 유기적이고 전체적인 위임에 의해 인정될 수 있는 것이라는 광역적 해석을 전개함으로써 위임입법의 한계와 관련한 본질성이론을 간과한 것이다. 관련 규정들의 전체적인 위임에 의해 행정입법사항으로 볼 수 있다는 헌법재판소의 당해 판단에 의하면 이후의 행정입법에 대한 위헌성 심사에서 법률유보원칙이나 본질성이론에 대한 위반으로 위헌성을 인정하는 것은 쉽지 않은 결과가 될 우려가 있으며, 이는 분명히 행정입법의 영역이 헌법의 사각지대로 변질될 수 있는 단초가 될 수도 있

---

28) 헌재 2013. 11. 28. 2011헌마282 · 763 사건, 헌법소원심판청구서 17면.

다. 그렇기 때문에 헌법재판소는 교원의 보수결정기준에 관한 위임입법을 정당화할 수 있는 근거규정을 적확하게 찾아내어 판단했어야 했으며, 현실적으로 현행 교육공무원법이나 국가공무원법에서 찾을 수 없었다면 동 결정의 판시내용과 다른 결정을 내렸어야 했던 것이라고 할 수 있다.

Ⅳ. 맺는 말

민주국가에서는 국가생활의 모든 분야에 걸쳐 공동생활에 필요한 본질적인 사항에 관한 기본방침의 결정은 원칙적으로 입법권의 기능에 속한다고 하고, 이것이 이른바 본질성이론이다. 때문에 위임입법에는 일정한 한계가 있기 마련이고 포괄적 위임입법이나 위임의 근거 없는 위임입법도 허용되어서는 안되는 것이다. 그런데 우리 헌법은 교육제도에 관한 기본적인 사항은 대의기관에서 제정하는 법률로 정하게 함으로써 교육을 받을 권리가 행정기관의 부당한 간섭에 의해 침해되는 일이 없도록 하고 있다.[29] 여기에서 법률로 정해야 하는 기본적인 사항은 학교교육·평생교육 등의 교육제도와 교육제도의 운영에 관한 사항, 교육재정에 관한 사항 그리고 교원의 지위에 관한 사항 등이다. 이같은 교육제도의 법률주의는 이른바 본질성이론을 구체화한 것으로서 교육에 관한 기본방침의 결정은 그것이 원칙적으로 입법기관의 형성권에 속한다는 점을 분명히 밝힌 것이다.[30] 따라서 교육제도에 관한 행정입법내용이 문제된 경우에는 가장 먼저 이른바 본질성이론에 입각한 판단이 수행되어야만 한다. 과연 해당 사항이 교육제도의 본질적 사항에 해당되는 것인지의 판단에 의해 당해 내용은 위임 그 자체가 위헌으로 결정될 수 있기 때문이다. 또한 위임입법이 허용되는 경우일지라도 그 위임의 근거에 관한 개별적 판단이 수행

29) 허 영, 헌법이론과 헌법, 박영사, 2012, 298면.
30) 허 영, 전게서, 625-626면.

되어야 한다. 하지만 헌법재판소는 교원지위 법정주의의 헌법적 의미에 관한 종래의 재판부의 판시가 있었음에도 불구하고 교원의 보수가 교원지위의 본질적 요소인가에 대한 판단을 간과하였고, 그 보수결정기준의 하위법령에의 위임근거를 판단함에 있어서도 '관련 규정들의 전체적인 위임'이라는 "새로운" 판단기준으로 그 합헌성을 인정하였다. 때문에 설사 교원의 보수지급방법이 아닌 교원의 보수결정 그 자체가 교원의 지위의 본질적 사항이 아니라고 가정한다 하더라도, 상위법상의 위임의 근거가 개별적으로 존재하지 않음에도 불구하고 '전체적 위임'이라는 기준으로 합헌임을 판단한 것은 위임입법의 한계에 관한 새로운 기준의 제시라고 받아들여야 하는 것인지의 문제를 여전히 남긴다. 어떠한 설득력있는 논거의 제시도 없었기에 그 판단의 배경과 근거가 궁금한 결정내용이다. 헌법재판소는 위헌심판에 있어서 헌법규정을 해석하고 관련된 헌법원칙들을 적용하고 판단하는 기관이다. 그리고 그 판단의 구조에는 헌법원리의 체계적 정당성이 갖추어져야 함은 재론의 여지 없는 당위성이다. 때문에 법률유보원칙의 헌법적 해석과 관련하여 헌법재판소의 당해 결정은 헌법적 고민을 남겼고, 이에 관한 헌법적 해명이 필요하다고 생각된다.

[참고문헌]

허 영, 한국헌법론, 박영사, 2013.
허 영, 헌법이론과 헌법, 박영사, 2012.
박천오, 중앙인사위원회 주도의 인사개혁, 인사행정 제19호(2004. 여름).
손상식, 공무원의 성과급제에 관한 고찰, 법학연구 제19권 제1호(2009. 3).
오석홍, 성과급제도의 이상과 좌절, 행정논총 38권 1호(2000. 6).
한국대학신문(2011. 5. 27).

[ABSTRACT]

Constitutional meaning of
"the status of teachers shall be determined by Act"
- Critical review on 2011Hun-Ma282 · 763(2013. 11. 28) -

Cho, Soyoung

Education is a fundamental means to realize the culture state sought by the Constitution, as it allows individuals to develop individuality in every field of life through awakening of the individual potentials, lays the foundation for the political culture for an effective functioning of democracy by fostering the qualification of the constituents as democratic citizens, and serves as a forum to transmit the outcome and achievement of academic research. In light of the important functions as such assumed by education, the Constitution mandates under Article 31(6) that fundamental matters pertaining to the educational system including in-school and lifelong education, administration, finance, and the status of teachers be determined by statute. Therefore, fundamental matters pertaining to the status of teachers which should be determined by the legislators in the form of a statute include matters pertaining to the minimum obligation to protect so that the status of a teacher may not be unjustly deprived.

In 2010, Ministry of Education announced "A National University Advancement Plan." The important content of this plan is a introduction of the pay-for-performance system. In according to this payment system, wages of teachers should be paid in return for their work that has been done in the previous fiscal year. So this introduction of the pay-for-performance system means a reform. But this reform is directly connected with the status of teachers that our Constitution guaranteed. Therefore, this reform need to review suitability with the constitutional principle. This article examined the systematic legitimacy of this payment system as a reform centering the principle of statutory reservation. Because I think that the payment system is the essential issue of status of teachers. And then I review the limitation of delegated legislation.

[Key words]
The pay-for-performance system, Article 31(6) of Constitution, The principle of statutory reservation, The essential theory, The limitation of delegated legislation

지방자치단체 파산제도에 관한 재조명

이상경*

[국문 요약]

최근 지방자치단체와 관련하여 뜨거운 감자로 부각된 쟁점은 재정건전화의 강력한 드라이브로서의 지방자치단체파산제도이다. 지방재정상태의 악화는 지방자치단체의 재정활동에 대한 일정한 제약이나 제한에 관한 논의를 자연스럽게 불러 일으켰다. 그럼에도 불구하고 우리나라는 아직 지방자치단체에 대한 파산제도를 인정하지 않고 있다. 과연 지방자치단체의 파산제도의 도입이 필요한가? 만일 필요하다면 어떠한 형태와 규범적 효력을 가진 파산제도가 되어야 하는가? 한편 외국의 입법례는 어떠한가? 이러한 점들이 고민의 대상이다. 해외입법례로는 미국과 독일 그리고 일본 등의 사례가 선행연구에서 언급 되고 있다. 특히 미국의 경우 연방파산법 제9장에 의해 지방자치단체의 파산제도가 명시적으로 인정되는 나라로 분류된다. 그리고 독일의 경우는 2000년대 초반 글로벌 금융위기 이후 지방자치단체의 파산에 관한 많은 논의들이 제기되었다. 또한 일본도 이와 유사한 논의가 있었음을 물론이다. 여러 나라의 파산제도의 내용을 살펴보고 비교해 보는 것은 이런 점에도 유의미한 것이다. 여기서

* 서울시립대 법학전문대학원 교수.

는 먼저 미국 연방법상의 파산제도의 개요와 미국의 몇몇 지방정부가 파산을 경험한 실증 사례를 검토하고, 지방자치단체의 파산능력인정여부에 관한 독일에서의 논의를 살펴본 다음 결론적으로 우리나라에 미국식 지방자치단체의 파산제도의 도입을 고려해야 한다는 주장을 하였다. 즉, 미국의 지방정부파산법의 파산제도는 소위 "파산관재인제도"와는 달리 지방자치단체의 의회나 장은 본래의 기능을 그대로 유지한 채 지방자치단체의 채권자들을 보호하고 그 채무를 조정하기 위해서 만든 제도로서, 우리도 채무만기일의 연장, 원금과 이자의 절감 또는 신규 대출에 의한 채무상환을 하는 등의 내용의 제한적인 파산제도를 도입하고 다만 담당지방자치기관의 책임에 대해서는 엄격한 민・형사책임을 추궁하는 것이 현실적인 대안이 될 수 있으리라 보았다.

[주제어]
재정위기, 재정건전화, 지방자치단체 파산제도, 미국 지방정부파산법(연방파산법 제9장), 지방자치단체의 채무의 조정

Ⅰ. 서 론

최근 지방자치단체와 관련하여 뜨거운 감자로 부각된 쟁점은 재정건전화의 강력한 드라이브로서의 지방자치단체파산제도이다. 지방자치단체는 1990년대 초 민선단체장 출범 이후부터 지금껏 지방의 재정자주권이 취약한 상황에서 재정수입을 감안하지 않은 채 재정수요에의 대응이나 공약사업 등을 방만하게 운영하여 왔기 때문에 재정위기상황에 봉착하게 되었다.[1] 이러한 위기상황은 실제로 2010년 7월 성남시의 판교신도시 조

1) 서정섭, 미국 지방재정위기의 발생과 관리제도에 대한 고찰, 한국지방재정논집, 제6권 제1호(2001), 224면.

정을 위한 특별회계부담액 5,200억에 대한 모라토리움(지급유예)선언 사건에서 여실히 드러났다. 또 2010년 11월 대전동구청은 공무원 월급의 체불사태에까지 직면했다가 가까스로 빠져나온 적이 있다. 인천시의 경우도 경제자유구역 기반시설 건설, 2014년 아시아게임 경기장 건설, 도시철도 2호선 건설뿐만 아니라 인천종합비즈니스센터 건설 등 대규모 토목 사업에 대한 재원조달을 위해 지방채 발행과 차입 등을 통하여 물경 1조원에 달하는 빚을 냈다. 지방자치단체들의 빚(지방채 잔액)은 2011년 기준 30조에 육박하였을 뿐만 아니라 지방자치단체들이 세운 387개 지방 공기업의 누적부채도 50조원이 훨씬 넘었다. 지방권력의 헛돈 잔치가 국가 재정을 갉아먹은 것이다. 이러한 지방재정상태의 악화는 지방자치단체의 재정활동에 대한 일정한 제약이나 제한에 관한 논의를 자연스럽게 불러 일으켰다. 특히 정부여당은 지방자치단체에 대한 파산제도의 도입을 심각하게 고려하고 있다. 하지만 지방자치단체는 자연인이나 사법인(私法人)과는 달리 공권력과 여러 제도에 의해 뒷받침되고 있기 때문에 비록 지불불능상태에까지 이르더라도 자연인이나 사법인에게 적용되는 파산제도를 그대로 적용하기 어렵다. 지방자치단체의 파산제도를 인정하게 될 겨우 극단적으로는 자치행정의 주체가 사라져 지방자치제도의 위협이 될 수 있다는 우려의 목소리가 높다. 반면에, 지방자치단체도 경제활동주체로서 재정불건전성의 심화로 말미암아 극단적인 경우 지불불능상태에 빠질 수도 있으며 이러한 경우 채권자 등의 보호를 위하여 특단의 조치를 취해야할 필요성도 있을 것이다. 그럼에도 불구하고 우리나라는 아직 지방자치단체에 대한 파산제도를 인정하지 않고 있다. 과연 지방자치단체의 파산제도의 도입이 필요한가? 만일 필요하다면 어떠한 형태와 규범적 효력을 가진 파산제도가 되어야 하는가? 한편 외국의 입법례는 어떠한가? 이러한 점들이 고민의 대상이다. 해외입법례로는 미국과 독일 그리고 일본 등의 사례가 선행연구에서 많이 언급 되고 있다. 특히 미국의 경우 연방파산법 제9장에 의해 지방자치단체의 파산제도가 명시적으로 인정되는 나라로 분류된다. 그리고 독일의 경우는 2000년대 초반 글로벌 금융위기

이후 지방자치단체의 파산에 관한 많은 논의들이 제기되었다. 또한 일본도 이와 유사한 논의가 있었음을 물론이다. 그러나 한 가지 유의해야할 사항은 미국의 경우 연방파산법에 의한 지방자치단체 파산제도가 자연인이나 일반 사법인에 대한 파산제도와는 그 성격이 다르다는 것이다. 오히려 개인회생절차와 유사한 파산제도라는 점에 주목해야 한다. 독일의 경우 명문은 없지만 공법인 파산제도를 인정해야 하는지 여부에 관한 최근 논의들을 검토해 보는 것이 필요하다. 일본은 파산제도가 아니라 재정건전화제도가 정착한 경우에 해당된다. 여러 나라의 파산제도의 내용을 살펴보고 비교해 보는 것은 이런 점에도 유의미한 것이다. 이하에서는 먼저 미국 지방자치단체 파산제와 관련하여 연방법상의 파산제도의 개요와 미국의 몇몇 지방정부가 파산을 경험한 실증 사례를 검토하고, 다음으로 지방자치단체의 파산능력인정여부에 관한 독일에서의 논의를 살펴본 후, 결론적으로 우리나라에 지방자치단체의 파산제도의 도입이 가능할 것인지를 검토하기로 한다.

Ⅱ. 비교법적 고찰

1. 미국의 지방자치단체 파산제도[2)]

(1) 개 설

미국에서 지방자치단체의 재정위기 상황을 대처하는 방향은 다음의 세 가지이다. 첫째, 주(州)의 전면적인 재정금융원조에 의한 재정재건, 둘째 주 파산관재인제도에 의하여 재정재건을 추진하는 경우, 그리고, 셋째

2) 이하의 내용은 졸고, 지방자치단체 파산제도의 도입가능성에 관한 비교법적 일고 - 미국 지방정부파산법(미국 연방파산법 제9장)의 시사점, 공법학연구 제13권 제3호 (2012)의 내용을 일부 발췌한 것이다.

연방파산법 제9장에 의한 재정재건이다. 부연하자면, 첫째는 지방자치단체가 재정위기, 나아가 파산에 직면했을 경우 주(州)의 전면적인 재정금융원조 하에 재정재건의 수순을 밟는 조치를 말한다. 지방자치단체는 주(州)의 감시와 통제아래 재정재건을 도모하는 방식으로 재정재건 내지 회복을 꾀하는 것이다. 이러한 방식은 기본적으로 주(州)의 재정이 지방자치단체의 재정위기를 극복할 수 있는 능력이 있어야 한다. 주정부(州政府)는 지방자치단체가 심각한 재정위기가 발생하면 특별대책위원회나 재정감시기관을 설치하여 지방재정상태를 심사하여 재정위기 대책을 마련하며 지방자치단체의 재정운영에 큰 영향력을 미친다. 특히 주(州)의 전면적인 재정금융원조에 의한 재정재건 방식을 사용하면 해당 자치단체의 자치권을 상실하지 않고 재정재건을 할 수 있다는 점이 강점이나 선거를 통해 선출된 시장 및 시의원들은 주민과의 약속 혹은 공약사항이 있기 때문에 돈을 덜 쓰는 긴축재정이나 구조조정을 효과적으로 할 수 없어 재정재건에 소요되는 시간이 장기화 되거나, 경우에 따라서는 과감한 재정조치를 적시에 단행하지 않음으로써 재정상황을 더 악화시킬 우려가 있다는 것이 단점으로 지적되고 있다. 두 번째 방법은, 주(州) 파산관재인 제도를 이용하여 재정재건을 꾀하는 것이다. 즉, 주(州)의 전면적인 재정금융원조에 의하여 재정재건이 어려운 경우 지방자치단체의 파산이 검토된다. 이 제도는 지방자치단체의 재정상태가 주의 재정지원으로는 어려울 정도로 크게 악화되어 있고 지방자치를 일시적으로 중단하지 않으면 안될 정도에 이른 경우 도입된다. 주(州) 파산관인제도는 연방 각 주의 일반법에 규정되어 있는 것이 아니고, 주의회(州議會)가 필요하다고 판단하면 해당 자치단체의 재정위기사태에만 특별히 적용하는 특별법 제정을 통하여 파산관재인을 두게 된다. 특별법의 내용은 파산관재인을 포함한 재정파산에 대응하는 여러 가지 조치를 담는 것이 보통이다. 일반적으로 파산을 자초한 자치단체의 시장은 특별법의 통과와 함께 해임되고 주지사가 임명한 파산관재인이 보통 5년 동안 시정부의 통치를 맡아 구조재정과 재정재건의 임무를 수행한다. 그 기간사이에 시의회도 일반적으로 입법기능을 상실하고 자문기관으로 격하된다.[3] 주(州) 파산관재인제도는 주(州)의 재정지원방식에 의한 재정재건 방식과 비교해 볼 때 일정기간동안 지방자치제도는 작동하지 않으며, 선거직 공무원들의 실질적인 통치권 혹은 기능상실이라는 부작용이 수반된다. 반면에 장점으로는 주지사가 임명한 파산관재인이 공공서비스의 현 수준 유지나 공약준수 등과 같은 선거직 공무원들이 부담하는 정치적 책임에서 자유로운 상태에서 파산극복과 재정재건에 전념할 수 있다는 점을 든다.[4] 세 번째 방법은 연방파산법에 의한 파산선언을 통한 재정재건책이다. 이 제도는 다음 단락 이하에서 자세히 살펴보듯 채무자인 지방자치단체가 연방파산법원의 감독 아래 채권자와의 협의를 통하여 채무의 단계적 상환 등을 내용으로 하는 채무조정조치와 재정재건조치를 시행하도록 하는 방법이다. 특히 이러한 프로세스를 통하여 자치단체로서의 기능을 계속 유지케 하게 하려는 것이 연방파산법의 주된 목적이다.[5] 미국 지방정부의 재정위기[6] 혹은 재정파산의 경우 주정부 또는 연방정부가 개입하여 해결책을 마련하게 되는데 이러한 재정위기의 결정기준은 주의 재정위기관리법과 연방파산법 제9장에 의거하고 있다.[7] 연방정부에 의한 지방정부의 재정파산의 선언은 연방파

3) 주(州) 파산관재인제도를 통한 재정재건을 한 사례로는 Chelsea시의 경우를 들 수 있다. Chelsea시의 재정재건을 위한 특별법에는 시의회의 입법기능을 정시시켜 시의회는 자문기관에 불과하게 되었으며 주지사에 의해 Chelsea시장은 해임되었다. 주지사에 임명된 주(州) 파산관재인은 5년 동안 시정을 관장하였다.

4) 정창훈, 미국지방자치단체의 지방재정위기관리제도와 시사점 - 파산제도를 중심으로, 강원법학 제32권(2011), 66면 참조.

5) Frey, Martin A., Phyllis Hurley Frey, Sidney K. Swinson.An Introduction to Bankruptcy Law, 5th edition. Clifton Park. NY: Thomson Delmar Learning (2007) 참조.

6) 정부의 지방정부에 대한 재정위기를 선언하고 개입할 수 있는 가이드라인은 첫째, 재무상환 불이행, 둘째, 일정한 기간 내 정부 간의 지불실패, 셋째, 봉급과 연금의 지불실패, 넷째, 경상계정에서 전년도 지출의 10%를 초과하는 일시차입금이 존재하는 경우 등이다. The Advisory Commission on Intergovernmental Relations(정부간관계조정권고위원회) 권고안 참조.

7) 서정섭, 전게논문, 227면 참조.

산법 제9장에 따라 지방정부에서 공식적인 파산신청을 하고 파산법원에서 파산판결이 있어야만 적용된다. 즉 파산신청을 제출하기 위하여는 지방정부 자체가 스스로 지불불능을 선언해야 하나, 파산신청은 채무상환 불이행을 포함할 수도 있고 포함하지 않을 수도 있다. 지방정부에 대한 재정파산제도는 또한 지방의 일반적인 행정구역의 정부, 특별구 또는 특별목적기관에도 적용된다. 연방파산법 제9장에서는 지방자치단체가 다음의 5가지 요건을 충족시킬 경우에만 신청할 수 있다고 규정하고 있다. 첫째, 당해 지방정부에 정부로서의 권한이 부여되어 있을 것, 즉 지방자치단체야 한다. 둘째, 소속된 주(州)법에서 자치단체가 채무자로서 자격이 인정되어 파산신청자체가 허용되어야 한다. 셋째, 지방자치단체가 지불불능(insolvent)상태이거나 만기채무를 상환할 수 없는 상태이어야 한다. 넷째, 자치단체가 채무정리에 대한 계획을 실행할 의욕을 가지고 있어야 한다. 즉, 파산법원이 승인한 채무조정계획의 수립이 충족되어야만 한다. 다섯째, 파산신청 이전에 채권자와 성실히 교섭을 행하여야 한다.[8] 미국 연방파산법은 미국 지방정부의 재정위기나 재정파산 상태에 대처하기 위한 독특한 입법으로서 지방정부의 재정위기를 적절히 관리할 수 있는 규범적인 토대를 마련해 주고 있으므로 이에 대해 자세히 살펴볼 필요가 있다.

(2) 지방정부파산법(연방파산법 제9장)의 의의

1) 서설

연방파산법의 전체적인 구조는 다음과 같다.[9] 제1장은 총칙적 규정이며, 제3장은 파산절차의 관리, 제5장은 채권자, 채무자 및 재단에 관한 규정, 제7장은 청산, 그리고 제9장이 지방자치단체의 채무조정에 관한 규정이다.[10] 제1장, 제3장, 제5장의 조항들은 별도의 규정이 없는 한 한 파산법의 모든 장에 있는 절차에 대하여 적용되며 제9장은 지방자치단체의

8) 정창훈, 전게논문, 67면 이하 참조.
9) 조태제, 지방자치단체의 파산제도, 한국법제연구원, 28면.
10) 조태제, 전게 보고서, 28면.

채무조정을 위해 특별히 마련된 장이다. 법률에 의해 지방정부의 파산을 규율하기 시작한 것은 1930년대의 대공황이 지방정부에 영향을 끼친 것에 대응하기 시작한 1934년부터다. 지방정부파산법(Municipality Bankruptcy Act)은 1898년 파산법(the Bankruptcy Act of 1898)에 제9장을 추가한 것인데 1936년 연방대법원원은 Ashton v. Cameron County Water Imp. Dist. No. 1[11] 사건에서 지방정부파산법은 지방정부에 대해 행사되는 주(州)의 통제권한에 대한 허용되지 않는 연방의 간섭으로서 연방헌법 수정 제10조에 위반된다고 판시하였다. 그러나 이듬해 의회는 연방파산법 제9장에 약간의 수정만을 가해 지방정부파산법을 다시 통과시켰고 이는 이후 연방대법원의 U.S. v. Bekins[12] 판결을 통해 합헌으로 판단되었다. 그리고 1938년과 1940년에 지방정부파산법에 대한 소규모 개정이 있었고 1946년에는 주정부의 재건계획에 동의하지 않는 채권자를 보호하고 나아가 수익증권보유자를 적법한 채권자로 하기 위한 개정이 이루어졌다. 1946년 개정법이 비록 주정부의 재건계획에 반대하는 채권자들을 동 계획에 구속되지 않도록 하면서도, 이 경우 채권자들이 채무변제의 연장을 수용토록 주정부가 요구할 수 있도록 하였다. 이처럼 미국 자치단체의 파산을 취급하게 된 것은 자연인과 법인처럼 자치단체에게도 채무자의 지위를 부여한다는 연방파산법 제109조에 근거하고 있으며, 이는 지방자치단체의 자치권에 대하여 제한을 초래하지 않으면서도 재정재건을 도모하기 위한 목적이다. 즉 지방자치단체의 재정에 관한 운명을 일부 채권자들에 의해 좌우되지 않도록 해야 하며 주정부가 지방자치단체의 주권에 제약을 가해서는 안된다는 연방대법원의 판결취지에 따라 지방자치단체에게 재정위기를 극복할 수 있는 기회를 보장하자는데 그 목적이 있다.

2) 지방자치단체파산규정의 경과

지방정부파산법은 영구적인 법률이 아니라 한시적인 법률이지만 그 후 유효기간을 수회 연장하였고 결국 1946년에 유효기간을 삭제하여 연방

11) 298 U.S. 513(1936).
12) 304 U.S. 27(1938).

파산법의 일부로서 영구적인 법으로 남게 되었다. 이후 30년간 동법은 개정도 없었을 뿐만 아니라 거의 적용된 바가 없었다. 그러나 연방 각주의 대도시에서의 재정악화는 동법에 대한 확장적용을 가능하게 하는 개정의 필요성을 불러일으켰다. 그 전형적인 예가 뉴욕시였다.[13] 뉴욕시는 1975년 채무불이행을 야기했는데 이는 10년 가까이에 걸쳐 축적된 재정악화의 실태를 은폐하고 있었던 것에 기인한 것이었다. 채무지급불능에 의한 재정위기에 빠진 뉴욕시는 1975년 연방정부에 금융지원을 요청하였으나 포드행정부는 뉴욕시의 요청을 거절하였다. 그 대안으로 포드행정부는 연방정부의 지원이 없어도 뉴욕시의 재정위기를 회피할 수 있도록 연방파산법 제9장의 개정을 의회에 제출하였다. 1976년 지방정부파산법의 개정은 지방자치단체가 채무조정의 신청을 행함에 있어서 사전에 51%의 채권자로부터의 동의를 얻지 않으면 아니 된다는 요건의 삭제를 위한 것이었다. 지금까지는 뉴욕시와 같은 대도시는 연방파산법 제9장에 의한 보호를 받을 수가 없었다. 왜냐하면 종래의 지방정부파산법에 따르면 재건계획에 대하여 51%의 채권자의 동의가 없으면 법원에 채무조정신청이 불가능하게 되어 있었고 뉴욕시의 채권자는 미국 전체에 산재되어 있어 과반수의 동의를 얻는 것은 사실상 불가능하였기 때문이다. 본래 연방파산법 제9장의 지방정부파산법은 특별구 등 소규모의 지방자치단체(municipalities)를 대상으로 한 법률이었다. 이것이 1976년의 개정에 의하여 뉴욕시와 같은 대도시에서도 적용가능하게 되고 이제 모든 지방자치단체에 적용가능하게 된 것이다. 그러한 의미에서 1976년의 개정은 지방자치단체파산에 관하여 새로운 국면을 연 것으로 평가된다. 더불어 1994년의 개정에서는 지방자치단체의 자격과 관련하여 종래 법에 "파산을 신청할 수 있는 것은 '일반적으로 인정된'지방자치단체만으로 한정 된다"고 되어 있던 것을 '특별히 인정된'이라는 표현으로 바꿈으로써 파산신청은 '특별히 인정된 조직'에 한정되어,

13) Katharine L. Bradbury, Fiscal Distress in Large U.S. Cities, New England Economic Review, Nov/Dec, 1982, 34면 이하 참조.

지방자치단체가 지방정부파산법의 보호를 받을 수 있을지 여부가 주정부의 판단에 맡겨지게 되는 새로운 변화가 있었다.[14)]

3) 지방정부파산법상의 지방자치단체 파산신청요건 및 파산절차

가. 지불불능 지방자치단체의 자발적 신청

지방정부파산법에 따르면 다음의 요건을 충족한 지방자치단체만이 자발적으로 파산신청을 할 수 있다.[15)] 첫째로 연방파산법 제9장하에서 채무자가 되는 것을 주법에서 인정하고 있는 지방자치단체야 한다. 신청을 하려고 하는 조직체는 지방자치단체여야 하며 지방자치단체는 행정구획에 따른 단체이거나 혹은 공적기관 또는 일선기관을 포함한다. 어느 조직이 연방파산법 제9장에 따른 채무자가 되는가는 주법에 따른다. 따라서 주법에 의해서 그 조직이 연방파산법 제9장하에서 채무자로 인정되는 것이 필요하다.[16)] 둘째로 지불불능이어야 한다. 지불불능의 일반적 정의는 지방자치단체가 가지고 있는 채무를 지불하는 것에 충분한 자금이나 자산을 갖고 있지 않는 것을 의미한다. 이는 사적 영역에서 말하는 지불불능과는 다르다. 사적 영역에서의 지불불능은 일반적으로 대차대조표상에

---

14) 5 Norton Bankr. L. & Prac. 3d § 90:2 참조.

15) 연방파산법 제9장에서는 지방자치단체만이 채무자로서 보호를 신청할 수 있는 것으로 되어 있으므로 법원에 파산신청을 할 수 있는 것은 지방자치단체만이다. 연방파산법 제9장에서는 자발적인 신청만이 인정되고 제7장에서 인정되고 있는 비자발적인 신청은 인정되지 않는다.

16) 현재 연방 50개의 주 중에 12개의 주만이 연방파산법 제9장하에서 채무자가 되는 것을 정식으로 인정하고 있고 그 밖의 6개주는 신청하기 전에 주정부의 허가를 구하고 있다. 조지아주는 명백히 지방자치단체가 연방파산법 제9장의 신청을 하는 것을 거부하고 있다. 특히 이 요건은 1991년 코네티컷주의 브릿지포트시가 연방파산법 제9장에 의한 파산신청을 하였을 때에 쟁점이 되었던 것이다. 브릿지포트시의 파산신청 후 코네티컷주는 “주법 하에서 브릿지포트시가 연방파산법 제9장에 의한 채무자가 되는 것은 인정되지 아니 한다”는 이유로 그 신청을 인정하지 않는다고 하였으나 파산법원은 “브릿지포트시는 주법으로 재정, 자산, 차입, 공공서비스 등의 분야에서 그 권한을 위임받고 있어 파산을 신청할 권리가 일반적으로 인정되어 있다”고 하여 코네티컷주정부의 견해와 반대되는 판단을 하였다. In re City of Bridgeport, 128 B.R. 688, 694 (Bankr. Ct. D. Conn. 1991) 참조.

서 채무가 자산을 상회하고 있는 상태를 지칭한다. 소위 채무초과를 의미한다. 그러나 공적 영역에서는 지방자치단체보유자산에 대한 평가가 사적 영역과 다를 수밖에 없다. 연방파산법 제9장에서 자산의 청산이 인정되지 않는 이유도 지방자치단체는 법률에 의하여 주민편의제공 의무를 지고 있으며 주민이 존재하는 한 그 의무를 다하지 않으면 아니 된다. 그러한 목적 하에 지방자치단체가 보유하고 있는 자산은 특별한 목적을 위하여 만들어진 것일 뿐만 아니라 시장가치에 따른 평가가 제대로 이루어질 수 없다. 공적 영역에서 대차대조표상의 지불불능의 정의는 적합하지 않게 된다. 따라서 연방파산법 제9장에서의 지불불능의 정의는 “지방자치단체가 기한이 된 채무를 지불할 수 없는” 상태를 의미한다. 여기서 “채무를 지불할 수 없다”고 판단하는 방법으로서 우선 현금유동성이 기준으로 제시된다. 이는 당해 지방자치단체가“지불기일이 도래한 채무를 지불할 충분한 현금이 있는가”를 평가하는 것이다. 지방자치단체의 자산은 압류와 매매가 불가능하기 때문에 지방자치단체의 파산상태는 현재의 대차대조표만을 가지고는 단정 지을 수 없기 때문이다.[17] 결국 현금유동성을 기준으로 평가하는 데에 있어서는 제출된 예산이나 세출, 과거의 지불관행, 나아가 동일한 규모의 다른 지방자치단체와의 비교분석 등이 행해진다. 또 다른 기준은 예측분석이다. 즉 현금지불기일이 도래한 채무뿐만 아니라 향후 예상되는 채무의 지불가능성을 예측하여 분석하는 것이다. 여기서 장래의 채무가 어떠한 시점까지 포함되어야 하는가에 관하여 판례의 일반적인 태도는 현재의 회계연도 또는 최대한을 잡으면 다음 회계연도까지의 지불에 한정된다고 한다. 결국 연방파산법 제9장의 신청을 하는 지방자치단체가 지불불능에 있는가 여부는 기일이 도래한 채무를 지불하기 위한 충분한 현금이 이용가능한가 여부로 판단되는 것이며 재정상 세입결함의 상태에 있는가 하는 점은 판단의 기준으로 되지 않는다. 셋째로 채무정리의 계획을 실행할 의욕을 가지고 있어야 한다. 넷째로 신청 이전

17) http://www.bgr.org/MunicipalBankruptcy%204－5－06.pdf 참조.

에 채무자와 성실히 교섭을 행하여야 한다. 세 번째와 네 번째의 요건을 고려할 때 지방자치단체는 진정으로 채무조정방안을 모색하는 것에 임하여야 한다. 그리고 채무자는 채권자와 신뢰에 기초하여 협상하여야 한다.[18)]

나. 파산신청절차

① 파산신청 및 이의신청

지방자치단체는 자신이 속하는 구역의 파산법원에 대하여 지방정부파산법의 보호를 요청할 수 있다. 이에 대하여 채권자는 이의신청을 할 수 있는 권리를 가지고 있는데 다른 법률과 달리 채권자가 스스로 신청을 하는 것이 인정되지 않기 때문에 채권자의 이러한 권리는 중요하다. 지방자치단체의 파산신청에 대하여 채권자의 이의가 있고 법원이 그것을 인정한 경우 또는 위에서 검토한 파산신청의 요건을 불비하고 있는 경우 파산법원은 지방자치단체의 파산을 기각한다. 지방정부파산법에 대한 미국 연방대법원의 판결은 지방자치단체의 주권에 대한 제약이 따르지 않아야 한다고 하므로, 이에 따라 지방정부파산법상의 파산신청이 인정되어 재판이 진행 중에도 지방자치단체는 여전히 독립한 조직체로서 활동할 수 있다. 따라서 지방자치단체는 신청 이전과 동일한 권한을 가지고 행정역무를 제공할 수 있게 된다. 지방정부파산법이 민간기업의 파산절차를 따르면서도 근본적으로 이러한 점에서 차이가 있다.

② 채무조정계획안의 작성

법원에 의해 파산신청이 인정되면 지방자치단체는 채무조정을 위한 계획안을 작성해야 한다. 지방정부파산법의 주된 목적은 재정적으로 파탄된 지방자치단체의 채무의 조정을 위하는 데에 있지 지방자치단체의 채무를 소멸시키는데 있지 않다. 따라서 채무의 조정을 위한 계획안을 작성하여 그 계획 하에서 채권자의 요구도 충족하는 것이 가능하도록 하는 것이 지방정부파산법의 본래의 취지이다. 여기서 채무조정계획안은 지방

18) 5 Norton Bankr. L. & Prac. 3d § 90:5 참조.

자치단체만이 작성할 수 있게 되어 있고 계획의 책정방법은 기업의 채무변제계획과 거의 유사하다. 계획안의 중심은 기업의 경우와 마찬가지로 채권자를 분류하는 것으로부터 시작되고 채권의 분류는 동일한 유형·성격의 채권을 분류하여 각 채권자를 동일한 조로 나누는 형태로 행해진다. 채권의 유형・성격・금액 등을 기준으로 동일한 종류의 채권자를 동일한 등급으로 분류하지 않으면 채무조정계획안의 승낙에 어려움이 예상되므로 채권자의 등급분류를 행한 후 각 등급마다 그것이 갖고 있는 채권에 대한 처리방법을 결정하기 위한 것이다. 또한 채무조정계획은 지방자치단체가 작성하지만 지방자치단체는 언제나 채권자 혹은 채권자위원회와 대화·소통을 통하여 계획안을 수정할 수 있다. 이는 최종적인 계획안의 승인가능성을 높이기 위한 중요한 절차인 것이다. 여기서 채권자위원회는 7명의 무담보채권자에 의하여 구성되며 변호사, 공인회계사, 투자전문가 등의 전문가를 고용할 수 있고 적극적으로 '실제로 기능하는 계획안'을 지방자치단체가 만들게 하는 역할을 수행한다. 더불어 채권자위원회는 지방자치단체의 재정기록을 자유로이 열람할 수 있고 지방자치단체의 재정에 대하여도 자유로이 의견을 진술 할 수 있을 뿐만 아니라 지방자치단체의 계획안의 작성에 관해서도 지방자치단체와 협의하여 실제 입안에 참가할 수 있다. 지방자치단체의 계획안이 완성되면 채권자에 의한 수락여부 투표가 행해진다. 각 등급 채권액을 가지는 3분의 2 이상의 찬성, 그리고 각 등급에서 채권자의 과반수가 찬성하는 경우 계획안이 수락된다. 만일 채권자에 의하여 계획안이 부결된다면 법원은 지방자치단체의 신청을 각하하게 된다. 계획안이 채권자에 의하여 수락되면 법원은 다른 모든 요건에 합치되는가를 판단한 후에 이 계획안을 승인하게 된다. 법원의 권한은 지방자치단체가 책정한 계획안을 허가할 것인가 혹은 거부할 것인가에 있을 뿐이고 만일 채무조정계획안이 승인된다고 할지라도 지방자치단체는 종래의 그 권한을 유지할 수 있다. 따라서 지방정부파산법에 따르면 법원은 지방자치단체에 대하여 행정공무원이나 선거된 공무원을 경질할 수 없으며 지방자치단체의 행정운영이나 과세・자산매각에 관해서도 관여할 수 없다. 법원은 지방자체단체의 허락 없이는 지방자치단체의 정치적·통치상의 권리와 그의 재산과 수익에 관여 할 수 없으므로 법원은 예컨대 소비절감, 세금인상 또는 재산매각에 등에 대한 명령을 내릴 수 없다. 또한 지방자치단체는 현존하는 채권자들의 권리를 침해하지 않는 범위 안에서 평상시와 같이 법원의 허락 없이 차용 받을 수 있어 스스로의 자구노력도 통치권 행사차원에서 진행시킬 수 있다.[19]

(3) 지방자치단체 파산의 실제 사례

1) 지방자치단체 파산건수의 추이

1930, 40년대부터 지방자치단체 파산건수는 서서히 증가하기 시작하였는데 1950년대의 파산건수는 112건으로, 1960년대는 294건으로 크게 증가하였으나 그 후 1970년대는 121건으로 감소하여 파산건수는 다소 유동적이다. 파산한 지방자치단체의 3/4은 공공투자의 관계에서 발생한 지방채의 지급불능에 기한 것이다. 최근 일반적인 경제순환의 악화에 더하여 세수 증대에 제약이 있을 뿐만 아니라 행정역무제공비용의 증가로 말미암아 지방자치단체는 지금까지의 채무를 이행하는 것이 더욱 곤란한 상태로 되고 있다. 1937년부터 1972년까지 총 362건의 지방자치단체 파산이 있었고 공표된 362건의 채무총액은 약 21,700만 달러이며 이 중 실제로 지불된 금액은 14,000만 달러뿐이었다. 따라서 채무자의 손실은 7,700만 달러에 달한다.[20] 지방자치단체의 재정의 위기는 다양한 원인으로 발생하지만 실제 사례에서 알 수 있는 바와 같이 선심공약에 의한 과다한 공공투자 혹은 과다한 사회복지비용의 지출 등이 최근 들어 주된 원인이 되고 있다. 아래에서는 지방자치단체 파산의 실제 사례를 검토하기로 한다.[21]

---

19) http://www.bgr.org/MunicipalBankruptcy%204－5－06.pdf 참조.

20) 조태제, 전게 보고서, 41면 참조.

21) Omer Kimhj, Reviving Cities: Legal Remedies to Municipal Financial Crises, 88 B.U.L. Rev. 633, 634(2008).

2) 워싱턴 D.C.

1995년 워싱턴 D.C.는 방만한 재정의 운영, 세수 감소, 과도한 사회복지비 및 인건비 지출 등에 의해 재정파산상태에 이르게 되었는바 다음과 같은 것이 주요 요인이 되었다. 우선 재정 및 행정 전방의 방만한 운영이 그 핵심적인 재정파탄의 요인인 바 이는 당시 흑인인 베리(Barry)시장이 자신의 정치적 지지기반을 견고히 하는 수단으로 유색인종(흑인이 90%)의 공공부분으로 취업을 확대하는 방법을 채택하였기 때문이다. 워싱턴 D.C.의 교육 및 경찰공무원을 포함한 공무원의 수는 95년 말 42,000명에 달하고 있었는데, 이는 당시 워싱턴 D.C.의 총인구수 57만 명의 8%에 가까운 숫자로 지나치게 비대한 상태였고 또한 시정부 발주공사에서도 수의계약 등 정치적 지지기반을 강화화기 위한 손쉬운 방법을 채택하였기 때문에 최저가격의 경쟁입찰 등에 의할 때보다도 훨씬 재정의 낭비가 심했던 것이다. 나아가 시의 인구감소, 재산세 수입감소 및 사회복지비와 인건비 등의 팽창이 그 요인이 되었다. 당시 시의 인구는 지난 35년간 약 35%가 감소하였기 때문에 재산세 수입 등 세수의 감소를 초래한 것이다. 이에 더하여 사회복지비 특히 의료보장비와 인건비의 과다지출로 재정곤란이 초래됐다. 이에 베리시장은 1995년 2월 재정판산 상태임을 선언하여 연방정부에 재정지원을 요청하여 연방의회와 연방정부의 개입이 불가피하게 되었다. 다만 연방정부는 시의 재산파산상태에 대하여 연방파산법을 적용하지 않고 연방 특별입법(D.C. 재정책임 및 관리지원법)을 제정하고 이에 따라 D.C. 재정책임 및 관리지원위원회를 발족·운영하여 재정재건의 노력을 기울였다.[22] 따라서 워싱턴 D.C.의 사례는 연방파산법 적용사례가 아니라는 점에서 다음의 오렌지카운티 파산사례와 달리 취급되고 있다.[23]

---

22) 서정섭, 전게논문, 235면 참조.

23) 황영배, 미국의 지방자치단체 파산관련 제도 – Washington DC의 파산사례와 미국 국내 정치적 배경을 중심으로–, 자치단체 국제교류, 1996. 7–8월호 참조.

3) 오렌지카운티(County of Orange) 실제 사례

가. 개관

1994년 12월 6일 캘리포니아주의 오렌지카운티가 투기적 자금투자로 인한 16억 달러에 달하는 투자손실로 연방법원에 지방정부파산법(연방파산법 제9장)상의 파산을 신청하는 사건이 발생하였다. 오렌지카운티가 재정파탄에 직면한 주요 원인과 그 조치과정을 살펴본다.

나. 재정위기의 발생원인

오렌지카운티의 파산은 지금까지의 예와는 달리 경기가 악화하여 세수가 떨어졌다든가 세출이 증가한 것이 파산의 이유가 아니고 카운티의 재무담당자가 투기에 실패한 것이 그 원인이다. 당시 카운티의 재무담당자인 시트론은 오렌지카운티 투자풀(investment pools)의 책임자로서 인근 지방자치단체를 포함하여 총액 76억 달러에 이르는 다액의 자금을 파생금융상품에 투자운용하고 있었다. 1994년 여름에 금리가 저하함에 따라 계속자금을 투입하였지만 손실을 입게 되었고 1994년 11월이 되어서야 그가 16억 달러에 달하는 손실을 카운티에 입히고 카운티의 금고에는 그것을 지불할 현금이 없다는 것이 발견되었다. 한편 시트론에 자금을 대부한 은행은 저당으로 되어 있던 카운티의 증권을 압수한다고 통고하였고 최초의 은행이 카운티의 증권을 압수한날인 1994년 12월 6일에 오렌지카운티정부는 카운티의 파산을 신청하였다.[24)]

다. 재정파산신청 및 대응

카운티가 연방에 파산신청을 함으로써 카운티는 연방파산법 제9장의 절차에 따라 재정구제절차를 밟기 시작했다. 오렌지카운티의 파산 신청 후 경과와 대응은 다음과 같다.

① 위원회의 설치

오렌지카운티는 연방파산법 제9장과 관련하여 역무제공을 위해 일반자문, 특별조직재정비자문, 지방채자문, 재정금융자문, 금융조언 및 투자

24) 서정섭, 전게논문, 236면 참조.

관리자 등의 전문가를 두었고 파산 신청 후 연방관재인은 2개의 채권자 위원회와 7개의 소위원회를 두었다. 오렌지카운티 채권자위원회는 1994년 12월21일에 설치되었으며 4개의 소위원회(경매소위원회, 고용대표 소위원회, 공채소유자 소위원회, 어음소유자 소위원회)로 구성되었다. 그리고 1995년 8월 31일 연방관재인은 투자풀 위원회를 임명하였으며, 여기에는 3개의 소위원회(학교 및 대학지구 소위원회, 오렌지카운티도시자치제 소위원회, 오렌지카운티 비도시자치제 소위원회)로 구성되었다.

② 채무조정계획

채무조정계획은 단기채, 연금보증채 등 장기채, 인건비 및 물품비, 카운티 일반행정관리 채무, 투자풀의 채무, 기타 채무 등으로 분류하고, 그리고 세부적인 항목별로 채무추정액, 채무상환방법, 채무상환기간을 제시하고 있다. 이러한 계획은 채무자인 오렌지카운티가 연방파산법[25]에 따라 채권자의 동의를 얻기 위해 채무상환을 내용으로 하는 채무조정계획으로, 채권자의 동의를 얻어 파산법원의 승인 하에 실행된다. 1995년 3월 카운티는 공채 상환 관련 2개의 재원조달계획을 승인하였다. 즉, 차환을 위한 20년 장기 고정이율의 공채를 발행할 계획을 세운 것이며 이 공채는 MBIA보험회사로부터 재정보증보험을 받았다. 1995년 6월 캘리포니아 최고법원은 이 공채의 변제에 대하여 오렌지카운티에 법으로 의무를 부과하였다.

라. 파산선고 후 경과

오렌지카운티는 신속히 재정재건계획을 책정하고 재정재건에 착수하였다. 오렌지카운티의 파산선고 동시에 오렌지카운티가 발행한 지방채는 시장에서 바로 정크채로 격하되었는데 이는 투자회사는 갖고 있던 오렌지카운티의 지방채를 투매했기 때문이다. 오렌지카운티는 연간 5000만 달러의 인프라용의 자금을 재정재건에 유용하고 행정서비스와의 관련에서는 공무원 2000명의 삭감이 행해졌으며 사회복지서비스에 대해서도 그

25) § 1123(a)(1) of the Bankruptcy Code.

지출은 대폭적으로 삭감함으로써 재정재건을 꾀하게 되었다. 시영버스·복지시설·출장소의 폐지와 공공요금의 인상을 단행했는데 이에 의하여 빈곤층이 꽤 타격을 입게 되었다. 당초 카운티 당국은 증세조치의 도입을 제안하였지만 캘리포니아주에서는 증세에 관하여 주민투표가 요청되므로 주민에 의하여 부결되었기 때문에 실시할 수 없었다.[26] 오렌지카운티의 재정재건은 1996년 6월 12일에 종료하였다. 1994년 12월의 파산신청 이래 1년 반 정도의 기간에의 재정재건은 꽤 신속한 재건이었다. 세수의 증가에 강한 압박을 받고 있고 인구증대 등 때문에 행정서비스에 대한 수요가 증대하고 있는 지방자치단체 지역에서는 오렌지카운티와 동일한 재정적인 문제가 발생할 가능성은 충분하다. 과세의 제약 하에서는 오늘날 지방자치단체 재정은 지방채시장에의 의존도가 높을 수밖에 없다. 당연히 지방자치단체의 지방채시장에서의 채무불이행도 증가해 갈 것이 예상된다. 그러한 의미에서 보다 효과적이고 효율적인 연방파산법 제9장의 운용이 향후의 과제가 된다고 생각한다.

2. 독일 지방자치단체의 파산능력

(1) 서 설

독일의 경우 지방자치단체의 파산을 인정하는 명시적인 법규가 존재하지 않음에도 불구하고, 역사적인 발전과정에서 판례를 통하여 지방자치단체의 파산을 인정하고 또 경험한 국가라 할 수 있다. 원칙적으로 그리고 역사적으로 볼 때 독일의 경우에는 공법인에 대해서 파산제도를 인정한다는 것이 허용되기 어려운 것이 사실이다. 그러나 지방자치단체의 재정악화의 문제를 당대에 국한하여 생각하지 않고 세대 간에 걸친 정의의 문제로 바라보는 시각이 대두된 이후에는 독일의 경우에도 지방자치단체

26) 1995년 6월 소비세를 50센트 인상하는 주민투표가 행하여졌다. 카운티 당국은 소비세를 7.7%로부터 8.12%로 증세하는 안을 제출하였지만 찬성 39%, 반대 61%로 부결되었던 것이다.

의 재정파탄에 대한 법적 대응책을 보다 구체적으로 고민하게 되었다. 특히 지방자치단체 재정의 지속적인 안정은 재정투명성을 담보하고 재정운용관련 사실의 공표를 통하지 않고서는 이루어질 수 없을 것이므로 이를 보장하기 위해서 지방자치단체의 파산논의가 실제적인 관점에서도 요청되었다. 따라서 그런 관점에서 독일은 어느 정도 공법인의 파산이론을 축적해왔다고 볼 수 있기 때문에 독일에서의 논의 또한 비교법적으로 유의미한 맥락에서 검토될 수 있다. 다만, 공법인에 대해 파산제도를 인정할 경우 자치행정에서 근간이 되는 부문이 흔들릴 수 있고, 나아가 지방자치단체 지역사회의 중요 사안들을 민주적 정당성을 가진 선거직 공직자들이 아니라 파산관재인의 판단과 결정에 맡겨야 한다는 문제점이 생긴다. 이를 극복하기 위하여 지방자치단체 파산의 경우 특수성을 인정하려는 논의도 목하 진행 중이라 할 것이다. 따라서 이하에서는 미국발 서브프라임 모기지론 사태 이후 그 영향권 하에서 비롯된 독일 지방자치단체의 파산능력 수용여부 및 지방자치단체 파산의 특수성에 관한 논의들을 살펴보기로 한다.[27]

(2) 지방자치단체의 파산능력을 부정하는 입장

독일 연방헌법재판소는 공법인의 파산능력을 배제하는 법규의 합헌성을 수긍한 바 있다.[28] 공법인의 주된 임무는 공동체의 이익을 위한 것이기 때문에 그러한 공적 업무수행을 침해하는 파산은 공익적 관점에서 수용될 수 없다는 것이다. 특히 파산절차가 개시되는 경우 재산권에 대한 제한이 뒤따르는데 이를 공법인에게 적용하게 되면, 파산절차 개시 후 공법인은 파산대상에 속하는 자산에 대한 처분·관리권을 상실하게 되고 이는 결국 공법인의 법인격 소멸로 귀착되어 공법인의 파산능력을 인정하기 어렵다고 한다. 나아가 지방자치단체 파산법이 존재하지 않기 때문에

27) 장선희, 지방자치단체 파산의 특수성에 관한 연구 - 지방자치단체 파산관련 독일의 논의를 중심으로, 세계헌법연구 제17권 1호(2012), 201면 참조.

28) BVerfGE 72, 212 ff.

의당 파산제도가 지방자치단체에 적용될 수 없다는 견해도 제시되고 있다. 이런 태도는 지방자치단체가 재정적 지불능력의 한계점에 이르렀거나 그 한계를 도과했을 때 자연인 혹은 사법인(私法人)에게 적용되는 파산을 인정하는 것이 필요하더라도 법치주의의 원칙상 현행 법규에 지방자치단체 파산에 관한 명시적인 규정이 없으면 민사상의 파산제도를 유추 적용해서는 안된다는 입장이다.[29] 또 다른 입장은 독일 기본법 제106조 제7항[30]에 근거하여 지방자치단체에 부여된 최소재정요구권한에 따라 파산능력을 부정하는 입장도 있다.[31] 지방자치단체는 재정의 부족으로 말미암아 지방자치단체의 최소한의 자치사무에 관한 행정을 집행할 수 없을 때 연방과 주에 대한 최소재정요구권을 가진다. 지방자치제도의 본질적이고도 핵심적인 부분은 최소한의 자율적인 자치행정을 보장한다는데 있다. 이런 관점에서 특정 지방자치단체가 만기도래채무의 상환불능사태에 직면하게 되는 경우 혹은 재정상 채무과다초과상태에 있는 경우에는 적정재정 혹은 균형재정이 보장되지 않은 것이며 이는 결국 지방자치단체의 최소재정보장이 이루어지지 않은 것으로 볼 수 있다. 한편 이러한 견해에 대해 개개의 지방자치단체가 연방이나 주에 요구하는 적정재정에 대한 요청권한이 지불불능상태에 이른 지방자치단체에 만기도래 채무지급을 위해 원용될 수 있는지에 대해서는 의문이 제기되고 있다.[32] 관련 법률이

---

29) Lehmann, Die Konkursfähigkeit juristischer Personen des öffentlichen Rechts, Berlin 1999, S. 107 ff.

30) 독일 기본법 제106조는 조세수입의 분배와 재정전속수익에 관한 규정으로 제7항에서는 "공동조세의 수입전체에 대한 각 주(州)의 몫 중에서 주입법(州立法)의해 확정되는 백분율에 따라 지방자치단체와 지방자치단체연합체에 총체적으로 배정된다. 또한 주입법은 주세(州稅)이 수입이 지방자치단체에 귀속될지의 여부 및 어느 정도로 배정될 것인가를 정한다(Von dem Länderanteil am Gesamtaufkommen der Geneinschaftsteuern fließt den Gemeinden und Gemeindeverbänden insgesamt ein von der Landesgesetzgebung zu bestimmenderr Hunderztsatz zu. Im übrigen bestimmt die Landesgesetzgebung, ob und inwieweit das Aufkommmen der Landessteuern den Gemeinden(Gemeindeverbänden) zufließt)"라고 규정하고 있다.

31) Faber, Insolvenzfähigkeit für Kommunen?, DVBL, Heft 15(2005), S. 931, 942.

지방자지단체의 개별 채무에 대한 구체적인 상환의무를 정하고 있지 않기 때문에 채권자를 상대로 만기도래 채무를 지급하라는 결정을 내리기 위해서는 별도의 법적 근거가 요청된다고 보아야 한다. 다만 이러한 경우 연방이나 주가 정치적인 결단을 통해 개개의 지방자치단체를 재정적으로 지원하거나 보충교부금을 지급할 가능성을 배제할 수는 없을 것이다. 따라서 지방자치업무 수행을 위해 필요한 최소재정의 보장에 관한 독일 기본법 제107조 제7항의 정신에 따른다면, 적어도 민사상의 파산개시를 청구할 수 있게 될 상황이 지방자치단체에서 발생하지 않도록 미연에 예방해야 한다는 국가와 지방자치단체의 상호 협조적인 의무는 수긍될 수 있을 것이다. 상호 협조적인 의무를 잘 준수한다면 지방자치단체의 파산능력을 인정해야할 필요성이 현저히 줄어들므로 굳이 민사상의 파산개시절차를 유추적용하거나 별도의 특별법을 제정하여 지방자치단체의 파산능력을 수긍해야할 이유가 없다는 것이다.[33] 지방자치단체의 최소재정요구권한을 수긍할 때 발생하는 폐해는 지방자치단체가 무분별한 지출을 통하여 지방자치단체의 재원을 고갈시키거나, 균형재정을 실현하려는 노력을 크게 기울이지 않아도 이에 대한 책임면제의 수단으로 작용한다는 점이다. 개개의 주가 심각한 재정난에 봉착하는 경우 이를 벗어날 수 있도록 한 연방의 보장은 개별 주에 대한 균형재정운영노력의 경각심을 불러일으키지 못하고 방만한 재정지출과 운영을 하게 만들 가능성이 있다는 점을 지적하고 있다. 궁극적으로 상급 자치단체에 대한 최소재정요구권의 존재는 개별 하급지방자치단체의 재정운용의 미숙과 실패를 정당화 해주지 않으며, 그러한 재정운영에 대한 막중한 책임을 공공재정의 분배로 회피하거나 타 지방자치단체에 이양하려는 근거가 되어서는 안된다.[34]

---

32) 장선희, 전게논문, 205면 참조.

33) Farber, 전게논문, S. 943 ff.

34) 따라서, 장선희 교수의 지적에 따르면 이러한 경우에도 "하지만 하급지방자치단체처럼 조세자율과 지출권한이 충분히 주어져 있지 않은 지방자치단체들이 자신들의 재정운용에 완전한 책임을 질 수는 없다고 보는 것이다. 그리고 지방자치단체의 권한에 대해서는 감사권을 행사할 수 있는데, 만약 지방자치단체

(3) 지방자치단체의 파산능력을 긍정하는 입장

위의 입장과는 반대로, 독일파산법 제12조를 근거로 지방자치단체의 파산능력을 부정할 경우 재정체계의 약화를 초래할 수도 있다는 이유를 들어 공법인의 파산을 인정하려는 견해가 있다. 이러한 입장에 따르면 장기적으로 지방자치단체의 파산능력을 부정할 경우 채권자에 대한 위험을 증대시킬 뿐만 아니라, 개별 자치단체의 재정운영의 실태파악의 기회를 놓쳐 결과론적으로 연방재정 전체에 대한 중대한 악영향을 감지하고 못하게 된다. 결국 국가전체가 재정위기에 봉착하게 될 수도 있다고 한다. 또한 지방자치단체의 파산능력을 부인할 경우 만기도래 채무에 대한 지불불능의 사태를 해결할 방법이 없을 뿐만 아니라, 오히려 파산제도를 전제로 할 때 지방자치단체의 재정운용행태에 대한 경종을 울릴 수 있을 것이기 때문에 지방자치단체의 파산능력을 수긍하는 것이 바람직하다고 한다. 즉, 지방자치단체에 대한 파산절차가 도입됨으로써 채권자는 종래와 달리 다른 지방자치단체나 정부나 연방정부가 지불불능의 위험요소를 떠안고 필요한 경우에는 갚아줄 수 있으리라는 확신을 갖지 못하기 때문에 채권시장에서 매우 보수적으로 행동할 것이므로, 이에 따라 지방자치단체도 방만한 재정운용을 통제하고 효율적인 재정운용의 각별한 노력을 기울이는 효과를 수반할 것이라고 한다.[35] 근자에 이르러 독일에서는 다

가 지급불능에 빠진 경우라면 위 입장에서 보면 감독권한을 제대로 행사하지 않았다는 책임론에서 자유로울 수 없을 것인데, 이 감독의무를 소홀히 한 것도 모자라 지방자치단체에게는 자율적인 지출과 충분한 조세권이라는 스스로 위기를 극복해 나갈 도구를 제공하지도 않은 채 지급불능상태의 지방자치단체에의 재정보장 의무의 준수를 거부하는 것은 기본법에 위배된다는 것이다."라고 하고 있다. 전게논문 206면 참조.

35) 다만, 장선희 교수의 견해에 따르면, "또한 상급지방자치단체가 해결해주지 않는다는 것이 분명하게 정해지면, 이는 역으로 개별 지방자치단체의 입지를 강화하는 결과를 가져올 수도 있다고 보고 있다. 나아가 파산능력의 잠재력은 파산 원인을 피하게 하고, 따라서 파산의 발생도 극도로 줄어들게 될 것이라고 예상한다. 그렇게 되면 지방자치단체들은 오히려 스스로 먼저 파산 절차의 선택을 시작하게 된다고 본다. 예를 들면 위임 업무의 계속적인 증가는 지방

양한 이유로 재정상의 절벽에 부딪힌 개별 지방자치단체를 돕고 나아가 자치업무의 지속적 수행의 여지를 주기 위하여 지방자치단체의 파산제도를 재조명하고 있는 것이다. 그러한 견해들이 주장하고 있는 지방자치단체 내지 공법인 파산의 특수성을 간단히 소개하고자 한다.

(4) 지방자치단체 파산의 특수성

1) 파산 요건의 특수성 : 지불불능, 지불불능의 위험 및 채무초과

민사 파산법이 정하는 파산개시의 일반적 요건은 채무자의 지불불능 상태이며, 만기가 도래한 채무를 상환할 능력이 없는 경우 채무자는 지불불능 상태가 된다(독일파산법 제17조 제2항 제1호). 따라서 민사 파산법에 의할 때에는 채무자가 채무의 일부분만이라도 상환하지 못하는 것만으로도 지불불능 상태가 되기에 충분하다. 하지만 지방자치단체의 경우에는 법률로 정해진 장래의 예산상의 수입이 확실하게 보장되고 있기 때문에 자연이이나 사법인(私法人)과는 달리 한시적인 유동성만을 따져서 지불불능 상태를 결정할 수는 없을 것이다. 오히려 시계열 측정방법에 따라 장래에 예상되는 재정수입을 고려함에도 불구하고 재정파탄 상황을 전혀 극복할 가망성이 없다면 그때서야 해당 지방자치단체가 지불불능의 상태에 빠진 것으로 판단해야 한다는 특수성이 있다.[36] 두 번째로 민사 파산법의 경우'지불불능의 위험'도 파산개시의 근거로 정하고 있기 때문에 이를 지방자치단체의 파산에 적용할 경우, 장래 예정되어 있는 재정수입을 고려하더라도 만기 채무를 이행할 수 없거나 또는 없을 것이라고 확실히 예상되는 경우에만 지불불능 위험을 인정해야 한다는 특수성이 있다. 하지만 이러한 기준에 의해서도 여전히 지방자치단체의 파산시점을 어느

자치단체의 자치를 위험에 빠뜨리게 될 것인데, 지방자치단체들은 그러한 상황 때문에서라도 스스로 파산을 통한 채무의 소멸을 필요로 할 것이라는 것이다." 고 하여 지방자치단체의 파산능력을 인정하더라도 부작용이 없지는 않음을 알 수 있다. 전게논문 207면 참조.

36) 장선희, 전게논문 208면 참조.

때로 해야 하는가는 문제로 남는다. 결론적으로 지방자치단체들이 재정상태의 악화로 말미암아 그 본질적인 업무 분야를 수행할 수 없게 되면 자치권에 대한 중대한 제약이 발생하는 것이고 이러한 경우를 파산시점으로 봐야할 것이다. 즉, '실질적인 파산 상태'란 "지방자치단체들이 법적으로 정해진 업무들이 우선순위에 있음으로 인해 자율적인 업무를 수행할 수 없는 경우에 발생한다고 본다."[37] 또한 지방자치단체 등 공법적 법인의 파산절차 개시를 위한 또 하나의 요건은 채무초과가 될 수 있다. 채무초과란 대변의 채무자의 자산이 차변의 현재의 채무보다 작을 때 발생한다(독일파산법제19조 제2항 제1호). 그러나 이러한 기준을 지방자치단체에 일의적으로 적용하기에는 무리가 있다. 왜냐하면, 지방자치단체는 행정자산 이외에 재정자산을 가지고 있어서 민사 파산법상의 채무초과 기준을 그대로 적용하기는 부적절하기 때문이다. 여기서 더욱 어려운 점은 채무초과의 상태가 바로 파산절차의 개시요건으로 작용하기보다는 앞서 검토한 바 있는 최소재정요구권의 발동의 요건으로 작용한다면 개별 지방자치단체는 우선적으로 주정부를 상대로 재정적 보완요청을 먼저 하게 될 것이라는 부분이다. 이러한 측면에서 볼 때 단순히 채무초과상태를 파산절차 개시의 요건을 간주하는 데는 한계가 있다.

2) 파산 효과의 특수성: 처분대상의 범위, 지방자치단체의 존속과 공공업무의 수행

먼저 지방자치단체의 파산을 인정한다면 민사법적인 효과와는 달리 채권자의 변제요구의 수용범위, 지방자치단체의 조직의 구조조정에 따른 공무원과 직원들의 법적 지위의 설정 등 여러 가지 논란거리들이 발생하게 된다. 특히 파산절차의 개시 후 채무자의 자산에 대한 관리·처분권은 파산관재인에게 위양된다. 이 경우 지방자치단체의 공익업무의 수행과제의 달성이 매우 어려워지거나 불가능해질 것이다. 결국 지방자치단체의 파산의 효과를 규율하는 특별법이 없다면 채권자의 보호와 지방자치단체

---

37) 장선희, 전게논문 209면 참조.

의 공법적 과제의 지속적 수행이라는 충돌하는 가치 사이의 조화점을 찾기가 매우 어려워질 수 있다. 다만 여기서 재정자산(Finanzvermoegen)과 행정자산(Verwaltungsvermoegen)을 구분하여, 재정자산과는 달리 행정자산은 압류할 수 없으므로 파산을 인정한다고 하더라도 공공기관의 공적 업무 수행에 차질은 없을 것이라는 주장도 제기되고 있다. 또한 독일 민사소송법(ZPO)제882a조 제2항의 경우도 일정한 강제집행의 제한을 수용하고 있는바, 채무자가 수행하는 공적 업무에 필수불가결한 대상물 혹은 처분했을 경우 공공의 이익을 침해하는 결과를 낳게 되는 대상물들은 공적 법인에 대한 강제집행의 경우에도 집행의 대상이 되지 않는다고 규정하고 있다. 결국 지방자치단체에 대한 파산능력을 인정하는 경우에 파산효과의 범위를 결정하는 별도의 법률 규정을 정비하지 않더라도 공적 업무 수행에 필요한 지방자치단체의 자산의 관리·처분 권한은 여전히 지방자치단체에 남게 되므로 공익목적달성에 지장을 초래하지 않는다고 한다.[38) 또한 파산절차가 진행되어도 지방자치단체의 법인격의 존속은 전혀 영향이 없다는 것이 특수한 성격으로 부각된다. 파산법에 의한 사법인의 파산절차가 종료된 뒤에도 분배가 가능한 자산의 일부분만이라도 남아 있거나 합병 등의 권리를 요구할 때는 당해 사법인의 법인격은 여전히 존속하게 되며, 궁극적으로 당해 사법인은 자신의 존속을 스스로 결정할 수 있다. 특히 지방자치단체는 헌법, 법률 또는 주권적 결단에 의해서만 소멸될 수 있는 것으로 보기 때문에 파산절차를 종료한다고 해도 지방자치단체의 존속에는 아무런 영향을 주지 않는다.[39) 또한 독일 파산법은 채권자의 이익의 보호라는 구체적인 목표를 지향하고 있는데 이러한 이익은 지방자치단체사무의 존치 혹은 존속이라는 이익과는 형량관계에 있을 수 밖에 없다. 따라서 지방자치단체의 파산능력을 인정하는 경우에 최우선적인 목표는 지방자치단체의 재정재건 혹은 회복에 있는 것이고, 채권자의

---

38) Frielinghaus, Die kommunale Insolvenz als Sanierungsansatz für die öffentlichen Finanzen, DÖV August 2007, S. 640 ff.

39) 장선희, 전게논문 214면 참조.

이익보호는 후순위에 두어진다.

Ⅲ. 지방자치단체 파산제 시사점

1. 우리나라 지방자치단체의 재정규율 및 재정부실화 방지책

지방자치단체는 그 재정을 수지균형의 원칙에 따라 건전하게 운영하여야 한다(지방자치법 제122조 제1항 및 지방재정법 제3조). 예산은 한 회계연도의 모든 수입을 세입으로 하고 모든 지출을 세출로 하며, 원칙적으로 세입과 세출은 모두 예산에 편입하여야 하는 총계주의를 채택하고 있다(지방재정법 제34조). 이는 모든 수입과 지출을 계상함으로써 의회나 주민의 재정상의 견제기능이 작동하기 쉽도록 한 것이다. 나아가 지방채무 및 채권관리의 엄격성이 규율되고 있다. 지방재정법 제11조에 의하면 지자체의 장은 그 지자체의 항구적 이익이 되거나 긴급한 재난복구 등의 필요성이 있는 때 지방채를 발행할 수 있도록 하고 있는바 이 경우 지자체의 장은 재정상황 및 채무규모 등을 고려하여 지방채 발행 한도액의 범위 안에서 지방의회의 의결을 얻어야 한다. 다만, 지방채의 발행 한도액의 범위 안이라도 외채를 발행하는 경우에는 지방의회의 의결을 거치기 전에 행정안전부장관의 승인을 얻어야 한다(지방재정법 제11조 제1항, 2항).[40]

---

40) 제11조(지방채의 발행)

① 지방자치단체의 장은 그 지방자치단체의 항구적 이익이 되거나 긴급한 재난복구 등의 필요가 있는 때에는 지방채를 발행할 수 있다.

② 지방자치단체의 장은 제1항의 규정에 의하여 지방채를 발행하고자 하는 경우에는 재정상황 및 채무규모 등을 고려하여 대통령령이 정하는 지방채 발행한도액의 범위 안에서 지방의회의 의결을 얻어야 한다. 다만, 지방채 발행 한도액의 범위 안이라도 외채를 발행하는 경우에는 지방의회의 의결을 거치기 전에 행정안전부장관의 승인을 얻어야 한다.<개정 2008.2.29.>

한편 일시차입금이 필요한 때에는 지방자치단체의 장은 그 한도액을 회계연도마다 회계별로 미리 지방의회의 의결을 얻어야 하고 일시차입금은 당해 회계연도의 수입으로 상환하여야 한다(지방재정법 제14조 참조). 나아가 지방자치단체의 장은 공익을 위하여 필요하다고 인정하는 경우에는 미리 지방의회의 의결을 얻어 보증채무부담행위를 할 수 있도록 규정하고 있고, 법령 또는 조례의 규정에 의하거나 지방의회의 의결을 얻지 아니하고는 채권에 관하여 채무를 면제하거나 그 효력을 변경할 수 없도록 되어 있다(지방자치법 제124조).[41] 현재 지방자치단체의 재정부실을 예방하기 위한 제도는 마련되어 있는바 지방재정법 제5장의 재정분석 및 공개제도가 그것이다.[42]

---

③ 지방자치단체의 장은 제2항의 규정에 불구하고 당해 지방자치단체의 발전과 관계 있는 사업을 위한 경우 등 대통령령이 정하는 사유가 발생하는경우에는 행정안전부장관의 승인을 얻은 범위 안에서 지방의회의 의결을 얻어 제2항의 규정에 의한 지방채발행한도액의 범위를 초과하여 지방채를 발행할 수 있다.<개정 2008.2.29.>

④ 「지방자치법」 제159조의 규정에 의한 지방자치단체조합(이하 "조합"이라 한다)의 장은 그 조합의항구적 이익이 되거나 긴급한 재난복구 등의 필요가 있는 때 또는 지방자치단체에 대부할 필요가 있는 때에는 지방채를발행할 수 있다. 이 경우 행정안전부장관의 승인을 얻은 범위 안에서 조합의 구성원인 각 지방자치단체의 지방의회의 의결을 얻어야 한다.<개정 2007.5.11, 2008.2.29.>

⑤ 제4항의 규정에 의하여 발행한 지방채에 대하여는 조합과 그 구성원인 지방자치단체가 그 상환과 이자의 지급에 관하여 연대책임을 진다.

41) 제124조(지방채무 및 지방채권의 관리)

① 지방자치단체의 장이나 지방자치단체조합은 따로 법률로 정하는 바에 따라 지방채를 발행할 수 있다.

② 지방자치단체의 장은 따로 법률로 정하는 바에 따라 지방자치단체의 채무부담의 원인이 될 계약의 체결이나 그 밖의 행위를 할 수 있다.

③ 지방자치단체의 장은 공익을 위하여 필요하다고 인정하면 미리 지방의회의 의결을 받아 보증채무부담행위를 할 수 있다.

④ 지방자치단체는 조례나 계약에 의하지 아니하고는 그 채무의 이행을 지체할 수 없다.

⑤ 지방자치단체는 법령이나 조례의 규정에 따르거나 지방의회의 의결을 받지 아니하고는 채권에 관하여 채무를 면제하거나 그 효력을 변경할 수 없다.

42) (1) 재정보고

제54조(재정운용에 관한 보고등) 지방자치단체의 장은 대통령령이 정하는 바에 의하여 재정보고서를 행정안전부장관에게 제출하여야 한다.
(2) 재정분석 및 재정진단
제55조(재정분석 및 재정진단 등)
① 행정안전부장관은 대통령령이 정하는 바에 의하여 제54조의 규정에 의한 재정보고서의 내용을 분석하여야 한다. <개정 2008.2.29>
② 행정안전부장관은 제1항의 규정에 의한 재정분석결과 재정의 건전성과 효율성 등이 현저히 떨어지는 지방자치단체에 대하여는 대통령령이 정하는 바에 의하여 재정진단을 실시할 수 있다.<개정 2008.2.29.>
③ 행정안전부장관은 제2항의 규정에 의한 재정진단결과를 토대로 해당 지방자치단체에 대하여 재정건전화계획의 수립 및 이행을 권고하거나 재정건전화를 위하여 필요한 사항을 지도할 수 있다.<개정 2008.2.29.>
④ 행정안전부장관은 제1항 또는 제2항의 규정에 의한 재정분석 및 재정진단결과를 공개할 수 있으며, 재정분석 및 재정진단결과의 중요한 사항에 대하여는 국무회의에 보고하여야 한다.<개정 2008.2.29.>
[지방자치단체가 세입예산 중 경상비성격의 예산비율이 높아 재정운용의 건전성이 현저히 떨어지는 경우, 그 밖에 행정자치부장관이 재정보고서의 분석결과 재정의 건전성·효율성 등이 현저하게 떨어져 재정진단이 필요하다고 인정하는 경우에는 재정진단을 실시할 수 있다(동법 시행령 제65조 제2항). 재정건전화계획은 조직개편, 채무상환, 세입의 증대 및 신규사업의 제한 등을 내용으로 한다(시행령 제65조 제4항). 이러한 재정분석 재정진단 등에 고한 사항을 심의하기 위하여 지방재정에 관한 전문가 등으로 구성되는 지방재정분석·진단위원회를 설치·운영한다(제56조)]
(3) 재정분석·진단결과에 따른 조치
제57조(지방재정분석또는 진단결과에 따른 조치 등) 행정안전부장관은 제55조제1항의 규정에 의한 재정분석결과 건전성과 효율성 등이 우수한 지방자치단체와 제55조제3항의 규정에 의한 권고 및 지도사항의 이행결과가 우수한 지방자치단체에 대하여는 「지방교부세법」 제9조의 규정에 의한 특별교부세를 별도로 교부할 수 있다.
제58조(지방재정에 대한 특별지원 등) 행정안전부장관은 현저하게 낙후된 지역의 개발이나 각종 재난으로 인하여 특별한 재정수요가 있다고 판단되는 지방자치단체 또는 전국에 걸쳐 시행하는 국가시책사업과 밀접한 이해관계가 있는 지방자치단체에 대하여 따로 재정지원계획을 수립하여 시행할 수 있다.
(4) 재정운영상황의 보고 및 공시
제59조(통합재정정보의 제공)
① 지방자치단체의 장은 회계연도마다 일반회계·특별회계 및 기금 등을 포함한 당해 지방자치단체의 재정운용상황을 통합적으로 분석한 정보(이하 "통합재

2. 지방자치단체 파산제도의 도입가능성

이상에서 살펴본 바와 같이 우리나라 지방자치단체의 재정규율은 엄격한 방식으로 되었음에도 실제의 재정운용은 그렇지 않다는데 문제가 있다. 즉 우리나라의 경우 국가가 세수의 측면에서나 보조금의 배포 등으로 지방자치단체에 대하여 큰 영향력을 행사하며 사실상의 지배권을 행사하고 있다. 중앙정부의 권한이 너무나도 크기 때문에 지방자치단체는 국가에 대하여 항상 의존하는 체제가 되고 있어 엄격한 재정규율기능이 잠식되고 있는 것이다. 즉 국가와 지방자치단체의 관계에서 국가의 후견적 역할에 대한 기대가 항상화하고 있는 경우 국가의 지방자치단체에 대한 예산제약은 엄격하게 작동하지 못할 뿐만 아니라 지방자치단체도 비합리적인 방향으로 예산운영을 해나갈 수 있는 여지가 커진다. 이와 같이 엄격한 재정규율 하에서도 실제 운영상으로는 국가의 재정적 지원을 기대할 수 있는 지방자치단체는 시장구조적 방식에 의하지 않게 되고 따라서 무모한 일에 막대한 세금을 투입하고 그 결과 채무가 누적되어 가는

정정보"라 한다)를 행정안전부장관에게 제출하여야 한다. <개정 2008.2.29.>
② 행정안전부장관은 제1항의 규정에 의한 통합재정정보의 작성에 필요한 기준 등을 정한 지방자치단체통합재정분석업무편람을 작성하여 지방자치단체에 통보할 수 있다.<개정 2008.2.29.>
제60조(재정운용상황의 공시 등)
① 지방자치단체의 장은 회계연도마다 1회 이상 다음 각 호의 사항을 주민에게공시하여야 한다.
1. 세입·세출예산의 집행상황
2. 발생주의와 복식부기에 의한 재무보고서
3. 지방채·일시차입금 등 채무의현재액
4. 채권관리현황
5. 기금운용현황
6. 공유재산의 증감 및 현재액
7. 제59조의 규정에 의한 통합재정정보
8. 그 밖에 대통령령이 정하는 재정운용에 관한 중요사항
② 제1항의 규정에 의한 재정운용상황의 공시방법·시기 등에 관하여 필요한 사항은 대통령령으로 정한다.

악순환의 고리가 형성되는 것이다. 따라서 지방자치단체의 재정개혁에 있어서는 이러한 문제점을 해결하기 위한 대책이 필요한데, 특히 지방자치단체가 느슨한 형태로 재정을 운용하지 않도록 지방자치단체의 파산제도도 인정할 필요가 있다는 것이다. 물론 우리나라는 파산선고제도가 존재하지 않는 관계로 재정파산에 대한 명확한 개념이나 절차가 명시적으로 구비되어 있지 않다. 파산제도의 필요성이 절감되지 못한 것은 우리나라의 경우 지방재정 지방교부세나 국고보조금 등 의존재원의 비중이 높아 아직도 중앙 의존형인데다가 지방채발행 허가제 등 통제위주의 지방재정 운영에 기인한다. 즉 재정난이 오면 중앙 또는 상위 지방자치단체에서 재정난을 해결해준다는 인식이 있었기 때문이 당해 지방자치단체 스스로가 재정적으로 자립하려는 노력을 게을리 했다. 1995년 내무부가 발표한 한국형 지방자치모델에 관한 추진계획안을 보면 지방자치단체 파산선고제를 검토한바 있고 당시의 발표에 따르면 지방자치단체의 주민, 상급지방자치단체의 신청 또는 중앙부처의 재정운영평가에 따라 지방자치단체파산선고위원회의 심의를 거쳐 국가가 파산을 선고하도록 되어 있다. 중앙정부가 지방자치단체의 파산선고제 도입을 검토하게 된 배경은 지방자치단체의 재정여건이 매우 취약한 상황에서 지방자치단체장 및 의회의원 선거 후 주민들의 선거공약의 이행요청 및 민선단체장 또는 지방의회의원들의 과잉의욕으로 재정이 더욱 부실해질 우려가 있었기 때문이었다. 미국의 지방자치단체파산제도와는 달리 당시 추진계획안에 따르면 파산이 선고된 지방자치단체는 한시적으로 국가가 직접 경영하거나 국가가 임명하는 파산관재인이 단체장의 직무권한을 대행하는 것으로 되어 있다. 이와 같이 중앙정부가 지방자치정부의 자치권에 관여할 수 있도록 하는 당시의 계획안은 헌법상 보장되는 지방자치제도의 중대한 침해문제를 야기할 수 있었다.[43] 게다가 선거를 앞두고 중앙정부가 지방자치단체의 자

43) 전광석, 한국헌법론, 집현재, 2014, 716면 이하; 정종섭, 헌법학원론, 박영사, 2012, 958면 이하; 성낙인, 헌법학, 법문사, 2012, 1112면 이하; 양건, 헌법학, 법문사, 2012, 1189면 이하; 한수웅, 헌법학, 법문사, 2012, 1257면 이하 참조.

치권에 대한 개입을 확대하는 방향으로 법개정을 시도하는 것은 선거에 도움이 되지 않는다는 판단에 따라 지방자치단체 파산선고제의 도입 계획안은 실현되지 못하고 무산되었던 것이다. 또한 현행 채무자회생 및 파산에 관한 법률의 시행으로 모든 법인·개인을 대상으로 경제적으로 곤궁한 채무자가 파산적인 청산을 예방하면서 그 사업을 유지하고 갱생을 도모하는 보다 수월한 수단이 도입되었지만, 공법인인 지방자치단체의 파산은 규정하고 있지 않기 때문에 현행 법제 하에서 파산을 인정할 수는 없는 것이다. 더군다나 국가나 지방자치단체는 본질적으로 통치단체이며 파산에 의하여 재산관리권을 박탈하는 것은 통치의 운영을 방해하기 때문에 이러한 통치능력의 관점에서 파산능력을 부정하는 것이 일반적인 견해이다.[44] 다만 이러한 견해는 청산형 파산을 상정하여 공법인이 소멸하는 상황을 전제로 하고 있기 때문인 것으로 생각된다. 따라서 앞서 언급한 바와 같이 미국형 파산제도는 파산을 신청한 지방자치단체의 재산청산을 인정하고 있는 형태가 아니라 소위 재생형 내지 회생형이기 때문에 이와 같은 채무자회생적인 새로운 형태로의 파산제도는 도입가능성을 보다 긍정적으로 검토할 필요가 있다.

Ⅳ. 결 론

작금의 경제상황이 더 어려워질수록 개별 지방자치단체들의 재정여건은 더욱 악화될 것이 예견되면서, 극심한 재정위기를 겪게 되는 지방자치단체의 재정재건과 구제의 문제가 화두가 되었다. 무엇보다도 사후적인 구제책을 염두에 두기 보다는 우선적으로 지방자치단체의 재정위기를 예방하기 위한 대응방안을 고민해야할 것이다. 우선적으로 시급한 것은 다

44) 이기우, 지방자치단체에 대한 파산선고제도, 지방행정, 86(1995. 5); 장선희, 전게논문, 202면 이하; 표명환, 지방자치단체의 채무지급유예선언에 관한 법적 고찰, 법학연구, 제40집(2010), 20면 이하 참조.

음과 같다. 먼저, 지방세입구조의 개선이 긴절히 요청된다. 지방자치단체의 자체재원의 비중을 높이기 위한 구조로 변경하기 위해서는 현재의 지방세입 구조를 개편하여 지방세의 수입을 증가할 수 있는 세입항목으로 변경하고 세외수입을 확보할 수 있도록 하여야 한다. 나아가, 중앙정부와 지방자치단체 사이의 재정분담을 구체화할 필요가 있다. 지방자치단체의 지출비중에서 가장 큰 몫을 차지하고 있는 사회복지분야에 대해서는 중앙정부와 지방자치단체 사이의 재정분담을 구체화하기 위한 세출사무 조정이 필요하다. 또한 우리나라의 실정에 맞는 재정위기관리제도를 도입해야 한다. 현재 시행되고 있는 지방재정분석·진단제도, 지방채발행한도, 지방재정투·융자심사제도 등은 재정위기에 즉응할 수 있는 관리제도로 보기는 어렵고 오히려 일반적인 재정관리제도에 불과할 뿐이다. 따라서 재정위기를 사전에 예방할 수 있는 재정위기관리시스템의 구축해야 한다.

이러한 사전적인 예방책에도 불구하고 지방자치단체가 재정파탄에 이른 경우 일정한 지방자치사무의 수행을 전제로 한 지방자치단체 파산제도를 고려해봄직 하다. 지방자치단체의 재정도 시장지배원리에 의한다면 파탄이 일어날 수 있음은 자명한 사실이다. 특히 현재의 지방자치단체 중 앞서 본 바와 같이 방만한 선심성재정지출로 인하여 국민의 혈세를 낭비하고 자치단체장이나 의원들의 여행경비나 기타 비용지출에 과도한 지출로 인해 원래의 지방자치의 취지를 무색케 하는 경우가 종종 있다. 그럼에도 불구하고 현재 상태로서는 우리나라의 경우 특정한 지방자치단체가 자체적으로 회복 불가능한 재정위기에 직면한 경우 지방자치단체는 기업과 달리 소멸시킬 수 없는 것이기 때문에 파산법상의 청산형 파산제도는 활용될 수가 없을 것이다. 따라서 지방자치단체의 재정위기를 해결하고 파산에 대응하여 지방재정을 건전화하기 위한 미국식 파산제도의 도입, 즉 미국 연방파산법 제9장의 제도처럼 재건형 내지 회생형의 파산제도를 도입하는 것이 조심스럽게 검토되어야 할 것이다. 사실 미국의 지방정부파산법(연방파산법 제9장)상의 파산제도는 일정한 조건 하에 지방자치단체를 보호하며 그 보호 하에 지방자치단체의 채무를 조정하는데 그 주된 목적이 있으므로 지방자치단체인 채무자 회생법에 다름 아닌 것이다. 즉 미국의 지방정부파산법의 파산제도는 소위 "파산관재인제도"[45]와는 달리 지방자치단체의 의회나 장은 본래의 기능을 그대로 유지한 채 지방자치단체의 채권자들을 보호하고 그 채무를 조정하기 위해서 만든 제도로서, 우리도 채무만기일의 연장, 원금과 이자의 절감 또는 신규 대출에 의한 채무상환을 하는 등의 내용의 제한적인 파산제도를 도입하고 다만 담당지방자치기관의 책임에 대해서는 엄격한 민·형사책임을 추궁하는 것이 현실적인 대안이 될 수 있으리라 본다.[46] 독일의 경우도 지방자치단체의 파산능력을 인정하는 입장은 지방자치단체의 법인격의 소멸을 전제로 하지 않고 재정재건을 목적으로 하고 있음을 이미 살펴보았다. 여하튼 지방자치단체의 파산선언이라는 상징성이 향후 지방자치단체의 재정운영행태에 긍정적인 영향을 미쳐 지방자치단체의 재정건전화를 촉진할 수 있게 되었으면 한다. 이러한 제도의 도입은 결국 지방자치단체 재정의 채무조정을 위한 새로운 기준과 틀을 제공할 수 있을 뿐만 아니라 그 재정재건의 긍정적인 방향으로 영향력을 미치게 될 것이다.

45) 파산관재인을 통한 지방자치단체의 파산제도는 미국에서 실시되고 있는 것인데 주정부의 전면적인 재정금융원조에 의해서 재정재건이 어렵다고 생각되는 경우 자치단체의 의회의 장은 본래의 기능을 상실하고 의회는 조언기관으로 남고 장은 해임되어 주지사가 임명한 파산관재인이 3년이나 5년 동안 시정부를 맡게 되는 방식이다. 조태제, 전게 보고서, 27면 참조.

46) 장용근, 지방자치제도의 현안에 대한 헌법정책적 제언, 세계헌법연구 제14권 3호, 406면 참조.

[참고문헌]

성낙인, 헌법학, 법문사, 2013.

양건, 헌법강의, 법문사, 2013.

전광석, 한국헌법학, 집현재, 2014.

정종섭, 헌법학원론, 박영사, 2012.

한수웅, 헌법학, 법문사, 2013.

허 영, 한국헌법론, 박영사, 2013.

남황우, 유바리시 재정파산에 관한 연구, 도시행정학보 제20집 제3호 (2007).

서정섭, 미국 지방재정위기의 발생과 관리제도에 대한 고찰, 한국지방재정논집, 제6권 제1호 (2001),

유진식, 지방자치단체의 파산방지를 위한 법제정비방안 - 일본의 경험과 그 시사점을 중심으로 -, 지방계약연구 제2호 (2010).

______, 지방자치단체 등 공기업 파산에 대한 외국사례의 교훈과 우리나라 법제도 정비, 법학연구 제40집 (2013).

이기우, 지방자치단체에 대한 파산선고제도, 지방행정(1995. 5).

이상경, 지방자치단체 파산제도의 도입가능성에 관한 비교법적 일고 - 미국 지방정부파산법(미국 연방파산법 제9장)의 시사점 -, 공법학연구 제13권 제3호 (2012).

장선희, 지방자치단체파산의 특수성에 관한 연구 - 지방자치단체 파산관련 독일의 논의를 중심으로 -, 세계헌법연구 제17권 제1호 (2011).

장용근, 지방자치제도의 현안에 대한 헌법정책적 제언, 세계헌법연구 제14권 3호 (2008).

정창훈, 미국지방자치단체의 지방재정위기관리제도와 시사점 - 파산제도를 중심으로 -, 강원법학 제32호 (2011).

조기현 · 신두섭, 지방재정관리제도 운용실태와 개선방안: 지방재정위기 대응방안을 중심으로. 한국지방행정연구원 421, 2008.

조성규, 지방자치단체 파산제 도입의 법적 문제, 행정법연구 제38호 (2014).

조태제, 지방자치단체의 파산제도, 한국법제연구원, 2006.

표명환, 지방자치단체의 채무지급유예선언에 관한 법적 고찰, 법학연구, 제40집 (2010).

황영배, 미국의 지방자치단체 파산관련 제도 – Washington DC의 파산사례와 미국 국내 정치적 배경을 중심으로–, 자치단체 국제교류 (1996. 7–8월호).

The Advisory Commission on Intergovernmental Relations(정부간관계조정권고위원회) 권고안.

Bradbury, Katharine L. Fiscal Distress in Large U.S. Cities, New England Economic Review(Nov/Dec, 1982).

Cahill, Anthony G. and Joseph A, James. Responding to Municipal Fiscal Distress: An Emerging Issue for State Government in the 1990s. Public Administration Review. 52(1)(1992).

Faber, Insolvenzfähigkeit für Kommunen?, DVBL, Heft 15(2005).

Frey, Martin A., Phyllis Hurley Frey, Sidney K. Swinson, An Introduction to Bankruptcy Law, 5th edition. Clifton Park. NY: Thomson Delmar Learning, 2007.

Frielinghaus, Die kommunale Insolvenz als Sanierungsansatz für die öffentlichen Finanzen, DÖV August 2007.

Kimhj, Omer. Reviving Cities: Legal Remedies to Municipal Financial B.U.L. Rev. 88(2008).

Kloha, Philip, Carol S. Weissert, and Robert Kleine. Developing and Testing a Composite Model to Predict Local Fiscal Distress. Public Administration Review. 65(3)(2005).

Lehmann, Die Konkursfähigkeit juristischer Personen des öffentlichen Rechts, Berlin 1999.

5 Norton Bankr. L. & Prac. 3d § 90:2.

5 Norton Bankr. L. & Prac. 3d § 90:5.

[Abstract]

A Study on the Possibility of Implanting a Municipality Bankruptcy System

Sangkyung Lee*

Since the municipalities have managed their budget without considering their tax income and other financial resources, the fiscal crisis of the municipalities has been an important issue, like hot potatoes. In fact, most local governments or municipalities have secured only part of their yearly budget. The discussion and examination of a countermeasure to deal with fiscal crisis in order to secure fiscal soundness have been revived. In this connection, it is necessary to examine the possibility of implanting a municipality bankruptcy system for the purpose of checking the local governments or municipalities'loose budget management and secure their fiscal soundness. This article comparatively examines the bankruptcy systems between the United States and Germany, and the possibility to introduce the bankruptcy system to the Korean legal soil. It seems impossible to implant the local governments bankruptcy system in Korea, because the local governments ought to be treated differently from natural persons or private enterprises who can be financially bankrupted and become legally incapacitated. Therefore, this article insists that we can utilize a rehabilitation type bankruptcy rather than a liquidation type for the local governments or municipalities. Thus, this study carefully considers the introducing and implanting an individual debtor rehabilitation type bankruptcy for the local governments or municipalities as the Municipality

* Professor of Law (J.S.D., J.D.), University of Seoul Law School.

Bankruptcy Act (Chapter 9 of the Bankruptcy Act) of the United States is.

[Key Words]

Fiscal Crisis, Fiscal Soundness, Municipality Bankruptcy Act (Chapter 9 of the Bankruptcy Act), Debtor Rehabilitation Bankruptcy, Financial Composition Plan

법원에서의 헌법판단

김예영*

[국문 요약]

이 글은 법원에서 헌법판단이 이루어지는 사례를 공법영역과 사법영역으로 나누어 살펴본다.

먼저, 행정법 등 공법영역에서는 헌법이 직접 적용되는데, 근래 행정법상의 일반원칙 중 평등원칙, 비례원칙, 신뢰보호원칙 등이 헌법에 근거를 둔 헌법상 원칙으로 인정되고, 이러한 원칙들이 당해 재판의 결론을 좌우하는 주된 판단기준으로 작용하는 경우가 많아지고 있다.

즉, 법원은 종래 행정법 영역에서 심사기준으로 작용하던 행정법상의 일반원칙인 평등원칙, 비례원칙, 신뢰보호원칙의 근거가 헌법에 있음을 분명하게 밝히면서 헌법재판소의 결정례를 인용하는 등으로 헌법에 관한 법리들을 수용하고 있다. 더 나아가 헌법에 근거하여 적극적으로 적법절차의 원칙과 같은 새로운 행정법상의 일반원칙을 인정하고 이를 심사기준으로 적용하기도 하였다.

민법 등 사법영역에 있어서는 원칙적으로 일반조항을 매개로 헌법이 간접 적용된다.

* 서울중앙지법 판사.

즉, 법원에서는 연명치료 중단 사건에서처럼 민법 제103조의 반사회적 법률행위 조항, 종립 사립고등학교 종교교육 사건에서처럼 민법 제750조의 위법행위조항 등 일반조항을 매개로 헌법판단을 하여 왔다.

그러나 법원은 성전환자의 행복추구권 등을 근거로 구 호적법상 호적정정절차에 따라 성전환자의 성별정정을 허가할 수 있는 것으로 해석한 것과 같이 일반적인 법률해석에 있어서 헌법의 영향을 고려하기도 하였다. 또한, 헌법상 양성평등 조항 등을 근거로 종원(宗員)의 자격을 성년 남자만으로 제한하던 종래의 관습법을 폐기한 것처럼 관습법에 대한 사실상의 위헌심사를 하기도 하였다. 그리고 헌법상 경영권을 근거로 정리해고시 노동조합과 '합의'한다는 단체협약을 '협의'의 의미로 해석한 것처럼 사인간의 법률행위를 해석함에 있어서도 헌법의 영향을 고려하기도 하였다.

[핵심어]
법원의 헌법판단, 법원에서의 헌법심사, 행정법상의 일반원칙, 헌법의 간접효

Ⅰ. 서

헌법은 국가의 최고규범이다. 그러나 헌법재판소의 심판대상이 극히 제한되어 있음을 고려할 때 헌법이 실제로 집행력을 가지기 위해서는 법원에서 실질적인 재판규범으로 적용되어야 한다.

그런데 종래 법원은 일반 법규의 해석·적용에 치중할 뿐 헌법판단에는 소극적이라는 평가를 받아왔다. 그러나, 기본권에 대한 국민의 인식제고 및 헌법재판소의 설치 등으로 인하여 점차 법원에서도 헌법판단의 사례가 증가하고 있을 뿐만 아니라 그 모습도 다양해지고 있다고 보인다.

이 글에서는, 법원에서 헌법판단이 이루어지는 사례들을 공법 영역과 사법 영역으로 나누어 살펴보고, 그 의미를 짚어보기로 한다.

Ⅱ. 공법 영역에서의 헌법 판단

행정법이나 형법 등 공법영역에서는 헌법이 직접 적용되므로, 법원에서는 공권력 행사의 헌법위반 여부를 심사하여야 한다. 즉, 명령·규칙 등 하위법령이 헌법에 위반하였다고 판단하는 경우에는 당해 명령·규칙은 무효이므로 당해 사건에의 적용을 배제하여야 한다. 처분 기타 공권력 행사가 헌법에 위반되는 경우 이는 통설과 판례에 따르면 무효 또는 취소사유가 된다. 다시 말해서, 중대명백설에 따라 하자가 중대하고 객관적으로 명백한지 여부에 따라 무효 또는 취소로 판단될 뿐, 헌법위반이라고 해서 반드시 무효사유가 되지는 않는다.

종래 법원에서의 헌법판단이라고 하면 주로 명령·규칙 등 하위법령에 관하여 상위법령의 위임이 있는지, 그 위임범위를 일탈했는지 여부 등 법률유보원칙 위반 여부를 심사하는 것이 다수였다. 그러나 이 경우 그 결과는 비록 헌법위반이지만, 주된 판단기준은 위임법령이므로, 실질적인 헌법판단이 이루어졌다고 보기는 어렵다.

그런데 근래 종래 조리에 근거한 것으로 이해되었던 "행정법상의 일반원칙" 중 평등원칙, 비례원칙, 신뢰보호원칙 등이 헌법에 근거를 둔 헌법상 원칙으로 인정되고, 이러한 원칙들이 당해 재판의 결론을 좌우하는 주된 판단기준으로 작용하는 사례가 많아지면서, 법원에서도 점차 헌법이 실질적인 재판규범화하고 있다고 볼 수 있다.

1. 법률유보원칙 위반 여부에 대한 판단

법원은 명령·규칙 등 하위법령의 법률유보원칙 위반, 즉 상위법령의 위임이 있는지 여부 및 상위법령의 위임범위 일탈 여부를 심판함에 있어서, 주로 위임법령을 위반하여 위법하다고 판시하고 있으나, 경우에 따라서는 결과적으로 법률유보원칙에 위반되고, 나아가 침익적인 하위법령의 경우 기본권을 침해하여 위헌이라고 판시하기도 한다.

그러나 일반법규위반이라고 판시하든 헌법위반이라고 판시하든 그 주된 판단기준은 어디까지나 위임법령이므로, 실질적인 헌법판단이 이루어졌다고 보기 어렵다고 생각된다.

"법 제28조 제1항은[1] 수질개선부담금의 부과금액을 먹는샘물판매가액을 기초로 산출하도록 규정하고 있을 뿐, 먹는샘물판매가액을 반드시 제조업자 등의 판매가격을 적용하여 산출하여야 한다고 규정하고 있지 아니할 뿐만 아니라, 나아가 같은 조 제2항은 "제1항의 규정에 의한 부담금의 부과대상, 부과금액, 부과·징수의 방법과 절차 기타 필요한 사항은 대통령령으로 정한다."고 규정함으로써 수질개선부담금의 부과에 관한 일정한 사항을 그 시행령에 위임하고 있으므로, 시행령 제8조 제1항 단서 제1호[2]가 모법의 위임이 없다거나 그의 위임의 범위를 벗어난 것인지의 여부는 법 제28조 제1항의 규정만으로는 명백하다고 할 수 없으며, 수질개선부담금이 공공의 지하수자원의 보호와 먹는 물의 수질개선이라는 특정한 행정목적의 수행을 위하여 그와 특별하고도 긴밀한 관계에 있는 특

1) 구 먹는물관리법(1997. 8. 28. 법률 제5394호로 개정되기 전의 것) 제28조(수질개선부담금의 부과·징수) ① 환경처장관은 공공의 지하수자원을 보호하고 먹는물의 수질개선에 기여하게 하기 위하여 먹는샘물의 제조업자·수입판매업자로부터 먹는샘물판매가액의 100분의 20의 범위 안에서 대통령령이 정하는 률에 따라 수질개선부담금(이하 "부담금"이라 한다)을 부과·징수할 수 있다.

2) 구 먹는물관리법 시행령(1998. 1. 22. 대통령령 제15612호로 개정되기 전의 것) 제8조(수질개선부담금의 부과) ① 법 제28조 제1항의 규정에 의한 먹는샘물판매가액은 먹는샘물제조업자 또는 수입판매업자(이하 "제조업자등"이라 한다)가 판매한 가격에 판매수량을 곱한 금액으로 한다. 다만, 다음 각 호의 1에 해당하는 경우에는 당해 각호의 가격을 적용하여 산출한 금액으로 한다.
1. 제조업자등이 따로 둔 판매자나 특정한 거래처에 통상거래가격보다 현저하게 저렴한 가격으로 거래한 때에는 당해판매자나 거래처의 판매가격

정집단인 제조업자·수입업자 등에 대하여 부과되는 것(법 제28조 제1항 참조)임을 고려하여, 그 부과의 공평을 기하고 부당한 부담금 회피행위를 방지하고자 제조업자 등이 따로 둔 판매자나 특정한 거래처에 통상거래가격보다 현저하게 저렴한 가격으로 거래한 때에는 부담금의 부과금액의 산정기준이 되는 먹는샘물판매가액을 그 취지에 맞게 달리 정할 수 있도록 하기 위하여 법 제28조 제2항에서 그에 관한 사항을 시행령으로 정하도록 위임한 것으로 볼 여지가 있는 점, 종전에는 '먹는샘물'은 그 제조·판매가 식품위생법에 의하여 규제되어 왔는데, 그 국내시판을 제한해 온 보건사회부고시(식품제조업영업허가기준, 1985. 3. 11. 개정된 것)가 당원 1994. 3. 8. 선고 92누1278 판결에 의하여 위헌 무효로 판단됨으로써 먹는샘물의 제조·판매가 사실상 양성화되자, 이에 '먹는 물에 대한 합리적인 수질관리 및 위생관리를 도모함으로써 먹는 물로 인한 국민건강상의 위해를 방지하고, 생활환경의 개선에 이바지함을 목적으로(법 제1조 참조) 이 법이 제정되게 된 사정, 법 제28조 제1항, 제2항과 시행령 제8조 제1항의 법문에 나타나 있는 입법자의 의사, 위 법 제28조 제1, 2항이 1997. 8. 28.에, 위 시행령 제8조 내지 제10조가 1998. 1. 22.에, 각기 개정된 과정과 그 내용 등을 종합해 보면, 시행령 제8조 제1항 단서 제1호는 모법의 위임이 있는 것으로 해석할 수도 있으므로 위 규정을 무효라고 선언하여서는 안 될 것이다. 따라서 그 시행령 조항이 무효라고 한 원심 판단에는 결국 <u>모법의 위임범위를 잘못 해석한 위법</u>이 있다."[3]

---

3) 대법원 2001. 8. 24. 선고 2000두2716 판결[공2001.10.1.(139), 2084] 참조. 구 먹는물관리법(1997. 8. 28. 법률 제5394호로 개정되기 전의 것)상 먹는샘물판매가액을 시행령에서 정하도록 위임한 규정이 없고, 먹는샘물판매가액은 제조업자 등의 판매가격에 그 판매수량을 곱한 금액으로 해석할 수밖에 없음에도, 시행령에서 제조업자 등이 따로 둔 판매자나 특정한 거래처에 현저하게 저렴한 가격으로 먹는샘물을 거래한 때에는 당해 판매자나 거래처의 재판매가격을 적용하여 판매가액을 산출하도록 규정한 것인 모법의 위임없이 국민에게 불리하게 판매가액 산정기준을 확장한 것으로서 무효이고, 따라서 이에 기한 수질개선부담금 부과처분이 위법하다고 한 원심이 위법하나, 통상거래가격보다 현저하게 저렴한 가격으로 거래한 경우로 볼 수 없으므로 판결에 영향이 없다고

“먼저, 이 사건 시행규칙의[4] 근거가 된 직접적인 위임 법률조항인 법 제2조 제3호는,[5] 특정수질유해물질이 사람의 건강 등에 위해를 주는 수질오염물질일 것을 요구하고 있지 않고, 오히려 사람의 건강 등에 직접 또는 간접으로 위해를 줄 우려가 있는 수질오염물질을 특정수질유해물질로 규정할 것을 위임하고 있다. 그렇다면 구리 및 그 화합물이 인체 및 자연생태계에 미치는 잠재적 위험성을 고려하는 한편, 구리 및 그 화합물이 사람의 건강 등에 위해를 줄 기준 수치가 구체적으로 어느 정도인지를 과학적으로 확정하기 어려운 현실적 사정 등도 함께 참작하여, 그 기준 수치를 명시하지 않은 채 구리 및 그 화합물을 특정수질유해물질의 하나로서 이 사건 시행규칙에 규정하였다고 하여 그것이 위 직접적인 위임 법률조항의 위임취지를 벗어난 것으로 단정할 수 없다.

한편, 이 사건 시행규칙은 일정한 경우 폐수배출시설을 설치함에 있어 사전허가를 받도록 규정한 법 제10조 제1항의[6] 의미를 구체화하는 기능을 하고 있다고 보아야 할 것이므로 이 사건 시행규칙의 모법 위반 여부는, 법이 무엇 때문에 허가 제도를 마련하였는지 나아가 법이 과연 사람의 건강 등에 구체적으로 위해가 될 기준 수치를 초과하는 특정수질유해물질이 배출되는 시설만을 허가의 대상으로 삼은 것인지를 살펴야 비로소 가능하다고 할 것이다. 그러므로 살피건대, 모법인 수질환경보전법

하여 상고를 기각한 사안이다.

4) 구 수질환경보전법 시행규칙(2001. 12. 22. 부령 제119호) 제3조(특정수질유해물질) 법 제2조 제3호의 규정에 의한 특정수질유해물질(이하 “특정유해물질”이라 한다)은 별표 2와 같다.
[별표 2] 구리(동) 및 그 화합물

5) 수질환경보전법(2001. 3. 28. 법률 제6451호로 개정된 것) 제2조(정의) 이 법에서 사용하는 용어의 정의는 다음과 같다.
3. “특정수질유해물질”이라 함은 사람의 건강, 재산이나 동·식물의 생육에 직접 또는 간접으로 위해를 줄 우려가 있는 수질오염물질로서 환경부령으로 정하는 것을 말한다.

6) 위 구 수질환경보전법 제10조(배출시설의 설치허가 및 신고)
① 배출시설을 설치하고자 하는 자는 대통령령이 정하는 바에 의하여 환경부장관의 허가를 받거나 환경부장관에게 신고하여야 한다.

은, 모든 국민이 건강하고 쾌적한 환경에서 생활할 수 있게 함을 그 입법목적으로 설정하고 있고, 이를 관철하기 위한 기본적인 수단으로서 '국민건강 및 환경상의 위해의 예방'과 '수질의 적정한 관리 · 보전'을 채택하고 있는 점(법 제1조), …… 등을 종합적으로 고찰하면, 특정수질유해물질이 발생되는 폐수배출시설의 설치 등을 위하여 허가를 받도록 한 목적은, 허가를 받으려고 하는 사업자로 하여금 방지시설을 설치하고 이를 정상가동하도록 하는 방법 등을 통하여 폐수배출시설에서 배출되는 오염물질을 항상 배출허용기준 이하로 처리할 수 있도록 하는 등 수질오염방지를 위한 법령상의 규제 내용을 주지시켜 이를 준수하도록 하는 한편, 허가관청에 대하여는 수질오염을 유발할 우려가 있는 사업체를 미리 파악하여 그 사업체의 위와 같은 의무의 준수 여부를 사전에 파악하고 감독할 계기를 부여함으로써, 그 오염도 및 배출량과 상관없이 특정수질유해물질의 발생 가능성 자체를 그 결과 발생 이전에 실효성 있게 예방하고 관리하고자 하는 데에 있다고 봄이 상당하다고 할 것이고, 이와 달리 특정수질유해물질이 기준 수치 이하로 발생하기만 하면 사업자가 허가를 얻는 과정에서 부담할 법령상의 의무를 준수하였는지 여부를 전혀 문제 삼지 않겠다는 것은 결코 아니라고 보아야 할 것이다. 그렇다면 이 사건 시행규칙이 특정수질유해물질 중 하나로서 구리(동) 및 그 화합물을 규정하면서 그 기준수치를 정하지 않은 것은 앞서 본 모법의 기본적인 입법목적, 폐수배출시설설치의 허가제도에 담긴 취지 등에 부합하는 것으로서, 이를 두고 모법의 위임범위를 벗어났다거나 개인의 자유와 권리를 합리적 근거 없이 자의적으로 제한하는 위헌적이고 위법한 규정이라고는 할 수 없다."[7)]

7) 대법원 2005. 1. 28. 선고 2002도6931 판결[공2005.3.15.(222), 436] 참조. 구리는 자연계 및 생물의 신체조직에 널리 분포되어 있고, 극히 미량의 구리는 사람의 건강 등에 무해할 뿐만 아니라 오히려 생리작용에 필수적임에도, 사람의 건강 등에 위해를 줄 우려가 있는 한계량을 특정하지 않고 구리 및 그 화합물을 특정수질유해물질로 규정한 시행규칙이 법의 위임취지에 벗어날 뿐만 아니라 개인의 자유와 권리를 합리적 근거 없이 자의적으로 제한하여 위헌·위법하

처분 기타 공권력 행사가 법령에 근거가 없거나, 또는 근거법령에 위반된 경우에도 결과적으로는 법률유보원칙에 위반되고, 나아가 그 공권력 행사가 침익적인 경우 기본권을 침해하여 위헌이 된다고 할 것이나, 이와 같은 경우 위헌이라고 판시한 사례를 찾기도 어렵고, 그 주된 판단기준 또한 근거법령이므로, 실질적인 헌법판단이 이루어진 것으로 보기 어렵다.

2. 행정법상의 일반원칙 위반 여부에 대한 판단

(1) 서

행정법은 그 규율대상이 매우 광범위하고 다양하며 수시로 변동하므로 구체적인 법령으로 전부 규율하기는 어렵고 따라서 평등원칙, 비례원칙, 신뢰보호원칙 등 일반 법원칙이 특히 중요한 의미를 가지게 된다. 이들을 행정법의 일반원칙이라고 하는데, 종래 조리(條理)의 내용으로 이해되어 왔으나, 현재는 그 중에서도 평등원칙, 비례원칙, 신뢰보호원칙 등의 경우 헌법에 근거를 둔 것으로 인정되고 있다.

종래 법원에서도 위와 같은 행정법의 일반원칙을 재판규범으로 적용하여 왔지만, 그 법적 근거에 대해서는 명확한 인식이 없어, 당사자가 특별히 '헌법상 평등원칙에 위반된다'는 등 헌법위반 주장을 하는 경우나, 또는 법률이 심판대상인 경우에는 헌법상 원칙 위반 여부를 심판하는 형식을 취하였으나, 그렇지 않은 경우에는 '평등의 원칙에 위반되어 위법하다'는 식으로 마치 일반 법원칙인 것처럼 판시하여 왔다.[8)]

고, 또한 처벌규정의 명확성 원칙 위반으로 위법하여 무효라는 이유로 구리화합물을 무단 배출하였다는 공소사실에 대하여 무죄를 선고한 원심에 대하여, 시행규칙이 명확성 원칙 위반이라고 볼 수 없고 모법의 위임 범위를 벗어났다고 볼 수도 없으나 다만 피고인의 폐수배출시설 자체로부터 구리화합물이 발생되었다고 인정하기 어려우므로 판결에 영향이 없다는 이유로 상고를 기각한 사안이다.

8) "만약 국민의료법이 시행중인 현재에도 주무부장관이 구조선 의료령 제5조 제

그러나 근래 법원은 평등원칙, 비례원칙, 신뢰보호원칙 등이 헌법상 원칙임을 명백히 하고, 그 내용에 있어서도 헌법재판소의 결정을 인용하는 등 헌법 영역에서 발전한 법리들을 수용하는 모습을 보여주고 있으며, 나아가 최근에는 더욱 적극적으로 헌법상 법치국가원리로부터 새로운 행정법의 일반원칙으로 '적법절차의 원칙'을 도출하여 재판규범으로 적용하기도 하였다.

(2) 명령 · 규칙 등 하위법령에 대한 심사

1) 평등원칙

"헌법 제11조 제1항에 근거를 둔 평등원칙은 본질적으로 같은 것을 자의적으로 다르게 취급함을 금지하는 것으로서, 법령을 적용할 때뿐만 아니라 입법을 할 때에도 불합리한 차별취급을 하여서는 안 된다는 것을 뜻하는바, 앞서 본 사정을 종합하여 보면, 위 시행령 제35조 제1항 제3호에서 집단에너지공급시설에 대한 훼손부담금의 부과율을 전기공급시설

3호의 학력 및 적당성의 인정을 할 수 있다고 가정하고 또 소론과 같은 사실이 있다고 한다면 피고의 처사는 평등의 원칙을 무시한 위법의 것이라고 논란할 수 있겠으나 국민의료법 시행이후에 있어서는 의사 면허를 받을 수 있는 권리자는 동법 제13조에 규정된 자와 동법 부칙 제6조에 의하여 동법 시행전 구 조선 의료령 시행 당시 주무부장관으로부터 동조 제5조 제3호의 학력 및 적당성의 인정을 받은 자에 한하며 주무부장관은 구조선 의료령 제5조 제3호에 의한 인정권이 없음으로 우 인정권이 국민의료법 시행 이후도 주무부장관에 있는 것을 전제로 하여 논하는 우 논지 역 이유없고"라고 판시한 대법원 1961. 12. 21. 선고 4293행상16,17,18 판결[집9행, 101], "원고의 이 사건 학위에 대한 신고를 수리하지 아니한 피고의 처분이 그 종전 언동에 어긋나 신뢰보호의 원칙에 반한다는 상고이유 주장은 원심이 인정한 사실관계와 다른 전제에 선 주장으로서 결국 원심의 사실인정을 다투는 것에 불과하여 적법한 상고이유가 될 수 없고, 원고의 이 사건 학위가 법 제27조의 신고대상에 해당한다고 볼 수 없는 이상 종전에 피고가 동일한 학위에 관한 제3자의 신고를 잘못 수리한 바 있다고 하더라도 이를 들어 이 사건 처분이 신뢰보호의 원칙 또는 평등의 원칙에 반하여 위법하다고 할 수 없으며, 사정판결에 관한 주장 역시 피고의 처분이 적법하다고 판단되는 이 사건에서 받아들일 수 없는 주장이다."라고 판시한 대법원 2012. 4. 13. 선고 2010두1460 판결[미간행] 등 참조.

등에 대한 훼손부담금의 부과율인 100분의 20의 다섯 배에 이르는 100분의 100으로 정한 것은, 피고들이 상고이유에서 주장하는 것처럼 집단에너지공급시설과 전기공급시설 등의 사이에 그 공급받는 수요자가 다소 다를 수 있음을 감안한다 하더라도, 부과율에 과도한 차등을 둔 것으로서 합리적 근거 없는 차별에 해당한다. 따라서 위 시행령 제35조 제1항 제3호 중 집단에너지공급시설에 관한 부분은 헌법상 평등원칙에 위배되어 무효이고, 그러한 이상 원고에게 위 규정에 따라 산정된 훼손부담금을 부과한 피고의 이 사건 처분도 위법하다 할 것이다."[9]

2) 비례원칙

"국민의 모든 자유와 권리는 국가안전보장 질서유지 또는 공공복리를 위하여 필요한 경우에 한하여 법률로써 제한할 수 있으며, 제한하는 경우에도 자유와 권리의 본질적인 내용을 침해할 수 없음은 헌법 제37조 제2항(위 고시가 시행될 당시 시행중이던 구 헌법 제35조 제2항도 같다)이 규정하고 있는 바인데, 위 고시는 공익을 위하여 필요한 경우에는 영업 등의

9) 대법원 2007. 10. 29. 선고 2005두14417 전원합의체 판결[공2007하, 1857], 전기공급시설 등에 대하여는 개발제한구역 훼손부담금의 부과율을 100분의 20로 함에 비하여, 집단에너지공급시설에 대하여는 100분의 100으로 규정한 구 개발제한구역의 지정 및 관리에 관한 특별조치법(2006. 6. 15. 대통령령 제19532호로 개정되기 전의 것) 제35조 제1항 제3호에 따른 훼손부담금 부과처분에 대하여 취소소송을 제기된 사안이다.
대법원 2008. 11. 20. 선고 2007두8287 전원합의체 판결[공2008하, 1796] 또한 플라스틱제품의 제조업자에 대하여는 합성수지 투입량을 폐기물부담금의 산출기준으로 하는 것에 비하여 수입업자에 대하여는 아무런 제한 없이 수입가만을 기준으로 하도록 규정한 구 자원의 절약과 재활용촉진에 관한 법률 시행령(2007. 3. 27. 대통령령 제19971호로 개정되기 전의 것) 제11조 [별표 2] 제7호에 따른 폐기물부담금부과처분에 대한 취소소송에서 "이 사건 조항에서 플라스틱제품의 수입업자가 부담하는 폐기물부담금의 산출기준을 제조업자와는 달리 아무런 제한 없이 그 수입가만을 기준으로 한 것은 수입업자를 제조업자에 비하여 과도하게 차등을 둔 것으로서 합리적 이유 없는 차별에 해당한다. 따라서 이 사건 조항 중 '수입의 경우 수입가의 0.7%' 부분은 헌법상 평등원칙을 위반한 입법으로서 무효이고, 그러한 이상 이에 근거하여 산출된 폐기물부담금을 부과한 피고의 이 사건 처분도 위법하다."라고 판시하였다.

허가를 제한할 수 있다는 구 식품위생법의 관계규정에 따라 발하여진 것이므로, 보존음료수제조업의 허가를 제한할 수 있는 법률상의 근거는 있다고 할 것이지만, 위 고시가 국민의 기본권을 제한하는 것으로서 국가안전보장 질서유지 또는 공공복리를 위하여 필요한 것이 아니거나, 또는 필요한 것이라고 하더라도 국민의 자유와 권리를 덜 제한하는 다른 방법으로 그와 같은 목적을 달성할 수 있다든지, 위와 같은 제한으로 인하여 국민이 입게 되는 불이익이 그와 같은 제한에 의하여 달성할 수 있는 공익보다 클 경우에는 이와 같은 제한은 비록 자유와 권리의 본질적인 내용을 침해하는 것이 아니더라도 헌법에 위반되는 것임을 면할 수 없는 것이므로,"[10]

"수산자원보호령 제17조 제1항 [별표 12]에 의한 근해어업의 조업구역과 허가의 정수 제한은 수산자원의 번식보호와 어업조정을 통하여 수산업의 균형 있는 발전을 도모하기 위한 것으로서 그 목적이 정당하고, 그 목적 달성을 위하여 적절하고 필요한 수단이라 할 것이며, 이러한 제한으로 인하여 보호하려는 공익과 침해되는 사익 사이에 불균형이 발생한다고 할 수 없으므로, 위 [별표 12]가 비합리적 차별을 발생시켜 헌법상 평등원칙에 위반한다거나, 과잉금지의 원칙 내지 비례의 원칙에 반하여 직업선택의 자유에 관한 헌법의 기본권을 침해한다고 할 수 없다."[11]

3) 신뢰보호원칙

"우리 헌법이 기본원리로 삼고 있는 법치주의는 단순히 국민의 권리·의무에 관한 사항을 법률로써 정해야 한다는 형식적 법치주의에 그치는 것이 아니라, 그 법률의 목적과 내용이 기본권보장의 헌법이념에 부합되어야 한다는 실질적 법치주의를 지향하는 것이고, 이러한 실질적 법치주의의 실현을 위하여는 국가작용이 법률에 근거하여 행하여져야 한다는 것 못지않게 그 과정에 있어서 법적 안정성 또한 중요하게 고려되어

---

10) 대법원 1994. 3. 8. 선고 92누1728 판결[공1994.5.1.(967), 1195] 참조.
11) 대법원 2006. 11. 23. 선고 2006두12463 판결[공2007.1.1.(265), 62] 참조.

야 한다.

이와 같은 실질적 법치주의의 원리는 형벌법규의 소급효 금지, 일사부재리 내지 이중처벌의 금지, 소급입법에 의한 재산권 박탈 금지 등을 규정하고 있는 헌법 제13조가 전형적으로 이를 구현하고 있는바, 이러한 명시적인 규정이 있는 경우뿐만 아니라 기존 법질서에 대하여 국민의 합리적이고 정당한 신뢰가 형성되어 있는 경우 이를 적절한 범위에서 보호하여야 한다는 이른바 신뢰보호의 원칙 역시 같은 이유에서 우리 헌법의 기본원리인 법치주의 원리에 속하는 것이라고 할 것이다. 즉, 어떤 법령이 장래에도 그대로 존속할 것이라는 합리적이고 정당한 신뢰를 바탕으로 국민이 그 법령에 상응하는 구체적 행위로 나아가 일정한 법적 지위나 생활관계를 형성하여 왔음에도 국가가 이를 전혀 보호하지 않는다면, 법질서에 대한 국민의 신뢰는 무너지고 현재의 행위에 대한 장래의 법적 효과를 예견할 수 없게 되어 법적 안정성이 크게 저해된다 할 것이므로, 입법자는 법령을 개정함에 있어서 이와 같은 신뢰를 적절하게 보호하는 조치를 취함으로써 법적 안정성을 도모하여야 한다는 것이 법치주의의 원리가 요청하는 바이라 할 것이다. 물론 이러한 신뢰보호는 절대적이거나 어느 생활영역에서나 균일한 것은 아니고 개개의 사안마다 관련된 자유나 권리, 이익 등에 따라 보호의 정도와 방법이 다를 수 있으며, 새로운 법령을 통하여 실현하고자 하는 공익적 목적이 우월한 때에는 이를 고려하여 제한될 수 있다.

그러므로 법령의 개정에 있어서 구 법령의 존속에 대한 당사자의 신뢰가 합리적이고도 정당하며, 법령의 개정으로 야기되는 당사자의 손해가 극심하여 새로운 법령으로 달성하고자 하는 공익적 목적이 그러한 신뢰의 파괴를 정당화할 수 없다면, 입법자는 경과규정을 두는 등 당사자의 신뢰를 보호할 적절한 조치를 하여야 하며, 이와 같은 적절한 조치 없이 새 법령을 그대로 시행하거나 적용하는 것은 허용될 수 없다 할 것인바, 이는 앞서 본 바와 같이 헌법의 기본원리인 법치주의 원리에서 도출되는 신뢰보호의 원칙에 위배되기 때문이다. 이러한 신뢰보호 원칙의 위배 여부를 판단하기 위하여는 한편으로는 침해받은 이익의 보호가치, 침해의 중한 정도, 신뢰가 손상된 정도, 신뢰침해의 방법 등과 다른 한편으로는 새 법령을 통해 실현하고자 하는 공익적 목적을 종합적으로 비교·형량하여야 할 것이다(헌법재판소 2002. 11. 28. 선고 2002헌바45 전원재판부 결정 등 참조)."[12)]

이와 같이 법원은 평등원칙, 비례원칙, 신뢰보호원칙 등을 명령·규칙 등 하위법령에 대한 심사기준으로 삼고 있으며, 그것이 헌법에 근거를 둔 헌법상 원칙임을 분명히 하고 있다. 그 원칙의 내용 또한 헌법재판소의 결정을 인용하는 등으로 헌법재판소와 거의 유사하다.[13)]

다만, 변리사 제1차시험의 합격의 기준을 절대평가에서 상대평가에 의하는 것으로 개정하면서 이를 공포한 날부터 시행되도록 규정한 변리사법 시행령 부칙 규정은 헌법상 신뢰보호원칙에 위반되어 무효라고 본 세 번째 판결의 다수의견에 관하여는, 이 사안에서 문제되는 신뢰보호의 원칙은 법률상 원칙에 불과하다는 취지의, 반대의견에 대한 보충의견이 제시된 바 있다.

"6. 대법관 김용담의 반대의견에 대한 보충의견은 다음과 같다.

……

(2) 어떤 제도의 창설이나 유지·변경 또는 폐지 그 자체에 대한 기대 또는 신뢰가 헌법상의 기대 또는 신뢰로서 보호되려면, 그 제도의 창설이나 유지·변경 또는 폐지가 헌법으로부터 직접적으로 기대되고 신뢰되

---

12) 대법원 2006. 11. 16. 선고 2003두12899 전원합의체 판결[집54(2)특, 311] 참조.

13) 비례의 원칙과 관련하여, 규범통제에 있어서는 기본적으로 대법원 판결과 헌법재판소 결정의 논증방식에 있어 본질적인 차이는 발견되지 않으며, 단지 헌법재판소 결정에서는 비례원칙이 위헌심사기준으로서 전면에 등장함으로써 결정의 설득력을 높이기 위한 자세한 논증이 필요한 반면에, 대법원 판결에서의 비례원칙은 구체적인 사실관계에 기초하여 다른 위법사유와 아울러 판단되어야 할 요소일 뿐이므로 논증이 비교적 간단하다는 정도의 차이가 있을 뿐이라는 취지로, 김태호, 행정법상 비례의 원칙－대법원 판례를 중심으로－, 공법연구 제37집 제4호(2009. 6.), 108면 참조.

어야 할 것이고, 헌법 이외의 법령에 의하여 비로소 마련된 제도라면 그 제도의 창설이나 유지 · 변경 또는 폐지에 대한 기대와 신뢰의 문제도 원칙적으로 그 법령상의 문제라고 할 것이다. 따라서 이 사건과 같이 법률에 의하여 마련된 제도에 관하여 법률에 의하여 그 시행을 위임받은 명령 · 규칙 · 조례가 그 시행방법을 변경하는 것은 우선적으로 법률의 문제로 다루어야 하고 헌법의 문제로 다룰 것은 아니다.

다수의견은 …… 그 당사자의 신뢰의 연원이 헌법으로부터 유래한 것인지를 묻지 않고, 법률이나 명령 · 규칙 심지어 조례에서 유래한 것일지라도 모두 헌법위반의 문제로 치환해 버리는 듯한 태도를 취하고 있다. 그러나 이러한 태도는 앞에서 지적한 바와 같이 사법권과 헌법재판소의 재판권의 경계를 허물어버리는 것으로 결코 용인될 수 없는 것이다.

종래에도 명령 · 규칙상의 신뢰보호의 문제는 법률문제로 다루어져 왔을 뿐이며, 이를 헌법문제로 다루려는 시도는 사법권침해의 문제와도 연결될 수 있음을 지적해 두고 싶다.

(3) 특히 다수의견은 이 사건에서 개정 시행령 부칙의 시행시기만을 문제 삼고 있는바, 법령 등 공포에 관한 법률 제13조의2에 의하면 "국민의 권리제한 또는 의무부과와 직접 관련되는 법률 · 대통령령 · 총리령 및 부령은 긴급히 시행하여야 할 특별한 사유가 있는 경우를 제외하고는 공포일로부터 적어도 30일이 경과한 날로부터 시행되도록 하여야 한다."고 규정되어 있으므로, 개정 시행령 부칙의 효력 여부는 이 법률의 범위 내에서 다루어야 할 문제로서 헌법문제가 아니라 법률문제인 것이다.

나. 이 사건에서 개정 시행령의 시행시기에 관하여 사법이 간여하는 점에 대하여

……

(2) 개정법령의 시행시점을 정하는 권한은 법령개정권자에게 있다. 개정법령의 시행시점을 정하는 법령개정권자의 권한은 개정법령의 범위와 내용을 정하는 권한과 표리를 이루는 것이며 입법권(헌법 제40조)과 명령·규칙제정권(헌법 제75조, 제95조)의 당연한 내용이다.

특히 법령의 내용이 아닌 시행시기는, 각 법령의 부칙에 의하여 공포한 날로부터 시행하도록 정하고 있는 것이 보통이고, 국민의 권리제한 또는 의무부과와 직접 관련되는 법률 · 대통령령 · 총리령 및 부령은 앞에서 본 바와 같이 공포일로부터 적어도 30일이 경과한 날로부터 시행되도록 하여야 하며, 그 시행시기를 정하는 특별한 규정이 없다면 법률이나 대통령령·총리령 및 부령은 공포한 날로부터 20일을 경과함으로써 효력을 발생하는 것으로 헌법과 법률에 명시되어 있다(헌법 제53조 제7항, 법령 등 공포에 관한 법률 제13조, 제13조의2). 뿐만 아니라 국회와 행정부는 이에 덧붙여 법령의 제 · 개정시에 예측하지 못한 피해의 방지를 위하여 입법예고(국회법 제82조의2), 행정예고(행정절차법 제46조) 등의 제도를 시행하고 있으며, 입법예고는 국회규칙으로 정한 방법과 절차에 따라, 행정예고기간은 예고내용의 성격 등을 고려하여 정하되 특별한 사정이 없는 한 20일 이상으로 하도록 한 규정에 따라 각 그 절차를 이천하도록 함으로써, 나름대로 법령의 시행이 빨라지거나 늦어지지 않도록 제도적 장치를 두고 있다. 따라서 이러한 절차를 거친 법령의 시행시기를 정하는 것은 국회나 행정부의 재량에 맡겨진 사항으로서, 법령의 시행시점에 관한 사법심사가 배제되는 것은 아니지만, 법령의 시행시기와 관련한 사법권 간섭의 여지는 그만큼 축소되어 있다고 보지 않으면 안 되며 법령개정권의 한계를 명백히 일탈한 경우에만 사법심사가 정당화될 수 있을 것이다.

(3) 요즘 들어 사법적극주의가 법원이 지향하여야 할 하나의 이념인 것처럼 회자되는 경우가 있으나, 권력이 분립되어 있고 법령문언의 의미내용이 비교적 명료한 성문법국가에서는 사법적극주의가 오히려 명백한 법령의 문언을 애매하게 희석시켜 법치를 해치고 다른 권력을 침해할 우려가 있으므로 사법권의 행사는 이러한 측면까지 고려하여 신중하게 행해져야 할 것이라고 생각한다."

위 반대의견에 대한 보충의견은, 신뢰가 헌법으로부터 직접 근거하는 경우 헌법문제, 법률에서 근거하는 경우에는 법률문제로 구분하면서,

마치 헌법상 원칙으로서의 신뢰보호원칙과 일반 법원칙으로서의 신뢰보호원칙이 별도로 존재하는 것처럼 설시하고 있다. 그리하여 해당 사안의 변리사시험의 상대평가제가 법령에 근거를 둔 제도에 불과한 이상 일반 법원칙으로서의 신뢰보호원칙 위반 여부나, 법령의 시행시기에 관한 법령 등 공포에 관한 법률에 배치되는지 여부의 문제만이 발생한다는 것이다.

그러나 다수의견과 같이 헌법상 실질적 법치주의 원리에서 신뢰보호원칙이 파생된다고 보는 이상 이는 헌법에 근거를 둔 헌법상 원칙으로서, 별도로 신뢰가 헌법에 직접 근거를 두어야 하는 것은 아니라고 생각된다.[14] 다만 헌법문제와 법률문제의 구분이 법원과 헌법재판소의 권한범위의 설정과 관계가 있고, 헌법심사는 사법적극주의와 연관성을 가진다는 점을 지적하고 있는 것은 유의미하다고 생각된다.

(3) 처분 기타 공권력 행사에 대한 심사

1) 평등의 원칙, 비례의 원칙 및 신뢰보호의 원칙

"징계권의 행사가 임용권자의 재량에 맡겨진 것이라고 하여도 공익적 목적을 위하여 징계권을 행사하여야 할 공익의 원칙에 반하거나, 일반적으로 징계사유로 삼은 비행의 정도에 비하여 균형을 잃은 과중한 징계처분을 선택함으로써 이른바 비례의 원칙에 위반하거나 또는 합리적인 사유없이 같은 정도의 비행에 대하여 일반적으로 적용하여 온 기준과 어긋나게 공평을 잃은 징계처분을 선택함으로써 이른바 평등의 원칙에 위반한 경우에 이러한 징계처분은 재량권의 한계를 벗어난 처분으로서 위

---

14) 위 반대의견에 대한 보충의견은 결국 신뢰보호원칙이 헌법상 명시적인 근거를 가지고 있지 못하다는 것에서 비롯한 것이나, 신뢰보호원칙은 과잉금지원칙과 함께 법치국가의 구성요소이며, 헌법 제37조 제2항이 과잉금지의 원칙을 단순히 확인하는 의미를 가지는 것과 마찬가지로 신뢰보호원칙 또한 법치국가의 구성요소로서 법률적 효력만을 갖는데 불과하다고 볼 수 없으므로, 다수의견이 신뢰보호원칙을 헌법상 원칙으로 본 것은 전적으로 타당하다는 취지로, 김성수, 헌법은 존속하고 행정법은 변화한다, 헌법재판소·한국공법학회·콘라드아데나워재단 주최 2013년 공동 국제학술대회 자료집, 96면 참조.

법하다고 보게 된다."[15]

"재량행위에 있어서는 관계 법령에 명시적인 금지규정이 없는 한 행정목적을 달성하기 위하여 부관을 붙일 수 있으며, 그 부관의 내용이 이행가능하고 비례의 원칙 및 평등의 원칙에 적합하며 행정처분의 본질적 효력을 저해하지 아니하는 한도 내의 것인 이상 거기에 부관의 한계를 벗어난 위법이 있다고 할 수 없다,"[16]

"일반적으로 행정상의 법률관계 있어서 행정청의 행위에 대하여 신뢰보호의 원칙이 적용되기 위하여는, 첫째 행정청이 개인에 대하여 신뢰의 대상이 되는 공적인 견해표명을 하여야 하고, 둘째 행정청의 견해표명이 정당하다고 신뢰한 데에 대하여 그 개인에게 귀책사유가 없어야 하며, 셋째 그 개인이 그 견해표명을 신뢰하고 이에 어떠한 행위를 하였어야 하고, 넷째 행정청이 위 견해표명에 반하는 처분을 함으로써 그 견해표명을 신뢰한 개인의 이익이 침해되는 결과가 초래되어야 하며(생략), 어떠한 행정처분이 이러한 요건을 충족할 때에는, 공익 또는 제3자의 정당한 이익을 현저히 해할 우려가 있는 경우가 아닌 한, 신뢰보호의 원칙에 반하는 행위로서 위법하게 된다고 할 것이다."[17]

이와 같이 법원은 징계처분, 계획재량 등 재량행위의 하자, 부관의 내용적 한계 등을 판단함에 있어서 평등원칙 또는 비례원칙 등을 위반한 경우 재량권의 남용으로서 위법 또는 위법한 부관이라는 등의 판례를 발전시켜 왔다. 또한 법원은 처분 기타 공권력 행사의 위법 여부 판단과 관련하여 신뢰보호원칙을 행정법상의 일반원칙으로 인정하고 그 요건을 구체화하여 왔다.

---

15) 대법원 1985. 1. 29. 선고 84누516 판결[집33(1)특, 204; 공1985.3.15.(748), 384] 등 참조.
16) 대법원 1998. 10. 23. 선고 97누164 판결[공1998.12.1.(71), 2787] 등 참조.
17) 대법원 1998. 5. 8. 선고 98두4061 판결[공1998.6.15.(60), 1644] 등 참조.

여기서 법원은 평등원칙 등이 헌법상 원칙인지, 일반 법원칙인지 여부를 명시하고 있지 않으나, 이를 헌법상 원칙으로 보든 일반 법원칙으로 보든 적어도 법적 효과 면에서 차이가 없으므로 이에 특별히 주의를 기울이지 않고 법리를 발전시켜 온 결과라고 보이고, 일부 사건에서 처분 등 공권력행사의 심사기준이 되는 평등원칙이나 비례원칙이 헌법상 원칙임을 분명히 하고 있을 뿐만 아니라,[18] 신뢰보호원칙과 관련하여서도 앞서 본바와 같이 하위법령에 대한 심사에서 신뢰보호원칙이 헌법상 법치주의 원리에서 나온다고 판시한 이상,[19] 처분 기타 공권력 행사에 대하여도 마찬가지라고 하여야 할 것이다.

다만 처분 기타 공권력 행사에 대한 심사에 있어서는 사실의 인정과 평가, 일반법규의 해석과 적용 등을 모두 심리하는 법원 재판의 특성 등으로 인하여 대체로 그 설시가 간결하고, 평등원칙과 비례원칙 위반 여부 등을 한꺼번에 판단하는 경우가 많을 뿐이다.[20]

2) 적법절차의 원칙

"2. 납세고지의 하자에 관한 상고이유에 대하여

---

18) "원심이 이 사건 토지는 언제나 건축이 가능한 택지로서 개발할 필요가 없다는 원고들의 주장을 배척하고 원판시 이 사건 택지개발예정지구변경지정처분과 개발계획승인처분이 위법하다고 할 수 없다고 판단한 것은 정당하고 거기에 소론과 같은 재량권의 범위 및 헌법상의 평등의 원칙에 관한 법리오해의 위법이 없다."라고 판시한 대법원 1989. 11. 28. 선고 89누4635 판결[공1990.1.15(864), 170], 계획재량에 대한 통제와 관련하여 "여기서 비례의 원칙(과잉금지의 원칙)이란 어떤 행정목적을 달성하기 위한 수단은 그 목적달성에 유효·적절하고 또한 가능한 한 최소침해를 가져오는 것이어야 하며 아울러 그 수단의 도입으로 인한 침해가 의도하는 공익을 능가하여서는 아니된다는 헌법상의 원칙을 말하는 것인데,"라고 판시한 대법원 1997. 9. 26. 선고 96누10096 판결[공1997.11.1.(45), 3301] 등 참조.

19) 위 2003두12899 전원합의체 판결 등 참조.

20) 법원 실무에 나타난 비례원칙은 대체로 협의의 비례원칙을 중심으로 비교적 간단한 논증방식을 거치고 있고, 비례원칙만을 기준으로 판단한 사례보다는 평등원칙이나 신뢰보호원칙 등과 같은 다른 일반 원칙들과 함께 포괄적으로 판단되는 것으로 평가할 수 있다는 취지로, 김태호, 전게논문, 112면 참조.

가. 납세고지서에 기재되어야 할 사항에 관하여 본다.

(1) 헌법상 적법절차의 원칙은 형사소송절차뿐만 아니라 국민에게 부담을 주는 행정작용에서도 준수되어야 하므로, 그 기본 정신은 과세처분에 대해서도 그대로 관철되어야 한다. 행정처분에 처분의 이유를 제시하도록 한 행정절차법이 과세처분에 직접 적용되지는 않지만(행정절차법 제3조 제2항 제9호, 행정절차법 시행령 제2조 제5호), 그 기본 원리가 과세처분의 장면이라고 하여 본질적으로 달라져서는 안 되는 것이고 이를 완화하여 적용할 하등의 이유도 없다.

우리 조세법은 과세처분의 납세고지서에 어떤 내용을 담아야 하는지 등 그 형식에 관하여 국세기본법 등에 통칙적인 규정을 두고 있지는 않다. …… 이러한 국세징수법과 개별 세법의 납세고지에 관한 규정들은 헌법상 적법절차의 원칙과 행정절차법의 기본 원리를 과세처분의 영역에도 그대로 받아들여, 과세관청으로 하여금 자의를 배제한 신중하고도 합리적인 과세처분을 하게 함으로써 조세행정의 공정을 기함과 아울러 납세의무자에게 과세처분의 내용을 자세히 알려주어 이에 대한 불복 여부의 결정과 불복신청의 편의를 주려는 데 그 근본취지가 있으므로, 이 규정들은 강행규정으로 보아야 한다. 따라서 납세고지서에 해당 본세의 과세표준과 세액의 산출근거 등이 제대로 기재되지 않았다면 특별한 사정이 없는 한 그 과세처분은 위법하다는 것이 판례의 확립된 견해이다(생략).

판례는 여기에서 한발 더 나아가 설령 부가가치세법과 같이 개별 세법에서 납세고지에 관한 별도의 규정을 두지 않은 경우라 하더라도 해당 본세의 납세고지서에 국세징수법 제9조 제1항이 규정한 것과 같은 세액의 산출근거 등이 기재되어 있지 않다면 그 과세처분은 적법하지 않다고 한다(생략). 말하자면 개별 세법에 납세고지에 관한 별도의 규정이 없더라도 국세징수법이 정한 것과 같은 납세고지의 요건을 갖추지 않으면 안 된다는 것이고, 이는 적법절차의 원칙이 과세처분에도 적용됨에 따른 당연한 귀결이다.

같은 맥락에서, 하나의 납세고지서에 의하여 복수의 과세처분을 함께 하는 경우에는 과세처분별로 그 세액과 산출근거 등을 구분하여 기재함으로써 납세의무자가 각 과세처분의 내용을 알 수 있도록 해야 하는 것 역시 당연하다고 할 것이다(대법원 2002. 11. 13. 선고 2001두1543 판결 등 참조).

(2) 위와 같은 법리를 전제로 가산세 부과처분의 납세고지 방식에 관하여 본다.

가산세 부과처분에 관해서는 국세기본법이나 개별 세법 어디에도 그 납세고지의 방식 등에 관하여 따로 정한 규정이 없다. 그러나 가산세는 비록 본세의 세목으로 부과되기는 하지만(국세기본법 제47조 제2항 본문), 그 본질은 과세권의 행사와 조세채권의 실현을 용이하게 하기 위하여 세법에 규정된 의무를 정당한 이유 없이 위반한 납세의무자 등에게 부과하는 일종의 행정상 제재라는 점에서(생략) 적법절차의 원칙은 더 강하게 관철되어야 한다.

더욱이 가산세는 본세의 세목별로 그 종류가 매우 다양할 뿐 아니라 부과기준 및 산출근거도 제각각이다. …… 따라서 납세고지서에 가산세의 산출근거 등이 기재되어 있지 않으면 납세의무자로서는 무슨 가산세가 어떤 근거로 부과되었는지 파악하기가 쉽지 않은 것이 보통일 것이다. 이와 같은 점에 비추어 보면, 납세고지에 관한 국세징수법 제9조 제1항의 규정이나 상속증여세법 제77조 등 개별 세법의 규정 취지는 가산세의 납세고지에도 그대로 관철되어야 마땅하다.

한편 본세의 부과처분과 가산세의 부과처분은 각 별개의 과세처분인 것처럼(대법원 2005. 9. 30. 선고 2004두2356 판결 등 참조), 같은 세목에 관하여 여러 종류의 가산세가 부과되면 그 각 가산세 부과처분도 종류별로 각각 별개의 과세처분이라고 보아야 한다. 따라서 하나의 납세고지서에 의하여 본세와 가산세를 함께 부과할 때에는 납세고지서에 본세와 가산세 각각의 세액과 산출근거 등을 구분하여 기재해야 하는 것이고, 또 여러 종류의 가산세를 함께 부과하는 경우에는 그 가산세 상호 간에도 종류별로 세액과 산출근거 등을 구분하여 기재함으로써 납세의무자가 납세고지서 자체로 각 과세처분의 내용을 알 수 있도록 하는 것이 당연한 원칙이다. 여러 종류의 가산세를 함께 부과하면서, 납세고지서에 산출근거는 물론 종류조차도 따로 밝히지 않고 단지 가산세의 합계액만을 기재하고는, 납세의무자가 스스로 세법 규정을 잘 살펴보면 무슨 가산세가 부과된 것이고 산출근거가 어떻게 되는지를 알아낼 수 있다고 하는 것으로 그 기재의 흠결을 정당화할 수는 없다. 과세처분의 상대방인 납세의무자에게 알아서 법전을 찾아보라고 할 행정편의적인 발상이 법치의 광장에서 용인되어서는 안 된다.

그러나 지금까지 가산세 부과처분을 하는 실무의 방식은 달랐다. 가산세는 본세와 함께 부과하면서 세액만 병기하고, 더구나 가산세의 종류가 여러 가지인 경우에도 그 합계액만 표시하는 것이 오랜 과세관행처럼 되어 있었다. 하지만 가산세라고 하여 적법절차 원칙의 법정신을 완화하여 적용할 합당한 근거는 어디에도 없다. 가산세 역시 본세와 마찬가지 수준으로 그 형식과 내용을 갖추어 세액의 산출근거 등을 밝혀서 고지하여야 하고, 납세고지서를 받는 납세의무자가 따로 법률 규정을 확인하거나 과세관청에 문의해 보지 않고도 무슨 가산세가 부과되었고 세액이 그렇게 된 산출근거가 무엇인지 알 수 있도록 해야 한다. 가산세는 통상 본세와 함께 부과되고 가산세의 과세표준은 본세의 세액이나 과세표준 등을 기초로 산출되는 경우가 많으므로, 가산세의 산출근거 등을 납세고지서에 밝혀 표시하도록 한다고 하여 과세관청의 부담이 감내할 수 없을 정도로 늘어나는 것도 아니다. 그러므로 가산세 부과처분이라고 하여 그 종류와 세액의 산출근거 등을 전혀 밝히지 않고 가산세의 합계액만을 기재한 경우에는 그 부과처분은 위법함을 면할 수 없다."[21]

---

21) 대법원 2012. 10. 18. 선고 2010두12347 전원합의체 판결[공2012하, 1945] 참조. 과세관청이 신고불성실가산세와 납부불성실가산세를 부과하면서 위 각 가산세를 종류별로 구분하지 아니하고 산출근거도 기재하지 않은 채 합계액만을 본세액과 별도로 기재하여 납세고지를 하였는데, 본세의 과세표준이 기재되어 있고 관련 법령상 가산세율 및 세액의 산출방식이 구체적으로 규정되어 있어 그 산출근거를 쉽게 파악할 수 있다는 이유로 위 납세고지가 위법하지 않다고

위와 같이 최근 대법원은 헌법상 적법절차의 원칙을 기준으로 종류와 세액의 산출근거 등을 전혀 밝히지 않고 합계액만 기재한 가산세 부과처분에 대한 심사를 한바 있다.

대법원은 처분의 이유제시와 관련하여 행정절차법 제정 이전에도 허가 등의 취소처분에는 그 근거가 되는 법령이나 취소권 유보의 부관 등을 명시하여야 하고 나아가 처분을 받은 자가 어떠한 위반사실에 대하여 당해 처분이 있었는지를 알 수 있을 정도의 사실의 적시를 요한다는 취지의 판례를 발전시켜 왔으나,[22] 그 근거가 무엇인지 분명히 밝히지 아니하였는바, 조리에 근거한 것으로 본 것으로 여겨진다.[23]

그런데 위 판결에서 대법원은 적법절차의 원리를 헌법상 법치국가원리로부터 도출되는 행정법의 일반원칙으로 보아 이를 근거로 처분에 대한 심사를 행하였다. 헌법재판소는 적법절차의 원리를 헌법원리로서 형식적인 절차뿐만 아니라 실체적 법률내용이 합리성과 정당성을 갖춘 것이어야 한다는 실질적인 의미로 확대 해석하고 있으며, 형사소송절차에 국한하지 않고 모든 국가작용에 대해서 적용된다고 보고 있기는 하나,[24] 행

한 원심을, 위 납세고지가 헌법상 적법절차 원칙에 위반된다는 이유로 파기한 사안이다.

22) 대법원 1984. 7. 10. 선고 82누551 판결[공1984.10.1.(737), 1483], 대법원 1987. 5. 26. 선고 86누788 판결[공1987.7.15.(804), 1092], 대법원 1990. 9. 11. 선고 90누1786 판결 [공1990.11.1.(883), 2102] 등 참조.

23) "면허의 취소처분에는 그 근거가 되는 법령이나 취소권 유보의 부관 등을 명시하여야 함은 물론 처분을 받은 자가 어떠한 위반사실에 대하여 당해 처분이 있었는지를 알 수 있을 정도로 사실을 적시할 것을 요하며 이와 같은 취소처분의 근거와 위반사실의 적시를 빠뜨린 하자는 피처분자가 처분 당시 그 취지를 알고 있었다거나 그 후 알게 되었다하여도 치유될 수 없다고 할 것이다(생략). 왜냐하면 면허 등의 취소처분에 그 결정이유를 명시토록 하는 취지는 행정청의 자의적 결정을 배제하고 이해관계인으로 하여 행정구제절차에 적절히 대처할 수 있게 하기 위한 때문이다."라고 판시한 위 90누1786 판결 등 참조. 위반사실의 일시와 장소 및 그 상대방 등에 관하여 아무런 적시가 없이 일반주류판매업 면허를 취소한 처분이 위법하다고 보아 이를 취소한 원심이 정당하다고 판단한 사안이다.

24) 헌재 1992. 12. 24. 92헌가8, 판례집 4, 853, 876－877 등 참조.

정의 영역에서 이를 구체화시키고 있지는 않았는데, 법원에서 이를 행정법상의 일반원칙으로 인정하여 처분에 대한 심사기준으로 삼은 것이다.

(4) 소 결

법원은 종래 행정법 영역에서 심사기준으로 작용하던 행정법상의 일반원칙인 평등원칙, 비례원칙, 신뢰보호원칙의 근거가 헌법에 있음을 분명하게 밝히면서 헌법재판소의 결정례를 인용하는 등으로 헌법 영역에서 발전한 헌법에 관한 법리를 수용하고 있다. 더 나아가 헌법에 근거하여 적극적으로 적법절차의 원칙과 같은 새로운 행정법의 일반원칙을 인정하고 이를 심사기준으로 적용하기도 하였다.

이는 법원이 헌법재판소를 의식하여 법원이 헌법 제107조 제2항이 규정한 명령·규칙에 대한 위헌심사권한을 실질적으로 행사하고 있음을 보여주고, 더 나아가 법원이 위헌성심사기관으로서의 위상을 인정받고자 한데 기인한다고 생각되고, 이에 대해서는 헌법재판소와 법원의 긴장과 갈등관계로 인하여 국민의 권리구제의 폭을 넓혀 왔다는 긍정적인 평가가 가능할 것이다.[25]

Ⅲ. 사법 영역에서의 헌법 판단

1. 서

법원은 기본권의 대사인효와 관련하여, 학계의 다수설과 마찬가지로 간접효력설을 원칙으로 하면서 예외적인 경우 직접 효력이 인정될 수 있다고 보고 있다. 따라서 민법 등이 규율하는 사법 영역에 있어서도 원칙적으로 일반조항을 매개로 헌법판단이 이루어진다고 할 수 있다.

25) 김성수, 전게논문, 81면 참조.

그런데 법원이 이와 같은 입장을 명시적으로 밝히기 전부터, 법원은 민법 등 사법을 해석함에 있어서 헌법의 영향을 고려하기도 하고, 관습법에 대하여 헌법을 근거로 하여 사실상의 위헌심사를 하기도 하였다. 나아가 사인 간 법률행위를 해석함에 있어서도 헌법의 영향을 고려하기도 하였다.[26]

아래에서는 사법 영역에서 법원의 헌법판단이 이루어진 대표적인 사례들을 (1) 헌법의 영향을 고려한 법률의 해석, (2) 관습법에 대한 사실상의 위헌심사, (3) 일반조항을 매개로 한 헌법판단, (4) 법률행위의 해석을 통한 헌법판단으로 나누어 살펴본다.

2. 헌법의 영향을 고려한 법률해석

성전환자의 성별정정 사건

"현행 호적법에는 출생시 호적에 기재된 성별란의 기재를 위와 같이 전환된 성에 따라 수정하기 위한 절차 규정이 따로 마련되어 있지 않다. 그러나 진정한 신분관계가 호적에 기재되어야 한다는 호적의 기본원칙과 아울러 아래에서 보는 여러 사정을 종합하여 보면, 위와 같이 성전환자에 해당함이 명백한 사람에 대하여는 호적정정에 관한 호적법 제120조의 절차에 따라 호적의 성별란 기재의 성을 전환된 성에 부합하도록 수정할 수 있도록 허용함이 상당하다.

(1) 성전환자도 인간으로서의 존엄과 가치를 향유하며 행복을 추구할 권리와 인간다운 생활을 할 권리가 있고 이러한 권리들은 질서유지나 공공복리에 반하지 아니하는 한 마땅히 보호받아야 한다(헌법 제10조, 제34조 제1항, 제37조 제2항). 지속적인 성적 귀속감의 형성, 의학적 치료와 나

26) 이론적으로는 법률행위의 해석에 있어서도 신의성실의 원칙 또는 조리(條理)가 그 기준이 되는바, 이를 매개로 헌법의 해석·적용이 이루어진 것으로 보아야 할 것이다. 곽윤직·김재형, 제9판 민법총칙(민법강의Ⅰ), 박영사, 2013, 295-303면 참조.

아가 수술을 통하여 전환된 성에 부합하는 성기와 신체 및 외관을 갖추고 사회적인 역할도 그와 동일하게 수행하고 있어 사회통념상 전환된 성을 가진 자로 인식되어 법률적으로 전환된 성으로 평가될 수 있는 성전환자임이 명백함에도 불구하고, 막상 호적의 성별란 기재는 물론 이에 따라 부여된 주민등록번호가 여전히 종전의 성을 따라야 한다면 사회적으로 비정상적인 사람으로 취급되고 취업이 제한됨으로써 결국 이들의 헌법상 기본권이 침해될 우려가 있다고 할 것이다. 한편 성전환자의 호적이 정정됨으로써 그 개인이 주변의 멸시 및 신분상의 불이익에서 벗어나서 정상적인 사회구성원으로 받아들여지고 전환된 성에 따라 법률적인 지위를 인정받고 사회적인 활동을 할 수 있는 등 장래에 향유하게 될 이익은 사회적 혼란의 방지 등 호적정정을 불허함으로써 얻어지는 공공의 이익에 비하여 현저히 크다고 할 것이다. 그런데도 법령상 절차규정의 미비를 이유로 성전환자임이 명백한 사람에 대한 호적의 정정을 허용하지 않는다면 위 헌법정신을 온전히 구현할 수 없게 된다고 할 것이다. …… 그런데도 원심은 성전환자에 대한 호적정정을 허용할 근거가 없다는 등의 이유로 이 사건 신청을 배척하였는바, 이러한 원심결정에는 헌법과 호적법의 관계규정을 위반하여 재판에 영향을 미친 위법이 있다고 할 것이다. ……

5. 대법관 손지열, 대법관 박재윤의 반대의견은 다음과 같다.

…… 사법적극주의의 입장에서 입법목적에 충실한 결과를 이룰 수 있도록 목적론적인 해석을 하여야 할 경우도 있지만, 유추해석 등에는 입법에 의하여 설정된 한계를 넘어설 수 없다는 기본적인 한계가 있으며, 만약 이와 같은 한계를 넘는다면 이는 법해석이 아니라 새로운 법률의 형성으로서 헌법상의 입법권 침해 문제를 야기하게 된다. ……

대법관 김지형의 다수의견에 대한 보충의견은 다음과 같다.

…… 합헌적 법률해석이라는 법리에 비추어 볼 때 성전환자에게 출생 당시 확인되어 신고된 성이 출생 후 그 개인의 성적 귀속감의 발현에 따른 일련의 과정을 거쳐 최종적으로 사회통념상 확인된 성과 부합하지

않는다고 인정할 수 있다면 그와 같이 확인된 성에 맞추어 성별을 바꾸는 것은 호적법 제120조가 말하는 '정정'의 개념에 포함된다고 풀이하는 것이 옳다고 본다. …… 성전환자의 성별 정정에 관한 절차적 규정을 입법적으로 신설하는 것이 이상적임은 두말할 필요도 없지만, 아직까지 어떠한 형태로든 그에 관한 가시적인 입법조치를 예상하기 힘든 현재의 시점에서 본다면 완전한 입법 공백에 따른 위헌적인 상황이 계속되는 것보다는 법원이 구체적·개별적 사안의 심리를 거쳐 성전환자로 확인된 사람에 대해서는 호적법상 정정의 의미에 대한 헌법합치적 법률해석을 통하여 성별 정정을 허용하는 사법적 구제수단의 길을 터놓는 것이 미흡하나마 성전환자의 고통을 덜어 줄 수 있는 최선의 선택일 것이라고 믿어 의심치 않기 때문이다."[27]

위 판결의 법정의견은 성전환자에 대하여 구 호적법 제120조[28]에 따른 호적정정절차에 따라 성별 정정을 허가할 수 있다고 판시하였는데, 이는 위 법규에 대하여 헌법 제10조 등의 영향을 고려한 목적론적 해석을 한 것으로 이해할 수 있다(반대의견도 다수의견을 이와 같이 이해하고 있다). 그러나 반대의견은 이를 사법적극주의의 입장에서 할 수 있는 해석의 한계조차 넘은 것으로 보았고, 다수의견에 대한 보충의견은 '합헌적 법률해석의 원칙'을 다수의견의 논거로 보충하고 있다.

그러나 위 판결의 법정의견에 대하여는 소수자의 인권이 심각하게 침해되고 있으나, 이를 입법으로는 시정하기는 어려웠던 사정 등을 이유로 대체로 긍정적으로 보는 듯하다.[29]

---

27) 대법원 2006. 6. 22.자 2004스42 전원합의체 결정[공2006.8.1.(255), 1341] 참조.

28) 구 호적법(2008. 1. 1. 법률 제8435호로 폐지되기 전의 것) 제120조 (위법된 호적기재의 정정) 호적의 기재가 법률상 허용될 수 없는 것 또는 그 기재에 착오나 유루가 있다고 인정한 때에는 이해관계인은 그 호적이 있는 지를 관할하는 가정법원의 허가를 얻어 호적의 정정을 신청할 수 있다.

29) 대법원이 위 결정에서 성적 소수자인 성전환자의 인권을 보호하는 적극적인 결론을 내림으로써 사회적인 인식 전환과 각성을 불러일으켰고, 국민에 대한 권리보호의 최종보루로서의 지위를 천명하였으며, 앞으로도 그와 같은 역할이

이후 대법원은 혼인 중에 있거나 미성년자인 자녀를 둔 경우에는 가족관계등록부의 성별정정은 허용되지 않는다고 판시하기도 하였으나,[30] 최근 하급심에서 남성으로서 외부성기를 형성하는 수술을 받지 않은 여성에서 남성으로의 성전환자에 대하여 남성으로서의 외부성기 형성까지 요구하는 것은 인간의 존엄성과 행복추구권, 인간다운 생활을 할 권리를 과도하게 침해하는 것이라는 등의 이유로 성별정정을 허가하는 등 하급심에서도 소수자의 기본권 보장을 목적으로 적극적 태도를 취하여 헌법 또는 기본권을 고려한 법률해석을 하는 사례가 나타나고 있다.[31]

3. 관습법에 대한 사실상의 위헌심사

여성에 대한 종원 지위 확인 사건

"관습법이란 사회의 거듭된 관행으로 생성한 사회생활규범이 사회의 법적 확신과 인식에 의하여 법적 규범으로 승인·강행되기에 이른 것을 말하고, 그러한 관습법은 법원(法源)으로서 법령에 저촉되지 아니하는 한 법칙으로서의 효력이 있는 것이며(생략), 또 사회의 거듭된 관행으로 생성한 어떤 사회생활규범이 법적 규범으로 승인되기에 이르렀다고 하기 위하여

기대된다는 취지로, 민유숙, 성전환자에 대한 가족관계등록부의 정정, 정의로운 사법 : 이용훈 대법원장 재임기념, 사법발전재단, 2011, 367면, 위 결정의 해석은 통상의 경우라면 허용되지 않는 유추해석에 해당하지만, 소수자에 대한 심각한 인권침해가 있는 사안이므로 그와 같은 유추해석 또는 사법적극주의적 경향이 용인된다는 취지로, 윤진수, 이용훈 대법원의 민법판례, 정의로운 사법 : 이용훈 대법원장 재임기념, 사법발전재단, 2011, 63면 등 참조.

30) 대법원 2011. 9. 2.자 2009스117 전원합의체 결정[공2011하, 2087] 참조. 이에 대해서는 미성년자 자녀가 있다는 사정을 성별정정의 독자적인 소극적 요건으로 설정하는 것은 부당하다는 대법관 양창수, 이인복의 반대의견과, 미성년자 자녀가 있다는 사정 뿐만 아니라 현재 혼인 중에 있다는 사정을 성별정정의 독자적인 소극적 요건으로 보는 것은 부당하다는 대법관 박시환, 김지형, 전수안의 반대의견이 있었다.

31) 서울서부지방법원 2013. 11. 19.자 2013호파1406 결정 등 참조.

는 헌법을 최상위 규범으로 하는 전체 법질서에 반하지 아니하는 것으로서 정당성과 합리성이 있다고 인정될 수 있는 것이어야 하고, 그렇지 아니한 사회생활규범은 비록 그것이 사회의 거듭된 관행으로 생성된 것이라고 할지라도 이를 법적 규범으로 삼아 관습법으로서의 효력을 인정할 수 없다고 할 것이다 …… 우리 헌법은 1948. 7. 17. 제정 시에 모든 국민은 법률 앞에 평등이며 성별에 의하여 정치적, 경제적, 사회적 생활의 모든 영역에 있어서 차별을 받지 아니한다고 선언하였으나, 가족생활관계를 규율하는 가족법 분야에서는 헌법에서 선언한 남녀평등의 원칙이 바로 반영되지는 못하였다.

그 후 1980. 10. 27. 전문 개정된 헌법에서는 혼인과 가족생활은 개인의 존엄과 양성의 평등을 기초로 성립되고 유지되어야 한다는 규정이 신설되었는바, 이는 유교사상에 의하여 지배되던 우리의 전통적 가족제도가 인간의 존엄과 남녀평등에 기초한 것이라고 보기 어렵기 때문에 헌법이 추구하는 이념에 맞는 가족관계로 성립되고 유지되어야 한다는 헌법적 의지의 표현이라고 할 것이다. …… 종원의 자격을 성년 남자로만 제한하고 여성에게는 종원의 자격을 부여하지 않는 종래 관습에 대하여 우리 사회 구성원들이 가지고 있던 법적 확신은 상당 부분 흔들리거나 약화되어 있고, 무엇보다도 헌법을 최상위 규범으로 하는 우리의 전체 법질서는 개인의 존엄과 양성의 평등을 기초로 한 가족생활을 보장하고, 가족 내의 실질적인 권리와 의무에 있어서 남녀의 차별을 두지 아니하며, 정치·경제·사회·문화 등 모든 영역에서 여성에 대한 차별을 철폐하고 남녀평등을 실현하는 방향으로 변화되어 왔으며, 앞으로도 이러한 남녀평등의 원칙은 더욱 강화될 것인바, 종중은 공동선조의 분묘수호와 봉제사 및 종원 상호간의 친목을 목적으로 형성되는 종족단체로서 공동선조의 사망과 동시에 그 후손에 의하여 자연발생적으로 성립하는 것임에도, 공동선조의 후손 중 성년 남자만을 종중의 구성원으로 하고 여성은 종중의 구성원이 될 수 없다는 종래의 관습은, 공동선조의 분묘수호와 봉제사 등 종중의 활동에 참여할 기회를 출생에서 비롯되는 성별만에 의하여 생래적으로

부여하거나 원천적으로 박탈하는 것으로서, 위와 같이 변화된 우리의 전체 법질서에 부합하지 아니하여 정당성과 합리성이 있다고 할 수 없다. 따라서 종중 구성원의 자격을 성년 남자만으로 제한하는 종래의 관습법은 이제 더 이상 법적 효력을 가질 수 없게 되었다"[32]

대법원은 헌법재판소의 위헌법률심사의 대상이 되는 법률은 형식적 의미의 법률을 의미하고 관습법은 그 대상이 되지 않는다고 하면서,[33] 헌법을 근거로 관습법에 관한 판례를 변경하는 방식으로 관습법에 대한 사실상의 위헌심사를 하여 왔다. 최초의 사례는 상속회복청구권은 상속이 개시된 날로부터 20년이 경과하면 소멸한다는 민법 시행 전의 관습에 대하여 헌법을 최상위 규범으로 하는 법질서 전체의 이념에 부합하지 아니하여 정당성이 없으므로, 더이상 관습법으로서의 효력을 인정할 수 없다고 판시한 것이고,[34] 위 판결은 여성은 종중의 구성원이 될 수 없다는 관습에 대하여 동일한 취지의 판시를 한 것이다.

이와 같은 선례 변경 또한 법원이 남녀평등의 실현을 위하여 헌법판단을 통해 적극적 태도를 취한 것으로 평가할 수 있을 것이다. 특히 위 판결에 있어서 대법원은 사상 최초로 공개변론을 열기도 하였는바,[35] 이

---

32) 대법원 2005. 7. 21. 선고 2002다1178 전원합의체 판결[공2005.8.15.(232), 1326] 참조.

33) "헌법 제111조 제1항 제1호 및 헌법재판소법 제41조 제1항에서 규정하는 위헌심사의 대상이 되는 법률은 국회의 의결을 거친 이른바 형식적 의미의 법률을 의미하고(생략), 또한 민사에 관한 관습법은 법원에 의하여 발견되고 성문의 법률에 반하지 아니하는 경우에 한하여 보충적인 법원(法源)이 되는 것에 불과하여(민법 제1조) 관습법이 헌법에 위반되는 경우 법원이 그 관습법의 효력을 부인할 수 있으므로(생략), 결국 관습법은 헌법재판소의 위헌법률심판의 대상이 아니라 할 것이다."라고 판시한 대법원 2009. 5. 28.자 2007카기134 결정[미간행] 등 참조. 반면, 헌법재판소는 이와 달리 관습법도 그 심판대상으로 보고 있다. 헌재 2013. 2. 28. 2009헌바129, 공보 제197호, 357, 358 등 참조.

34) 대법원 2003. 7. 24. 선고 2001다48781 전원합의체 판결[공2003.9.1.(185), 1785] 참조.

35) 문영화, 종원의 자격을 성년남자로 제한하는 종래 관습법의 효력, 21세기 사법의 전개: 송민 최종영 대법원장 재임 기념(2005. 9.), 박영사, 2005., 432면

는 헌법판단의 정치적 또는 정책적 성격을 드러내는 것이다.

이후에도 대법원은 종손이 제사주재자가 된다는 관습에 대하여 동일한 취지의 판시를 한 바 있다.[36)]

4. 일반조항을 매개로 한 헌법판단

(1) 민법 제750조에 정한 '위법행위'

종립 사립고교 종교교육 사건

"헌법상의 기본권은 제1차적으로 개인의 자유로운 영역을 공권력의 침해로부터 보호하기 위한 방어적 권리이지만 다른 한편으로 헌법의 기본적인 결단인 객관적인 가치질서를 구체화한 것으로서, 사법(私法)을 포함한 모든 법영역에 그 영향을 미치는 것이므로 사인간의 사적인 법률관계도 헌법상의 기본권 규정에 적합하게 규율되어야 한다. 다만 기본권규정은 그 성질상 사법관계에 직접 적용될 수 있는 예외적인 것을 제외하고는 사법상의 일반원칙을 규정한 민법 제2조, 제103조, 제750조, 제751조 등의 내용을 형성하고 그 해석기준이 되어 간접적으로 사법관계에 효력을 미치게 된다. 종교의 자유라는 기본권의 침해와 관련한 불법행위의 성립 여부도 위와 같은 일반규정을 통하여 사법상으로 보호되는 종교에 관한 인격적 법익침해 등의 형태로 구체화되어 논하여져야 한다. …… 공교육체계의 헌법적 도입과 우리의 고등학교 교육 현실 및 평준화정책이 고등학교 입시의 과열과 그로 인한 부작용을 막기 위하여 도입된 사정, 그로 인한 기본권의 제한 정도 등을 모두 고려한다면 고등학교 평준화정책에 따른 학교 강제배정제도에 의하여 학생이나 학교법인의 기본권에 일부 제한이 가하여진다고 하더라도 그것만으로는 위 제도가 학생이나 학교법인의 기본권을 본질적으로 침해하는 위헌적인 것이라고까지 할 수

참조.

36) 대법원 2008. 11. 20. 선고 2007다27670 전원합의체 판결[공2008하, 1727] 참조.

는 없다. …… 위와 같은 교육제도가 위헌이 아니라고 하더라도 여전히 학교가 가지는 종교교육의 자유 및 운영의 자유와 학생들이 가지는 소극적 종교행위의 자유 및 소극적 신앙고백의 자유 사이에 충돌이 생기게 되는 것이다. 이와 같이 하나의 법률관계를 둘러싸고 두 기본권이 충돌하는 경우에는 구체적인 사안에서의 사정을 종합적으로 고려한 이익형량과 함께 양 기본권 사이의 실제적인 조화를 꾀하는 해석 등을 통하여 이를 해결하여야 하고(생략), 그 결과에 따라 정해지는 양 기본권 행사의 한계 등을 감안하여 그 행위의 최종적인 위법성 여부를 판단하여야 한다. …… 이 사건에서 대립하는 양 법익의 가치와 보호목적 등을 모두 고려하여 양 법익 행사에 있어서 실제적인 조화를 실현하려면, 먼저 이러한 고등학교 평준화정책 및 교육 내지 사립학교의 공공성, 학교법인의 종교의 자유 및 운영의 자유가 학생들의 기본권이나 다른 헌법적 가치 앞에서 가지는 한계를 고려하여야 한다. 그리고 종립학교에서의 종교교육은 필요하고 또한 순기능을 가진다는 것을 간과하여서는 아니 되나 한편으로 종교교육으로 인하여 학생들이 입을 수 있는 피해는 그 정도가 가볍지 아니하며 그 구제수단이 별달리 없음에 반하여 학교법인은 제한된 범위 내에서 종교의 자유 및 운영의 자유를 실현할 가능성이 있다는 점도 역시 고려하여야 한다. 이러한 점을 모두 감안한다면 비록 학교법인이 국·공립학교의 경우와는 달리 종교교육을 할 자유와 운영의 자유를 가진다고 하더라도, 그 종립학교가 공교육체계에 편입되어 있는 이상 원칙적으로 학생의 종교의 자유, 교육을 받을 권리를 고려한 대책을 마련하는 등의 조치를 취하는 속에서 그러한 자유를 누린다고 해석하여야 할 것이다. …… 종립학교가 고등학교 평준화정책에 따라 학생 자신의 신앙과 무관하게 입학하게 된 학생들을 상대로 종교적 중립성이 유지된 보편적인 교양으로서의 종교교육의 범위를 넘어서서 학교의 설립이념이 된 특정의 종교교리를 전파하는 종파교육 형태의 종교교육을 실시하는 경우에는 그 종교교육의 구체적인 내용과 정도, 종교교육이 일시적인 것인지 아니면 계속적인 것인지 여부, 학생들에게 그러한 종교교육에 관하여 사전에 충분한 설명을 하고 동의를 구하였는지 여부, 종교교육에 대한 학생들의 태도나 학생들이 불이익이 있을 것을 염려하지 아니하고 자유롭게 대체과목을 선택하거나 종교교육에 참여를 거부할 수 있었는지 여부 등의 구체적인 사정을 종합적으로 고려하여 사회공동체의 건전한 상식과 법감정에 비추어 볼 때 용인될 수 있는 한계를 초과한 종교교육이라고 보이는 경우에는 위법성을 인정할 수 있다."[37]

위 판결에서 대법원은 기본권의 객관적 가치질서성을 인정하고, 기본권의 대사인효와 관련하여 민법 제2조, 제103조, 제750조, 제751조 등 일반조항을 통한 간접효력설을 취하고 있음을 명백히 하였다. 그리하여 일반조항인 민법 제750조의 '위법행위'의 인정 여부에 관하여 학생의 소극적 종교행위의 자유 및 소극적 신앙고백의 자유와 종립학교의 종교교육의 자유 및 운영의 자유라는 기본권 충돌을 고려한 판단을 하였다.[38]

여기서 법원이 헌법 영역에서 발전한 헌법에 관한 법리를 수용하고 있고, 그리하여 사인 간의 법률관계에서도 헌법 및 기본권을 고려한 판단을 하고 있음을 확인할 수 있다.

이후에도 대법원은 서울기독교청년회가 남성 회원에게는 별다른 심사 없이 총회원 자격을 부여하면서도 여성 회원의 경우에는 지속적인 요구에도 불구하고 원천적으로 총회원 자격심사에서 배제한 행위가 민법 제750조의 위법행위에 해당하는지 여부에 관하여, 헌법 제11조 제1항이 규정한 평등권을 고려한 판단을 하였고,[39] 국회의원이 각급 학교 교원의 교원단체 및 교원노조 가입현황 실명자료를 인터넷을 통하여 공개한 행위가 민법 제750조가 정한 위법행위에 해당하는지 여부에 관하여, 학생이나 학부모의 알 권리와 교원의 개인정보자기결정권 및 교원과 노동조합의 단결권의 충돌을 고려한 판단을 한 바 있다.[40]

---

37) 대법원 2010. 4. 22. 선고 2008다38288 전원합의체 판결[공2010상, 897] 참조.
38) 문정일, 학생의 종교의 자유와 종립학교의 종교교육, 사법 13호, 사법연구지원재단, 2010, 254 참조.
39) 대법원 2011. 1. 27. 선고 2009다19864 판결[공2011상, 396] 참조.

(2) 민법 제103조에 정한 '반사회질서 법률행위'

연명치료 중단 사건

"나. 생명과 관련된 진료의 거부 또는 중단

자기결정권 및 신뢰관계를 기초로 하는 의료계약의 본질에 비추어 강제진료를 받아야 하는 등의 특별한 사정이 없는 한 환자는 자유로이 의료계약을 해지할 수 있다 할 것이며(민법 제689조 제1항), 의료계약을 유지하는 경우에도 환자의 자기결정권이 보장되는 범위 내에서는 제공되는 진료행위의 내용 변경을 요구할 수 있을 것이다.

따라서 환자의 신체 침해를 수반하는 구체적인 진료행위가 환자의 동의를 받아 제공될 수 있는 것과 마찬가지로, 그 진료행위를 계속할 것인지 여부에 관한 환자의 결정권 역시 존중되어야 하며, 환자가 그 진료행위의 중단을 요구할 경우에 원칙적으로 의료인은 이를 받아들이고 다른 적절한 진료방법이 있는지를 강구하여야 할 것이다.

그러나 인간의 생명은 고귀하고 생명권은 헌법에 규정된 모든 기본권의 전제로서 기능하는 기본권 중의 기본권이라 할 것이므로, 환자의 생명과 직결되는 진료행위를 중단할 것인지 여부는 극히 제한적으로 신중하게 판단하여야 한다.

다. 회복불가능한 사망 단계에 진입한 환자에 대한 진료중단의 허용요건

(1) 의학적으로 환자가 의식의 회복가능성이 없고 생명과 관련된 중요한 생체기능의 상실을 회복할 수 없으며 환자의 신체상태에 비추어 짧은 시간 내에 사망에 이를 수 있음이 명백한 경우(이하 '회복불가능한 사망의 단계'라 한다)에 이루어지는 진료행위(이하 '연명치료'라 한다)는 원인이 되는 질병의 호전을 목적으로 하는 것이 아니라 질병의 호전을 사실상 포기한 상태에서 오로지 현 상태를 유지하기 위하여 이루어지는 치료에 불과하므로, 그에 이르지 아니한 경우와는 다른 기준으로 진료중단

---

40) 대법원 2011. 5. 24.자 2011마319 결정[미간행] 참조.

허용 가능성을 판단하여야 한다.

환자가 회복불가능한 사망의 단계에 진입한 경우, 환자는 전적으로 기계적인 장치에 의존하여 연명하게 되고, 전혀 회복가능성이 없는 상태에서 결국 신체의 다른 기능까지 상실되어 기계적인 장치에 의하여서도 연명할 수 없는 상태에 이르기를 기다리고 있을 뿐이므로, 의학적인 의미에서는 치료의 목적을 상실한 신체 침해 행위가 계속적으로 이루어지는 것이라 할 수 있으며, 이는 죽음의 과정이 시작되는 것을 막는 것이 아니라 자연적으로는 이미 시작된 죽음의 과정에서의 종기를 인위적으로 연장시키는 것으로 볼 수 있다.

생명권이 가장 중요한 기본권이라고 하더라도 인간의 생명 역시 인간으로서의 존엄성이라는 인간 존재의 근원적인 가치에 부합하는 방식으로 보호되어야 할 것이다. 따라서 이미 의식의 회복가능성을 상실하여 더 이상 인격체로서의 활동을 기대할 수 없고 자연적으로는 이미 죽음의 과정이 시작되었다고 볼 수 있는 회복불가능한 사망의 단계에 이른 후에는, 의학적으로 무의미한 신체 침해 행위에 해당하는 연명치료를 환자에게 강요하는 것이 오히려 인간의 존엄과 가치를 해하게 되므로, 이와 같은 예외적인 상황에서 죽음을 맞이하려는 환자의 의사결정을 존중하여 환자의 인간으로서의 존엄과 가치 및 행복추구권을 보호하는 것이 사회상규에 부합되고 헌법정신에도 어긋나지 아니한다고 할 것이다.

그러므로 회복불가능한 사망의 단계에 이른 후에 환자가 인간으로서의 존엄과 가치 및 행복추구권에 기초하여 자기결정권을 행사하는 것으로 인정되는 경우에는 특별한 사정이 없는 한 연명치료의 중단이 허용될 수 있다."[41]

위 판결에서 대법원은 연명치료 중단의 허용 여부 및 그 한계와 관련하여, 생명권은 헌법상 모든 기본권의 전제가 되는 기본권 중의 기본권으로서 생명권의 주체라고 하더라도 이를 자유롭게 처분할 수 없으므로

41) 대법원 2009. 5. 21. 선고 2009다17417 전원합의체 판결[공2009상, 849] 참조.

원칙적으로 연명치료의 중단을 위한 의료계약 해지는 환자의 자기결정권의 대상이 아니지만, 연명치료를 강요하는 것이 오히려 인간으로서의 존엄과 가치 및 행복추구권을 해하는 경우에는 환자의 자기결정권을 인정할 수 있다고 판시하였다. 이는 비록 명시하지 않았지만, 연명치료 중단을 위한 환자의 의료계약 해지의 의사표시가 민법 제103조에 정한 '반사회질서 법률행위'로서 무효가 되는지 여부와 관련하여, 환자의 자기결정권과 국가의 생명권 보호의무의 충돌을 고려한 판단을 한 것이다.[42]

여기서 법원은 입법이 존재하지 않는 상태에서 헌법을 근거로 연명치료 중단이 엄격한 요건 하에 허용된다고 판시함으로써, 존엄사 문제에 관한 사회적 논의를 촉발하고 문제 해결의 방향까지 제시한 것으로 평가받고 있다.[43]

이후 헌법재판소에서도 위 대법원 판결을 인용하면서 거의 동일한 취지의 판시를 하기도 하였다.[44]

(3) 법률행위의 해석을 통한 헌법판단

정리해고 반대를 위한 쟁의행위 사건

"헌법 제23조 제1항 전문은 '모든 국민의 재산권은 보장된다.'라고 규정하고 있고, 제119조 제1항은 '대한민국의 경제질서는 개인과 기업의 경제상의 자유와 창의를 존중함을 기본으로 한다.'라고 규정함으로써, 우리 헌법이 사유재산제도와 경제활동에 관한 사적자치의 원칙을 기초로 하는 자본주의 시장경제질서를 기본으로 하고 있음을 선언하고 있다. 헌법 제23조의 재산권에는 개인의 재산권뿐만 아니라 기업의 재산권도 포

---

42) 노태헌, 연명치료 중단의 허부 및 허용요건, 사법 제9호, 사법연구지원재단, 2009, 206면 참조.

43) 문성제, 무의미한 연명치료 중단 등의 기준에 관한 재고 – 대법원 2009. 5. 21. 선고 2009다17417 사건 판결을 중심으로 – , 의료법학 제10권 제2호(2009. 12.), 대한의료법학회, 309–337면 참조.

44) 헌법재판소 2009. 11. 26. 선고 2008헌마385 전원재판부[헌공제158호, 2119] 참조.

함되고, 기업의 재산권의 범위에는 투하된 자본이 화체된 물적 생산시설 뿐만 아니라 여기에 인적조직 등이 유기적으로 결합된 종합체로서의 '사업' 내지 '영업'도 포함된다. 그리고 이러한 재산권을 보장하기 위하여는 그 재산의 자유로운 이용·수익뿐만 아니라 그 처분·상속도 보장되어야 한다. 한편, 헌법 제15조는 '모든 국민은 직업선택의 자유를 가진다.'라고 규정하고 있는바, 여기에는 기업의 설립과 경영의 자유를 의미하는 기업의 자유를 포함하고 있다. 이러한 규정들의 취지를 기업활동의 측면에서 보면, 모든 기업은 그가 선택한 사업 또는 영업을 자유롭게 경영하고 이를 위한 의사결정의 자유를 가지며, 사업 또는 영업을 변경(확장·축소·전환)하거나 처분(폐지·양도)할 수 있는 자유를 가지고 있고 이는 헌법에 의하여 보장되고 있는 것이다. 이를 통틀어 경영권이라고 부르기도 한다. 그러나 물론 기업의 이러한 권리도 신성불가침의 절대적 권리일 수는 없다. 모든 자유와 권리에는 그 내재적 한계가 있을 뿐만 아니라, 헌법 제23조 제2항이 '재산권의 행사는 공공복리에 적합하도록 하여야 한다.'라고 규정하고 있고, 기업의 이러한 권리의 행사는 경우에 따라 기업에 소속된 근로자의 지위나 근로조건에 영향을 줄 수 있어 근로자의 노동3권과 충돌이 일어날 수 있기 때문이다. 경영권과 노동3권이 서로 충돌하는 경우 이를 조화시키는 한계를 설정함에 있어서는 기업의 경제상의 창의와 투자의욕을 훼손시키지 않고 오히려 이를 증진시키며 기업의 경쟁력을 강화하는 방향으로 해결책을 찾아야 함을 유의하여야 한다. 왜냐하면 기업이 쇠퇴하고 투자가 줄어들면 근로의 기회가 감소되고 실업이 증가하게 되는 반면, 기업이 잘 되고 새로운 투자가 일어나면 근로자의 지위도 향상되고 새로운 고용도 창출되어 결과적으로 기업과 근로자가 다 함께 승자가 될 수 있기 때문이다. 그리고 이러한 문제의 해결을 위해서는 추상적인 이론에만 의존하여서는 아니되고 시대의 현실을 잘 살펴 그 현실에 적합한 해결책이 모색되어야 한다.

이러한 관점에 서서 오늘의 우리나라가 처하고 있는 경제현실과 오늘의 우리 나라 노동쟁의의 현장에서 드러나는 여러 가지 문제점 등을 참작하면, 구조조정이나 합병 등 기업의 경쟁력을 강화하기 위한 경영주체의 경영상 조치에 대하여는 원칙적으로 노동쟁의의 대상이 될 수 없다고 해석하여 기업의 경쟁력 강화를 촉진시키는 것이 옳다. 물론 이렇게 해석할 경우 우선은 그 기업에 소속된 근로자들의 노동3권이 제한되는 것은 사실이나 이는 과도기적인 현상에 불과하고, 기업이 경쟁력을 회복하고 투자가 일어나면 더 많은 고용이 창출되고 근로자의 지위가 향상될 수 있으므로 거시적으로 보면 이러한 해석이 오히려 전체 근로자들에게 이익이 되고 국가경제를 발전시키는 길이 된다. …… 이러한 사정을 종합하여 보면 위와 같은 해석이 결코 노동3권의 본질적인 내용을 침해하거나 헌법 및 노동관계법의 체계에 반하는 해석이라 할 수 없다."[45]

"한편 사용자가 경영권의 본질에 속하여 단체교섭의 대상이 될 수 없는 사항에 관하여 노동조합과 '합의'하여 시행한다는 취지의 단체협약의 일부 조항이 있는 경우, 그 조항 하나만을 주목하여 쉽게 사용자의 경영권의 일부 포기나 중대한 제한을 인정하여서는 아니되고, 그와 같은 단체협약을 체결하게 된 경위와 당시의 상황, 단체협약의 다른 조항과의 관계, 권한에는 책임이 따른다는 원칙에 입각하여 노동조합이 경영에 대한 책임까지도 분담하고 있는지 여부 등을 종합적으로 검토하여 그 조항에 기재된 '합의'의 의미를 해석하여야 한다(생략).

……

나아가 원심은, 그 판시와 같은 이 사건 단체협약서의 전체 내용, 단체협약 체결 당시의 상황 등 여러 사정에 비추어 보면, '노동조합과의 합의에 의하여 정리해고를 실시할 수 있다'는 취지의 그 판시 단체협약 조항의 진정한 의미는 "회사가 정리해고 등 경영상 결단을 하기 위해서는 반드시 노동조합과 사전에 합의하여야 한다는 취지가 아니라 사전에 노동조합에 해고의 기준 등에 관하여 필요한 의견을 제시할 기회를 주고 노동조합의 의견을 성실히 참고하게 함으로써 구조조정의 합리성과 공정성을 담보하고

---

45) 대법원 2003. 7. 22. 선고 2002도7225 판결[공2003.9.1.(185), 1798] 참조.

자 하는 '협의'의 취지"로 해석함이 상당하다고 전제한 다음, 그와 같은 단체협약 조항에 의하더라도 이 사건 쟁의행위의 목적이 정당화될 수는 없다는 이유로, 피고인 10, 16, 17, 19를 제외한 나머지 피고인들에 대하여 이 부분 공소사실을 유죄로 인정한 제1심판결을 그대로 유지하였다.

원심이 적법하게 채용한 증거들을 원심판결 이유 및 앞서 본 법리에 비추어 살펴보면, 원심의 위와 같은 사실인정과 판단은 모두 정당한 것으로 수긍할 수 있고, 거기에 상고이유에서 주장하는 바와 같이 논리와 경험칙에 반하여 사실을 오인하거나 쟁의행위의 정당성 등에 관한 법리를 오해하여 판결 결과에 영향을 미친 위법이 없다."[46]

위 각 판결에서 대법원은 '경영권'을 헌법상 기본권으로 인정하면서, 정리해고에 반대하기 위한 쟁의행위는 그 목적의 정당성을 인정할 수 없고, 정리해고시 노동조합과 '합의'한다는 단체협약 또한 '협의'의 의미로 해석하여야 한다고 판시하였다. 이는 일반 법규인 노동조합 및 노동관계조정법 제37조 제1항 등과, 또한 사인 간의 법률행위인 단체협약의 해석에 관하여, 이전에도 같은 취지로 판시하면서 경영권의 근거, 노동3권과의 관계 등에 대하여 밝히지 않던 것을,[47] 그와 같이 '경영권'이 헌법에

46) 대법원 2011. 1. 27. 선고 2010도11030 판결[공2011상, 532] 참조.

47) "정리해고나 사업조직의 통폐합 등 기업의 구조조정의 실시 여부는 경영주체에 의한 고도의 경영상 결단에 속하는 사항으로서 이는 원칙적으로 단체교섭의 대상이 될 수 없고, 그것이 긴박한 경영상의 필요나 합리적인 이유 없이 불순한 의도로 추진되는 등의 특별한 사정이 없는 한, 노동조합이 실질적으로 그 실시 자체를 반대하기 위하여 쟁의행위에 나아간다면, 비록 그 실시로 인하여 근로자들의 지위나 근로조건의 변경이 필연적으로 수반된다 하더라도 그 쟁의행위는 목적의 정당성을 인정할 수 없다……사용자가 경영권의 본질에 속하여 단체교섭의 대상이 될 수 없는 사항에 관하여 노동조합과 '합의'하여 결정 혹은 시행하기로 하는 단체협약의 일부 조항이 있는 경우, 그 조항 하나만을 주목하여 쉽게 사용자의 경영권의 일부포기나 중대한 제한을 인정하여서는 아니되고, 그와 같은 단체협약을 체결하게 된 경위와 당시의 상황, 단체협약의 다른 조항과의 관계, 권한에는 책임이 따른다는 원칙에 입각하여 노동조합이 경영에 대한 책임까지도 분담하고 있는지 여부 등을 종합적으로 검토하여 그 조항에 기재된 '합의'의 의미를 해석하여야 할 것"이라고 판시한 대법원 2002.

근거를 두고 있는 헌법상 기본권이라고 명시하면서, 경영권과 노동3권의 충돌을 고려한 판단을 한 것이다.

이 또한 법원이 입법자나 당사자의 의사보다 자신의 헌법판단을 앞세운 사법적극주의의 사례로 볼 수 있는데, 이에 대하여는 헌법상 기본권으로서의 경영권 개념을 동원하여 법률적 근거 없이 노동3권을 제한한 무리한 해석이라는 비판이 제기되고 있다.[48] 더군다나 그와 같은 판단의 근거가 '오늘의 우리나라가 처하고 있는 경제현실'과 '오늘의 우리나라 노동쟁의의 현장에서 드러나는 여러 가지 문제점' 등을 고려할 때 '기업의 경쟁력 강화'가 우선되어야 한다는, 즉 법원 스스로의 현실인식과 정책판단에 있다는 점도 특이하다.

(4) 소 결

앞서 살펴본 바와 같이 법원은 사법 영역에 있어서도 여러 국면에서 다양한 방식으로 헌법판단을 하고 있고, 이는 기본권 보호의 강화 또는 헌법의 실질적 재판규범화의 추세나, 법원과 헌법재판소와의 경쟁관계 등을 고려할 때 앞으로도 강화될 것으로 예상된다.

이 경우 헌법이 실질적인 판단기준으로 작용하며, 오히려 헌법판단,

---

2. 26. 선고 99도5380 판결[공2002.6.15.(156), 1290] 등 참조.

48) 경영권은 직업수행의 자유(기업 운영의 자유) 또는 재산권에 대한 헌법해석만으로는 도달할 수 없는 내용을 '자본주의' '구조조정의 필요성'이라는 법외적 사실로부터 끌어들여 헌법적 권리로 구성한 것이고, 법적 매개 없이 경영권이라는 개념을 인정하여 그로부터 쟁의행위의 목적 정당성을 부정한 것은 근로자의 기본권인 단체행동권 제한이 법률의 근거에 따라 이루어져야 한다는 점에서 수긍할 수 없다는 취지로, 도재형, 구조조정에 대항하는 쟁의행위의 정당성, 노동법률 제148호(2003. 9.), 중앙경제사, 23-24면, 경영사항의 단체교섭 또는 쟁의행위대상성의 문제는 단체교섭권과 단체행동권의 내재적 한계의 문제임에도 경영권을 헌법상 권리로 격상하여 기본권 충돌의 문제로 바라보면서, 이익형량에서도 두 권리를 대등하게 저울질하지 못했다는 취지로 이병희, 경영사항의 단체교섭 및 쟁의행위 대상성, 재판자료 제118집, 법원도서관, 2009, 342면 등 참조.

즉 헌법의 해석·적용이 해당 사안의 결론을 좌우하게 된다.

또한 이를 통하여 사적 자치를 근본이념으로 하는 사법의 원리가 수정되고, 입법부나 그 위임을 받은 행정부는 물론, 당사자의 의사보다 법원의 판단을 앞세우는 사법적극주의적 경향이 드러나기도 한다.[49]

Ⅳ. 결 론

이와 같이 법원에서의 헌법판단이 이루어짐으로써 헌법이 실질적인 재판규범으로 기능하는 것은 국민의 기본권 보장이나 실질적 법치주의의 실현을 위하여 바람직한 현상이다. 또한 이와 같은 현상은 우리 사회가 계속적으로 민주화되고 권리의식이 제고되고 있는 일반적인 추세, 앞서 본 바와 같이 법원의 정책법원으로서의 위상 강화 움직임이나, 헌법재판소와의 경쟁관계 등을 고려할 때 더욱 강화될 것으로 예상된다.

그러나 한편으로, 실질적인 판단기준을 헌법에서 구하는 것은 법원의 판단이 입법부나 행정부, 당사자의 의사나 결정을 대체하는 결과를 낳을 수 있는바, 권력의 분립이나 공익 실현, 사적 자치 등 다른 가치가 부당하게 침해되는 일이 없도록 유의하여야 할 것이다.

또한 헌법의 개방성, 추상성, 정치성 등으로 인하여 헌법판단에는 정책 또는 가치판단이 개입되게 되는데, 판단은 물론 재판절차에 있어서 법원의 정책판단기능을 강화하고 민주적 성격을 제고할 방안을 모색할 필요도 있다고 생각된다.

---

49) 근래 대법원의 사법적극주의적 태도가 강화되고 있는데, 헌법적 논변의 잦은 활용이 그 수단이 되고 있고, 이는 정책법원으로서의 법원의 위상강화 움직임 및 헌법재판소와의 경쟁관계와 밀접한 관련이 있으며, 이러한 경향은 과거 대법원이 지나치게 사법소극주의적인 경향이 없지 않았고 헌법적 판단도 회피하는 경향이 있었던 점을 감안하면 긍정적으로 판단할 수 있다는 취지로, 윤진수, 전게논문, 4-8면 참조.

[참고문헌]

1. 단행본

곽윤직 · 김재형, 제9판 민법총칙(민법강의Ⅰ), 박영사, 2013

2. 논 문

김성수, 헌법은 존속하고 행정법은 변화한다, 헌법재판소·한국공법학회·콘라드 아데나워재단 주최 2013년 공동 국제학술대회 자료집

김태호, 행정법상 비례의 원칙 – 대법원 판례를 중심으로 –, 공법연구 제37집 제4호(2009. 6.)

노태헌, 연명치료 중단의 허부 및 허용요건, 사법 제9호, 사법연구지원재단, 2009

도재형, 구조조정에 대항하는 쟁의행위의 정당성, 노동법률 제148호(2003. 9.), 중앙경제사

문성제, 무의미한 연명치료 중단 등의 기준에 관한 재고– 대법원 2009. 5. 21. 선고 2009다17417 사건 판결을 중심으로 – , 의료법학 제10권 제2호(2009. 12.), 대한의료법학회

문영화, 종원의 자격을 성년남자로 제한하는 종래 관습법의 효력, 21세기 사법의 전개: 송민 최종영 대법원장 재임 기념(2005. 9.), 박영사, 2005.

문정일, 학생의 종교의 자유와 종립학교의 종교교육, 사법 13호, 사법연구지원재단, 2010

민유숙, 성전환자에 대한 가족관계등록부의 정정, 정의로운 사법 : 이용훈 대법원장 재임기념, 사법발전재단, 2011

윤진수, 이용훈 대법원의 민법판례, 정의로운 사법 : 이용훈 대법원장 재임기념, 사법발전재단, 2011

이병희, 경영사항의 단체교섭 및 쟁의행위 대상성, 재판자료 제118집, 법원도서관, 2009

[Abstract]

Constitutional decision of courts

Kim, Ye Young

The Constitution was directly applied to the public law including sub-disciplines such as the administrative law.

First of all, recently, the principles of equality, proportionality and protection of reliability, which were general principles of the administrative law, were accepted as the principles of the constitutional law based on the Constitution. These principles are increasingly becoming the critical standard of judgement in ruling relevant cases.

In other words, the courts are decidedly enunciating that the general principles of the administrative law, including the principles of equality, proportionality and protection of reliability which once served as judgment standards in the field of the administrative law, were grounded in the constitution. Courts are accepting constitution theory and citing case rulings made in the counstitutional court. Furthermore, courts actively accepted new general principles of the administrative law such as the principle of due process based on the constitution, and applied these new principles as ruling standards.

The general clause was indirectly applied in civil law which includes the Civil Act.

Courts have been making constitutional decisions through the general clause. A decision on the termination of life prolonging treatment on the basis of Civil Act Article 103 regarding antisocial legal actions, and a case ruling on religious education taught in private high schools founded by religious groups on the basis of Civil Act Article 750 are examples of the constitutional influence.

The court considered the implications of the constitutions when making a general legal interpretation. This is illustrated in a court's ruling to authorize the change of legal gender according to the currently defunct Family Register Act following the family register correction for sexual transgenders based on the court's interpretation of the right to pursue happiness for sexual transgenders. The court also ruled, in practice, a common law unconstitutional by deciding that limiting the qualification requirement to register in the family registry to adult males was against the constitution citing the constitutional provision on gender equality, which brought an end to the existing customary law. The court also considered the implications of the constitution when interpreting legal actions between corporations and individuals. The court's decision on layoffs made on the basis of constitutional management rights interpreted collective agreement's term "agreement" with labor unions as "discussion".

[Keywords]
Constitutional decision of courts, constitutional review of courts, general principles of administrative law, indirect effects of the Constitution

憲法判例研究 總目次
(1권~14권)

[憲法判例研究(1)]

[憲法判例研究(3)]

[憲法判例研究(4)]

[憲法判例研究(9)]

[憲法判例研究(10)]

[憲法判例硏究(13)]

[憲法判例硏究(14)]

韓國憲法判例研究學會 定款

1999. 5. 15. 제정
2004. 5. 15. 개정
2009. 5. 23. 개정
2011. 6. 25. 개정

제1장 總 則

제1조(명칭) 본 학회는 "한국헌법판례연구학회(Korean Association of Constitutional Case Studies)"라 한다.

제2조(사무소) 본 학회의 주사무소는 서울특별시에 둔다.

제3조(목적) 본 학회는 헌법판례의 연구를 통하여 법학계와 법조계 및 연구기관 등과의 교류를 꾀하고 헌법학과 헌법실무의 발전에 이바지함을 목적으로 한다.

제4조(사업) 본 학회는 제3조의 목적을 달성하기 위하여 다음의 사업을 한다.

1. 연구발표회 및 학술강연회의 개최
2. 학회지, 논문집 기타 도서의 간행
3. 국내외 연구단체와의 교류
4. 기타 필요한 사업

제2장 會 員

제5조(종류 및 자격) ① 회원의 종류는 정회원, 준회원 및 단체회원으로 나눈다.

② 정회원은 본 학회의 목적에 찬동하는 대학교수, 박사학위소지자, 판사, 검사, 변호사, 군법무관, 5급 이상의 공무원으로 한다.

③ 준회원은 본 학회의 목적에 찬동하는 대학원 박사과정 또는 석사과정에 재학 중인 자 및 기타 연구기관에 재직 중인 자로 한다.

④ 단체회원은 본 학회의 목적에 찬동하여 본 학회에 가입한 국내외의 단체로 한다.

제6조(가입 및 탈퇴) ① 정회원 또는 준회원이 되고자 하는 자는 정회원 2인 이상의 추천을 받아 가입신청서를 제출하고 이사회의 승인을 얻어야 한다.

② 단체회원이 되고자 하는 자는 가입신청서를 제출하여 이사회의 승인을 얻어야 한다.

③ 회원이 탈퇴하고자 하는 때에는 미리 그 뜻을 본 학회에 통지하여야 한다.

④ 회원이 본 학회의 명예를 훼손하거나 회칙을 위반한 때에는 이사회의 의결을 거쳐 제명할 수 있다.

제7조(권리 및 의무) ① 모든 회원은 본 학회의 각종 사업에 자유로이 참여하고, 본 학회의 각종 간행물을 배포받을 권리를 가진다.

② 모든 회원은 본 학회의 모든 회칙을 준수하고 각종 회비를 납부할 의무를 진다.

③ 학회의 각종 선출에 관한 권리는 정회원에 한하여 행사할 수 있다.

제3장 任 員

제8조(종류 및 정수) 본 학회에 다음의 임원을 둔다.

1. 회장 1인
2. 부회장 약간인
3. 상임이사 약간인
4. 이사 약간인
5. 감사 2인
6. 명예회장 1인
7. 고문 약간인

제9조(선임 및 임기) ① 회장·부회장·이사 및 감사는 정회원 중에서 총회가 선임한다.

② 상임이사는 이사 중에서 회장의 추천으로 이사회가 선임한다.

③ 임원의 임기는 2년으로 하되, 연임할 수 있다.

제10조(직무) ① 회장은 본 학회를 대표하고, 會務를 통할한다.

② 부회장은 회장을 보좌하며, 회장이 闕位되거나 사고로 인해 그 직무를 수행할 수 없을 때에는 부회장 중에서 연장자가 그 직무를 대행한다.

③ 상임이사는 총무, 연구, 재무, 출판, 섭외, 법무 등의 업무를 분담・처리한다.

④ 이사는 이사회 구성원으로서 본 학회의 운영에 관한 중요사항을 심의・의결한다.

⑤ 감사는 본 학회의 업무와 회계에 관하여 감사한다.

제 11 조(명예회장 및 고문) ① 본 학회에 명예회장 1인 및 고문 약간인을 둘 수 있다.

② 명예회장 및 고문은 본 학회의 발전에 기여한 공로가 있는 정회원 중에서 이사회가 추천한다.

③ 명예회장 및 고문은 종신직으로 한다.

제 12 조(간사) ① 본 학회에 간사 약간인을 둘 수 있다.

② 간사는 정회원 또는 준회원 중에서 회장이 임명한다.

③ 간사의 임기는 2년으로 한다.

④ 간사는 회장의 명을 받아 각종 기록의 작성, 연락의 전달, 행사의 준비 기타 會務執行을 보좌한다.

제 4 장 機 關

제 13 조(총회의 소집) ① 정기총회는 매년 1회 소집하고, 임시총회는 이사회 또는 회원 10인 이상의 요구에 따라 수시로 소집한다.

② 총회는 회장이 소집하고, 그 의장이 된다.

③ 총회는 재적회원 3분의 1이상의 출석과 출석회원 과반수의 찬성으로 의결한다. 다만 可否同數일 때에는 의장이 결정권을 가진다.

④ 총회의 소집은 회의 7일 전까지 회의의 목적, 일시 및 장소를 명시하여 공고하여야 한다.

제 14 조(총회의 권한) 총회는 다음 사항을 의결한다.

1. 회칙의 개정
2. 임원의 선출
3. 업무계획의 승인
4. 예산 및 결산의 승인
5. 이사회가 附議하는 사항
6. 기타 필요한 사항

제15조(이사회의 소집) ① 이사회는 회장, 부회장 및 이사로 구성하며, 감사는 이사회에 출석하여 발언할 수 있다.

② 이사회는 필요에 따라 회장이 소집하고, 그 의장이 된다. 다만 재적구성원 3분의 1이상 또는 감사의 요구가 있을 때에는 회장은 이사회를 소집하여야 한다.

③ 이사회는 재적구성원 과반수의 출석과 출석인원 과반수의 찬성으로 의결한다. 다만 可否同數일 때에는 의장이 결정권을 가진다.

④ 이사회는 필요에 따라 회의 소집하지 않고, 書面 決議로 의결에 갈음할 수 있다.

제16조(이사회의 권한) 이사회는 다음 사항을 의결한다.

1. 규칙의 제정과 개정
2. 회원의 가입승인 및 제명결정
3. 이사의 선임
4. 총회의 소집 및 부의사항의 심의
5. 기타 회장이 부의하는 사항

제17조(상임이사회)

① 상임이사회는 회장, 부회장 및 상임이사로 구성한다.

② 상임이사회는 회장이 필요에 따라 수시로 소집한다.

③ 상임이사회는 회무집행에 관한 중요사항을 심의한다.

④ 상임이사회는 의결사항이 있으면, 이사회의 의결에 관한 규정을 준용한다.

제5장 財 政

제18조(재원) ① 본 학회의 재원은 연회비, 임원찬조비, 참가회비, 기부금 기타 수입으로 충당한다.

② 연회비, 임원찬조금 및 참가회비는 이사회에서 정한다.

제19조(예산 및 결산) ① 본 학회의 회계연도는 매년 1. 1.부터 12. 31.까지로 한다.

② 회장은 회계연도 초에 그 해의 예산안을 작성하여 총회의 승인을 받아야 한다.

③ 회장은 회계연도 초에 전 해의 결산안을 작성하여 총회의 승인을 받아야 한다.

제6장 委員會

제20조(학회지편집위원회) ① 학회에 회지의 게재논문조사·편집 및 간행을 위하여 헌법판례연구학회지편집위원회를 둔다.

② 학회지편집위원회는 회장이 위촉하는 부회장 1인과 약간 명의 위원으로 구성한다.

③ 학회지편집위원회는 회지에 게재하고자 하는 논문의 심사 및 편집과 간행에 관한 전반적인 사업을 관장하며, 그 구성과 사업에 관한 세부적인 사항은 따로 규정한다.

제20조의 2(연구윤리위원회) ① 본 학회는 연구윤리의 확립, 연구부정행위의 예방 및 조사를 위하여 연구윤리위원회를 둔다.

② 연구윤리위원회는 회장이 위촉하는 부회장 1명을 포함하여 약간 명의 위원으로 구성하며, 위원의 임기는 2년으로 한다.

③ 연구윤리위원회의 위원장은 위원 중에서 호선한다.

④ 연구윤리위원회는 의결사항이 있으면, 이사회의 의결에 관한 규정을 준용한다.

⑤ 연구윤리위원회의 운영에 관한 사항은 따로 정한다.

제7장 學術賞

제21조(학술상) ① 회원의 학술연구를 장려하기 위하여 학회에 학술상제도를 둔다.

② 학술상에 관한 사항은 따로 규정으로 정한다.

제8장 慶弔事

제22조(경조사) 학회는 회원상호간의 친목과 협조를 도모하기 위하여 경조사에 관한 사항을 따로 규정한다.

附 則

제1조(시행일) 이 회칙은 1999. 5. 15. 부터 시행한다.

제2조(임원 및 회원에 대한 경과조치) 이 회칙 시행당시의 회장, 부회장 및 기존 회원은 이 회칙에 의하여 선임 및 가입한 것으로 본다.

제3조 이회칙 시행 당시에 이 회칙에 의하여 새로 설치될 기관의 권한에 속하

는 직무를 행하고 있는 기관은 이 회칙에 의하여 새로운 기관이 설치될 때까지 계속하여 그 직무를 행한다.

附　則

(시행일) 본 규정은 2004. 5. 15.부터 효력이 발생한다.

附　則

(시행일) 본 규정은 2009. 5. 23.부터 효력이 발생한다.

附　則

(시행일) 본 규정은 2011. 6. 25.부터 효력이 발생한다.

學會誌編輯·刊行規程

제 1 조(헌법판례연구) "憲法判例硏究"誌는 한국헌법판례연구학회의 학회지로서 회원의 연구논문을 게재한다.

제 2 조(발행횟수) 학회지는 연 1회 이상 정기적으로 간행함을 원칙으로 한다.

제 3 조(학회지편집·간행위원회의 구성과 권한) ① 학회지편집·간행위원회(이하 "위원회"라 한다)는 회장이 위촉하는 부회장 1인, 총무이사, 학술이사, 출판이사로 구성하며 임기는 3년으로 한다.

② 위원회는 학회지에 게재하고자 하는 논문의 심사와 편집 및 간행에 관한 사항을 관장한다.

제 4 조(논문심사절차와 기준) ① 위원회의 논문심사절차는 다음과 같다.

a) 1단계 전공심사: 전공 여부 합치심사
b) 2단계 내용심사: 투고논문 내용검토
c) 3단계 종합심사: 게재 여부 최종확정

② 위원회의 논문심사기준은 다음과 같다.

a) 연구주제의 타당성, 시의성, 적합성
b) 연구주제의 독창성, 참신성
c) 연구의 목적, 내용, 방법의 논리성
d) 논문투고자의 최근 5년간 연구발표실적의 양과 질적 수준
e) 연구결과의 학문적 기여도

③ 위원회의 위원들은 각 항목별로 A－C까지로 심사하되 종합심사결과 논문심사위원 4분의 3 이상이 평점 "B" 이상을 부여하여야 게재할 수 있다.

제 5 조(논문투고세칙) ① 학회지에 발표되는 논문은 미발표연구물이어야 한다.

② 위원회는 심사결과에 따라서 논문의 수정이나 보완을 요구할 수 있다.

③ 위원회는 회비를 납부하고 논문을 게재하고자 하는 회원에게 소정의 게재료를 부과할 수 있다.

附則

이 규정은 1999년 5월 15일부터 시행한다.

憲法判例研究 〔15〕

초판인쇄 | 2014년 2월 16일
초판발행 | 2014년 2월 20일

편 자 | 사단법인 한국헌법판례연구학회
발 행 인 | 위 호 준
발 행 처 | 도서출판 **집 현 재**
121－130 서울특별시 마포구 토정로 198번지 204호
전화 (02)332－4922 Fax (02)3142－4922
홈페이지: www.jhjbook.co.kr
e－mail: jyp4922@naver.com

출판등록 2010년 10월 25일
등록번호 제105－91－57581호

정가 35,000원 ISBN 978－89－97304－39－4
ISBN 978－89－97304－15－8(세트)
ISBN 1228－6567 15